疯狂的独角兽

►► 硅谷创业公司历险记 ►►

（美国）丹·莱昂斯（Dan Lyons） 著

王天任 译

海南出版社
HAINAN PUBLISHING HOUSE

Disrupted: My Misadventure in the Start-Up Bubble
Copyright . 2016 by Dan Lyons
This edition arranged with C. Fletcher & Company, LLC through Andrew
Nurnberg Associates International Limited
中文简体字版权 © 2017 海南出版社

版权所有　不得翻印
版权合同登记号：图字：30-2016-109 号
图书在版编目（CIP）数据
疯狂的独角兽 /（美）丹·莱昂斯 (Dan Lyons) 著；
王天任译. —— 海口：海南出版社，2017.10（2018.4 重印）
书名原文：Disrupted: My Misadventure in the
Start-Up Bubble
ISBN 978-7-5443-7380-7
Ⅰ.①疯… Ⅱ.①丹…②王… Ⅲ.①软件产业 – 公
司 – 企业管理 – 美国 Ⅳ.① F471.266
中国版本图书馆 CIP 数据核字（2017）第 165313 号

疯狂的独角兽

作　　者：（美）丹·莱昂斯（Dan Lyons）
译　　者：王天任
监　　制：冉子健
责任编辑：孙　芳
执行编辑：谌紫灵
责任印制：杨　程
印刷装订：三河市祥达印刷包装有限公司
读者服务：蔡爱霞　郄亚楠
出版发行：海南出版社
总社地址：海口市金盘开发区建设三横路 2 号　邮编：570216
北京地址：北京市朝阳区红军营南路 15 号瑞普大厦 C 座 1802 室
电话：0898-66830929　010-64828814-602
E-mail：hnbook@263.net
经销：全国新华书店经销
出版日期：2017 年 10 月第 1 版　2018 年 4 月第 2 次印刷
开　　本：880mm×1230mm　1/32
印　　张：10.125
字　　数：249 千
书　　号：ISBN 978-7-5443-7380-7
定　　价：42.00 元

写在前面 | Introduction

　　鉴于本书作者是美剧《硅谷》的编剧，他在此书中旁征博引了大量经典电影，于是在本书译者王天任先生与编辑们的共同合作下，我们选出了本书提到的 28 部电影，并整理成文发布在我们的公众号上，同时将其生成的二维码置于本页和封底，您只需用手机扫一扫便可直接阅读与观看——毕竟，在书中直接将其内容动态化，使纸上不可实现之事通过随身携带之物来实现，这也是出版人的愿景。

　　这些电影，有的是全球各大商学院的必看作品，有的是历经岁月洗礼的经典之作。鉴于版权等原因，我们只能为您直接展现版权期限已过的视频资源，那些还在版权期限内的电影请您自行搜索观看，或者在公众号留言区留言向我们索取。

　　愿您能通过阅读与观影，对于这个世界，对于自己，都能产生新的体悟。

编者

2017 年 9 月

电影集锦

创造有价值的独角兽

如果你是投资人或创业者的话,《疯狂的独角兽》这本书会让你觉得许多书中许多细节都是自己已碰到过的。作为一位在独角兽领地里摸爬滚打过多年的我来说,看了这本书,也深有感触。

当下,互联网时代新经济形态已呈现出丰富多样的特性,各种新创企业风起云涌,尤其在科技领域,更是如此。这既是创业者和投资人的机会,也是一种人生挑战,有时候还是考验人性的关口。从事风投事业多年,那么我又是如何看待创业者及其创新企业的呢?

别被创业者的激情所欺骗

有眼光的投资者,最感兴趣的是愿景而不是趋势。选合作伙伴我总会找激进而充满热情的领导者,而这些人的愿景总是要在某个点去颠覆,解决以前不能解决的问题。但是仅有激情和愿景是不够的。而这一点，往往会是创业者打动投资人的主要手段。《疯狂的独角兽》所描写的企业 HubSpot 公司看起来像是一家创新科技企业，非常具有迷惑性，比如最潮流的企业文化、最好的员工待遇、最轻松的工作环境、最响亮的口号等等，分析其业务性质你很快就很明白这家公司是怎么回事了，打着新营销的旗帜为企业销售垃圾邮件，以此作为盈利模式，手段很科技化，但它缺少原生力量。有时，愿景就是一种原生力量、一种能量，当我觉得某个投资故事的构成是趋势、领域或者概念，而不是实实在在的愿景时，我就失去了所有的兴趣。

换个角度看待这件事，我发现最好的创业者总是能发现使他们愿景成真的先决条件，从而可以从今天开始，而不是等到 10 年之后。为了增加找到伟大公司的可能性，需要对最动态的先决条件拥有自己的观点，最大限度地看清楚现在。那么，我只能说，HubSpot 公司的团队非常具有鼓动性和迷惑性，它的投资者要么不是被迷惑了，要么就是明知山有虎，偏向虎山行，为了利益，同流合污罢了。

HubSpot 公司为什么会成为独角兽?

这不难理解，紧紧盯住硅谷的投资人数不胜数，硅谷就是当今全球的科技前沿，曾经创造过太多的创业神话，现在仍然还在创造。所以，你只要有个好点子，就会有人投钱。这其中不乏一些烂点子也能成功圈钱的例子。因为，整个社会都着急，着急挣钱、着急赶在别人的前面，生怕错过哪怕一个机会，即使这机会并不好，多数天使投资人想的是：我投失败 9 个企业也没关系，只要成一个就行。国内投资圈好像流行这样的做法。就纯生意角度而言，好像无可厚非。但是，这里涉及到一个道德问题，或者我称之为投资伦理。投资，是为建立一个好企业，更是为社会建立一个有益的企业，能创造财富，能促进社会发展，能温暖很多家庭，能为员工提供成就梦想的平台。但是，无论在硅谷，还是在世界其他地方，只要是利益存在的地方总会出现灰色地带，这个灰色地带就是创业者与投资人明知足　个烂点子，但有包装的空间，于是，相互勾结，同流合污，通过各种包装，比如，各种充满激情的演讲、各种云里雾里的高大上论坛、各种尚处于研发阶段的新产品发布、各种腾转挪移的投资组合等等，使之成为全社会关注度非常高的企业。他们的目的非常清晰，只为吸引后续投资，或转卖股权，或等到 IPO（上市）那一天。我想，HubSpot 公司就是这一类型。感谢丹·莱昂斯为我们这个疯狂的世界打了一针清醒剂。

最好的创业者是学习一切，而并非知道一切

从事这个工作近 20 年，我积累了很多关于人，而不是商业方面的思考。刚开始的时候，我是一个脑子里充满概念的人，这些概念让我听起来很聪明：波特五力模型、创新者窘境、跨越鸿沟……我会在某个方向上做到"有备而来"，可以看到逻辑上的机会应该存在于什么地方。我成为了通讯专家、电子商务方面的专家、区块链的专家。

但是，我开始意识到，所有这一切，如果没有创业者的炼金术，没有遇上爆炸性的市场力量，其实都是没用的。是的，我们可以看到机会，但最好的创意和公司并不是逻辑上的空白填充。他们就像某种力量的核反应堆，只听命于创业领袖。

我也意识到，刚开始的时候，伟大的创意听上去很疯狂，没有什么分析可以确定"什么会是对的"。看过了许多公司天使轮融资文件，想象出这些公司的收入能达到 10 亿几乎是不可能的！

我学到的东西还有很多，例如：

如果没有我的合伙人，我将一无所成；

永远不要因为估值太低而拒绝一家公司。估值就是个心理陷阱，切记要深思熟虑；

董事会应该对公司战略、架构和员工的安排负责。如果战略清晰，那么公司的架构应该根据战略来组织，员工则根据企业模型来安排；

创业文化和职业文化难免会发生冲突，能不能平衡二者就看 CEO 的水平，不过大多数 CEO 都没能成功。

一定要为看好的公司提供机遇；

除非你资金耗尽，否则千万不要悲观，好运一定即将到来。

从最大意义上说，在英勇的创业之旅上，陪伴创业者的喜悦激发了我想为这个世界贡献一切。具体来说，我发现定义一个伟大的关系的一个变量是信任，这种信任来自清晰的目标和共同的目的。在高度的信任关系中，我发现 CEO 们以更高的正向速度来适应和发展。

我合作最好的创业者，都有一个突出的特点：学习一切，而不是知道一切。我学到的另一个具体的经验是，如彼得·德鲁克所说，"哪里有伟大的山峰，就有伟大的山谷。"作为合作伙伴，我们的工作是放大优势，并帮助填充山谷。

对我来说，最后一个经验是，动力不是一个固定不变的常量。每个人都会经历一段时间，这可能持续几个月的时间，当他们对业务的潜力失去信心的时候，作为一位合作伙伴，成为支持和信念的基础至关重要。动力总是会回来，而且满血复活，这一直让我感到惊喜。

我喜欢和疯狂的、才华横溢的合作伙伴一起工作。希望我们在不久的将来创造出下一个独角兽。记住，这"疯狂"主要是对未来充满激情、有清晰愿景的投资创业伙伴，真正有价值独角兽的形成，不仅与投资创业者有关，也与公司董事会对公司战略、架构和员工进行合理安排，并能以此形成和谐的创业文化与职业文化有关，激情与理智，是创造真正有价值的独角兽的秘诀。

我推荐这本书并和所有投资人和创业者通过这篇文章共勉。

张红[1]

2017.09.07 于加拿大

---

[1] 张红，快贝创始人，著名天使投资人。她拥有多年天使投资经验，曾参与投资包括唯品会、阿里巴巴在内的多家知名创业公司，是包括麦肯锡咨询集团在内的多家世界知名公司的资深战略专家。

献给我的队友：L.S., M.B. 和 P.B.

我最好的哥们儿

作者札记 | Author's note

在过去的 10 年里，我一直在编写有关科技领域的讽刺小品：先是撰写博客，之后创作小说，现在为电视剧写剧本。然而，一切我所虚构过的情节，都比不上现实生活中我在 HubSpot 供职期间所经历的荒诞，那是一家专门制作网络软件的科技公司。本书按时间顺序，记录了我在 HubSpot 的所见所闻，此书并非凭空虚构的讽刺小品，书中所有情节都是真实发生的。在书中，我保留了他们的真实姓名，不过更多情况下，我还是用杜撰的假名或昵称代替。我还采访了很多现任和前任的 HubSpot 员工，他们同意为本书的创作接受采访，不过前提是我们的聊天不能记录在案。其中一些人甚至害怕跟我谈及 HubSpot。起初，我认为这些人的顾虑是多余的；但随着事情的发展，我意识到他们完全有理由有这样的担忧。

本人在书中所提到的"硅谷"，并非特指在旧金山和圣荷西市之间那片曾孕育着科技创业企业、绵延 60 英里（1 英里 =1.6 千米）的半岛区域，而更像是"好莱坞"或"华尔街"那样，将"硅谷"作为一种行业隐喻。它存在于洛杉矶、西雅图、纽约、波士顿以及其他无数地点，当然还包括旧金山的海湾地区。

另外，书中"泡沫"一词，不仅是指某些科技创业公司的价值被疯狂炒高所引发的经济泡沫，而且诠释了在这些科技公司工作的员工的心态。这群被灌了迷药的、打心底里相信"创业公司神话"的员工，他们活在自己幻想出的"泡沫滤镜"中，心中充满着盲目的自信和自尊，无法接受别人的哪怕一点批判，他们脱离现实，完全没有意识到外界眼中的他们是多么的荒唐可笑。

我从 2013 年 4 月～2014 年 12 月供职于 HubSpot，而这家公司正好属于"泡沫"的一部分。2014 年 10 月，HubSpot 成功 IPO[1]，至今已有近 20 亿美元的市值。不过，本书不仅仅是围绕着 HubSpot 公司展开，更是讲述了一位年过半百的中年人在一个全新领域白手起家、重获自我的全过程，即使整个科技行业对于"年长"的员工充满敌意。此外，本书还记录了这个行业的工作形态是如何改变的，并曝光了该领域众多的公司是如何一边宣扬"让世界变得更美好"，一边在行动上与口号背道而驰。

神话与制造神话在当今的硅谷中不断滋生和蔓延。我创作本书的目的正是想揭露"独角兽"创业公司[2]更加真实的一面，并戳穿那些英雄式创业企业家的虚妄迷思。HubSpot 的领导者们与其说是英雄，不如说是一群巧舌如簧的销售和营销骗子：他们巧妙地编织了一套关于转型技术的神话，并凭借着这套说辞，通过兜售这个从未盈利的公司的股票赚了大钱。

<1> Initial Public Offering 的缩写，即首次公开发行，是指企业通过证券交易所首次公开向投资者增发股票，以期募集用于企业发展资金的过程。

<2> 即 Unicorn Start-up，估值超过 10 亿美元的创业公司。

　　本书的核心之处在于它记录了我艰难又自卑的自我发现之旅。当时的我，正尝试着在这家软件创业公司完成从一名记者到营销人员的转型。当科技产业正处于失去理智的时候，我也在与自己的心智博弈。我希望能通过这则姗姗来迟的故事，来一探创业企业幕后的究竟。

目 录

Contents

方吾生之半路，

恍余处乎幽林，

失正轨而迷误。

——但丁·阿利吉耶里[1]

我曾对它精通无比，但他们改变了它曾有的样子。现在我对它一窍不通，它也变得奇怪亦让我害怕。

——辛普森爷爷[2]

---

[1]　即 Dante Alighieri，为著名的意大利中世纪诗人，现代意大利语的奠基者，也是欧洲文艺复兴时代的开拓人物，著有《神曲》。此节选来自《神曲》的《地狱篇》。

[2]　即 Grandpa Simpson，来自动画喜剧《辛普森一家》(*The Simpsons*)。此节选来自该动画的第 7 季第 24 集。

欢迎来到"内容工厂"

如果你打算拍一部电影，是关于一位年过五旬、失业在家、自怨自艾的家伙，却意外获得一个千载难逢的机会来重新开启新事业的故事，那么这部电影应该这样开场：4 月份某个周一的早晨，阳光明媚，天气凉爽宜人，清风吹拂过马萨诸塞州康桥市的查尔斯河。男主角的灰发杂乱无章，带着一副角质眼镜，身穿系扣衬衫，将他的斯巴鲁傲虎开进了停车场。他手心冒汗，随手抓起了他朴素却实用的电脑背包，径直走向一栋年代久远的红砖建筑正门。这栋建筑经过翻新，在阳光下映出闪闪的亮光。这一天是 2013 年 4 月 15 日，如你所料，男主角正是我本人。这是我第一天在 HubSpot 上班，也是我从事的第一份非新闻类的工作。

HubSpot 的办公室占据了这栋 19 世纪建成的家具厂的好几层，整栋建筑被改造成了老套的科技创业之家的样子：裸露的横梁、磨砂的玻璃、巨大的中庭和有着现代艺术品点缀的前厅。随着电梯缓缓升到三楼，我内心既忐忑又激动。我仍然不能完全相信自己竟然可以扭转乾坤。9 个月前，位于纽约市的《新闻周刊》(*Newsweek*) 粗鲁地将我扫地出门。我当时很恐慌，担心自己或许再也没有机会工作了。而现在，我摇身一变，成了东海岸最热门科技创业公司之一的市场营销人员。不过，这里有个"小"的问题：我对市场营销一窍不通。但在我经历了层层面试，同打算录用我的人聊完之后，我发现这点竟然无足轻重。然而，今天站在公司的电梯里，我又无法肯定了。

我敢肯定的是，HubSpot 非常期待我的到来。首席营销官"大脑门"，也就是 CMO (Chief Marketing officer)，前一阵子在 HubSpot 的博客上宣布了我的加入。之后众多的科技博主也纷纷跟风，撰写我这个 52 岁的前任《新闻周刊》记者离开媒体行业转而加入软件公司的故事。

但当我来到前台的时候，奇怪的是压根没有一个人来迎接我。公司的前台接待佩妮，一副刚高中毕业黄毛丫头的样子，竟然完全不知道我是谁，来这儿干嘛。她皱着眉头，翻看电脑里的记录：空空如也！这也太奇怪了。虽然我并没有期待有乐队和气球那样的欢迎仪式，但我认为至少我的上司应该在我报道的第一天出面迎接一下才对。

"我是跟'大脑门'干活的。"我对佩妮解释道。

"大脑门"是一个高壮笨重却拥有一副娃娃脸的男人。他年近 40，曾担任大学橄榄球队的前锋，身材不减当年。在 HubSpot 管理层官方照片中，他穿着开领的牛津衬衫并内衬着白色 T 恤，活脱脱一个有着宽壮脸盘的兄弟会男生。表面上，"大脑门"是录取我的人，但实际上，最终是 HubSpot 的创始人——CEO 布莱恩·哈里根和首席技术官德哈迈实·沙阿做出的决定。不过，不是哈里根和沙阿聘请了我，而是我雇用了他们：是我一开始通过招聘启事找到了 HubSpot，经过了两轮面试，最终见到了哈里根和沙阿，他们给我提供的职位是"市场营销合伙人"。这个头衔不是很常见，但是还算说得过去：有着准学术的象征，包含着公司荣誉职位的暗示。我的工作职责描述得并不清楚，但是我认为我将负责为 HubSpot 撰写博客，向总监提供媒体策划建议，替 CEO 写演讲稿，以及参加各种品牌的宣讲会。

在几通电话之后，佩妮告诉我"大脑门"今天并不在公司。我也查了手机日历和自己的邮件，确保我没来错日子。到目前为止，日程应该是准确无误。

"那联系一下'僚机男'呢？"我提议道。"僚机男"是"大脑门"的助手，31 岁，担任类似总监的职位。我见过"僚机男"，他人还算不错。虽然我始终不知道他究竟是做什么的，但他应该是充当小"大脑门"的职责。连"僚机男"的相貌、打扮也跟"大脑门"如出一辙：有着一样的圆脸短发，穿着一样的标准"商务休闲装"：牛仔裤、运动外套、开领牛津衬衫和白色 T 恤。

佩妮又打了几个电话，结果"僚机男"也一样——毫无影踪。

我只能坐在公司的橙色沙发等候，盯着平板电视里面循环播放的 TED[1] 演讲。HubSpot 的代表色是橙色，橙色在这栋办公楼内无所不在：橙色的墙、橙色的管道和橙色的办公桌。连 HubSpot 的员工也穿着橙色的鞋子、橙色的 T 恤，戴着傻气的橙色太阳镜。他们随身带着橙色的笔记本，然后用橙色的笔在上面做记录，在笔记本电脑上贴上橙色的便签。HubSpot 的标志是一个橙色的链状结构，由一个圆圈和上面伸出的 3 个小枝节组成，每个枝节的底端有个圆形的小突起。有时候 HubSpot 中的字母"O"会被标志里面的圆圈代替，使得公司名称和标志结合在一起。我不但不理解这个链状标志代表着什么意思，而且

---

[1] 为 Technology, Entertainment, Design 的缩写，即技术、娱乐、设计。该组织为美国一家私有非营利机构，以其著名的 TED 大会和系列的 TED 演讲（TED Talks）闻名。

我也不知道有没有人意识到这 3 个端点有圆头的枝节很像是 3 个橙色的阴茎。这些橙色生殖器布满整个地方，包括公司的卫衣、帽子及其他 HubSpot 出品的服饰，还有我身旁展示的产品。这些展出的商品不但可以在这里购买，还可以在公司的网上商城 HubStore 在线购买。

我依旧坐在沙发上等待，而现在是周一早上 9 点，HubSpot 的许多员工穿着 HubSpot 的衣服接连不断地涌入公司，俨然像一支球队的球员。绝大多数也就 20 岁出头的样子。男生穿得就跟大学兄弟会里的男生差不多：短裤配人字拖，再加上敞口的牛津领系扣衬衫和反戴着的棒球帽。女生的穿着则是我朋友所说的"新英格兰大学女生约会"标配：牛仔裤、皮靴和毛衣。

这时，一名女士身穿正装到前台报道，不用说，她肯定是来面试的。佩妮让她坐在一旁等候，可不一会儿她就起身被叫去面试了。而我呢，一直干坐在那里。佩妮看着我说："我一直在帮你查。"我微笑着说没关系。佩妮一直在打电话，时不时朝我瞄一眼，然后眼神就溜走了，似乎她也在不断尝试着理清思路：应该拿这个一出现就声称自己是员工的灰发中年男子怎么办。

最终，又在几通电话之后，一个叫扎克的家伙来迎接我。他感到十分抱歉，因为"大脑门"和"僚机男"今天都不在场，但扎克表示他可以代替这两个人领我参观一下公司。扎克也就 20 多岁，有着友善的笑容和用发胶抹得油亮的头发。这让我想起《新闻周刊》那些专门负责为作者们做背景调查的应届实习生。我猜他肯定是某人的助理。

我们所在的这栋楼还有家风险投资公司和几个小企业，其中包括一家叫 Sonos 制作无线家庭影院设备的公司。但 HubSpot 的规模却一直在增长，延伸并占据了大楼更多的空间。工程师在一层，市场部在一层，而销售又在另一层。HubSpot 有 500 名员工，并一直在疯狂地招人。公司的福利包括无限假期和公司全付的蓝十字[1]健康保险，因此 HubSpot 被誉为波士顿最佳的雇主之一。

　　这家公司的办公室风格与我孩子所在的蒙特梭利学前班有着惊人的相似之处：大量使用明快的基础色，装饰着各类玩具，并配有一间专门的"打盹"室，里面附带着吊床和让人安心的棕榈壁画。这种"办公室即游乐场"的模式起始于谷歌，并像病毒一样传播到整个科技产业。工作不仅仅是单纯的工作，工作更应该被赋予乐趣。HubSpot 被分成一个个"邻里区域"，每个区域的命名跟波士顿城区的划分相对应：北区、南区以及查理斯镇。其中一个区域放着一整套的乐器，为人们时不时来一出即兴的爵士演奏作准备。然而，扎克说从来没有人用过这堆乐器，而它们就这么被原封不动地摆在那儿。每个区域都有一个配有自动浓缩咖啡机的小厨房。休息室里有沙发和黑板，人们可以在黑板上写下各种留言，像是"HubSpot ＝ 酷"或者一些正能量的话语："我们有两只耳朵一张嘴是为了让我们多去聆听少说空话"。

　　在底楼，一间巨大的会议室被改成了游戏室，里面有游戏室必备的桌上足球台、乒乓球案、室内沙狐球桌和各种电子游戏。餐厅旁边装备有工业级冰箱，里面装满各式啤酒，橱柜中储藏着面包圈和麦片。其中的一面墙上装有一整套玻璃容器，里面塞满了各种坚果和糖果。这面墙由此被称为"糖果墙"。扎克解释说，这是 HubSpot 的员工尤其引以为傲的地方，因此这面墙也是首先介绍给参观者的公司特色之一。这种追求乐趣的企业文化，让 HubSpot 显得与众不同。这里是一个年轻的地方，充满着活力。团队会经常组织到户外玩弹簧床躲避球，进行卡丁车比赛和激光枪战。

　　狗狗们惬意地在 HubSpot 的走廊上闲逛，因为就跟幼儿园的装饰一

---

[1]　英文作 Blue Cross，为全美覆盖最广的健康保险之一。

样，带狗上班也成为了科技创业公司的惯例。正午时分，扎克告诉我，每天这个时候，一组男同事就会约在二楼的大厅一起做俯卧撑。楼上还有个区域是可以做干洗的地方。有时他们会请按摩师来公司为员工做按摩。二楼有专门为了那些骑自行车上下班和利用午餐时间慢跑的员工所准备的洗浴室，不过在周五欢乐时光失去控制的时候，也会被用来当作"性爱隔间"。后来我得知（是我们公司的前台佩妮告诉我的，她掌握着公司各种小道消息）有一次玩得过火了，管理层不得不发出一封备忘录。"是销售那帮人干的，"佩妮对我说，"他们非常恶心。"

之后我又听到了另外一则故事，在某个周六早上，保洁员在一楼的男厕所发现了以下物品：一堆喝剩下的啤酒，一大摊呕吐物和两只三角内裤。保洁员很是不爽。更令他感到苦恼的是，某天早上，一个在HubSpot市场部上班的20多岁的家伙醉醺醺地来到公司，不知道出于什么原因，竟然在保洁员的手推车里放了一把火。

所有人都聚集在这片宽敞开放的空间里工作，一个挨着一个，蜷缩在桌前，就像孟加拉国衬衫工厂的裁缝女工一样，唯一的区别是在他们面前的不是一台纺织机，而是一台笔记本电脑。公司还流行玩具枪战。大家会躲在巨大的平板显示器后面开枪射击，在桌子下面匍匐翻滚。对于科技公司，站立式办公桌是十分热门的潮流玩意儿，HubSpot把他们安装在公司各个地方。人们习惯召开站立会议甚至步行会议，即一群人一边散步，一边开会。

在这里，没有人拥有独立的办公室，即使连CEO也不例外。这是公司的明文规定之一。每隔3个月，所有人都要互换座位，简直像企业版的"抢板凳"游戏。HubSpot把这个称为"偷椅子"，同时也是为了提醒每个人：改变是家常便饭。如果你需要私人空间，你需要预定位于工作区边缘的某个会议室。其中一些会议室是根据波士顿红袜队的球员命名的，其他的则是以商界"市场营销明星"来命名，我也是费了一番周折才接受这种说法。有些会议室配备的不是实用的家具椅，而是豆形沙袋椅，所以人们在这种房间开会的时候只能把笔记本电脑垫在膝盖，整个人瘫坐在沙袋椅上。

诚然，这么做显得古灵精怪又富有个性，但总觉得这是被胁迫的，仿佛每个人都在拼命证明他们的工作很酷、很有趣。但是这与我何干？这是我第一天上班，能在这里工作已经让我非常激动了，我预感这将会是一段美好的时光。在之前的几年中，我曾拜访了众多这样的公司，因此我很好奇在这种地方工作会是怎样的体验。

我们参观的同时，扎克顺带着简单地介绍了一下自己。他跟我一样，也是 HubSpot 的新人，上个月才入职。他在大学里主修英文，曾想当一名体育作家。然而当毕业后，他觉得记者行业有些不稳定，所以在谷歌谋得了一个职位。我告诉他这个决定是正确的。出版行业现在举步维艰，记者们更是成群地被炒鱿鱼，这就是为什么他们像我一样加入这样的公司，试着在公关或者市场营销领域"重新发现"自己的价值。这些职位的工作要求按理说跟你当记者是一样的，意味着你不但要有文采，还得赶得上截止时间。更直白一点，对于美国企业的标准而言，你很廉价。

扎克觉得由他来解释一下市场营销部门的组织结构会对我理解部门运作更有帮助。我们走进一间会议室后，他便开始在白板上画起了企业组织图。我之后发现，扎克非常喜爱在白板上写东西。扎克把首席营销官"大脑门"放到了市场营销部组织链的顶端。在"大脑门"之下是"僚机男"和另外 3 个人。这些人中，每个人下面都对应着一组或者几组员工。扎克继续画着，描绘出了一个树状图，这张图不断延展，并很快布满整块白板。这里有产品营销、网络营销、邮件营销、社交媒体营销、消费者营销和转化营销。有些人做客户需求，有些人做消费者利益代言；有些人做销售支持和线索培养。其中有个小组叫作"管道小组"，还有一个小组叫作"品牌和舆论"：负责监管公关小组，并组织每年一度的消费者大会。

　　最后，在树状图的一旁，是"内容小组"。他们由一组写博客的和另一组写电子书的员工组成，而这里正是我将要工作的地方。

　　我注意到了一点，在树状图上，扎克的名字是在内容小组之上，而在"僚机男"之下。我并不是企业组织的专家，但根据这个树状图的安排显示，我意识到，恐怕这个我眼里的行政助理很有可能就是我的上司。

　　"等一下。"我插嘴道，"我有一点儿糊涂了。"

　　我注视着扎克。

　　"扎克，你在这里是做什么的？你的工作究竟是什么？"我问道。

　　"哦，我负责管理内容小组。"他轻描淡写地说道。

　　"这么说来，如果你负责内容小组，"我一字一顿地迟疑道，"是不是意味着你就是我的上司？"我试着保持冷静，"我是要跟着你干活吗？"

　　扎克表示他不清楚我是否应该称他是我的老板。根据他的理解，严格意义上我正式的老板应该是"僚机男"。但如果就每天的工作而言，没错，我确实是在扎克管理的小组里工作。

　　见鬼！——我内心如此嘀咕道。

　　"好的，行吧。"而我是这样大声说出来的。

　　扎克准备带我去参观一下我工作的地方。我慢慢起身，感觉有点头晕。我跟着他走出了会议室，踏入走廊，看到了很多同事——他们看起来都太年轻了，就如同高中生一样。这里到处都有他们的身影。他们要么抱着电脑，冒冒失失地四处乱跑；要么成群地坐在有着玻璃墙的小会议室里，不是在白板上画着什么，就是盯着巨大显示屏中的 PPT，一边喝咖啡一边记笔记。我可能是焦虑症犯了，亦或是肠胃突然的反酸，总之，我恨不得夺门而出。

见鬼见鬼真见鬼！一个微小的声音一直在我脑海里重复着这个词。我跟随扎克和他那油光锃亮的头发一起前去大厅，途中我的太阳穴一直在怦怦地跳。

9个月前，那个时候我还是《新闻周刊》的科技编辑。在工作上我甚至从未留心过像是扎克或者"僚机男"、"大脑门"这类人。我从来不会回这种人的电话，他们发的邮件没点开之前就会被我直接删掉。至于像哈里根和沙阿这种小角色，我甚至不会花时间跟他们见面一起喝咖啡，更别提去专门报道他们。那对于扎克呢？饶了我吧！他才毕业5年，工作经历也仅是两个记者实习和3年在谷歌地区级广告销售部门的入门工作而已。

扎克带我到了一个如鞋盒子般拥挤的房间。这个房间大约15英尺[1]（约4.5米）宽、30英尺（约9米）长，里面却挤着两排大约20位年轻女员工，她们一个个都目不转睛地盯着自己的笔记本电脑。这里就是如假包换的"内容工厂"。而这些员工则是个个货真价实"内容创意"。"想了解更多资讯？单击这里来获取更多详情！"这是她们在博客文章旁边的小对话框里面写下的题目，希望通过这种文字游戏能引诱更多的读者逗留在博客上。

我微笑着跟同事们互相握手打招呼，从排头到排尾。其中好像有几个爱什莉、几个阿曼达、几个布列塔妮和几个科特妮。我也意识到我的年龄是她们岁数的两倍，甚至更多。"那么在这份工作之前，你在哪上班？"我跟她们一些人寒暄道。而她们却很奇怪地看着我，回答道"额……大学？"之后我就不再问这种蠢问题了。她们全是女性，都是白人，穿着牛仔裤，留着同样风格的披肩发。对我的到来，她们看上去都疑惑不已：这老头儿到这里做什么？我也只能回以微笑，并且意识到

---

[1]　1英尺约为0.3米。

我已经差不多忘记了每个人的名字。

之后，扎克把我介绍给了博客小组。她们将是我未来工作上最为密切的同事——玛莎、简和爱什莉。我已经拜读了她们的作品。她们会说一些词像是"当然啦"和"牛逼啦"，写出的博客题目像是"5种办法让你的登录页面变得牛逼"和"7条建议提升你的流量质量"。他们也会用通俗的笔风："嘿，博客写不下去？我懂你！！想不到这儿有专治'一到夏天就写不下去博客症'的祖传秘方吧？没错，就在这儿，往下读，听我们慢慢为你道来！"

我不知道该怎么跟这些女员工相处。我不是他们的老板，扎克才是。扎克指着一张空桌子说："我想你可以坐这儿。"桌子前面不是一把椅子，而是一个巨大的健身橡胶球，被固定在一个可以滚动的架子上。想都不用想，球当然是橙色的。我不太确定该怎么办才好：如果我要求换成椅子，要么我会被当作一个不知道该怎么坐在弹力球上的"老臭屁"，要么会被当作一个要求特殊待遇的"首席女高音"。但如果真的坐上去，我肯定会摔下来。我想象了一下，一位年纪52岁的中年大叔，从一个橙色弹力球上弹到了地上，被一群强忍欢笑的年轻女同事围观，这画面太美——我不敢看。太尴尬了——我果断向扎克救助，看能否给我找一把实用的工作椅。我们从另一间办公室的一张办公桌旁清出了一把椅子——危机解除。

扎克回到了他的座位上，开始忙他自己应忙的事情。而我坐在空荡荡的小工作台前，上面摆着一台全新的苹果MacBook Air笔记本电脑。这一切是真的吗？这真的是我的工作吗？我难道真的要每天坐在这差劲的小房间里的这张差劲的工作桌前工作吗？这些人真的成了我的同事了吗？难道我要跟他们一起开会听他们瞎扯吗？我真正的工作究竟是什么？当我签完了第一天入职的各种文件，当我拍好了工作照拿到了工作证并办好了停车通行证之后，我应该做什么？对这一系列问题，扎克好像一无所知。他也是刚来不久，自己还没弄清自己的工作是什么，哪能顾得上我？

我花了一整天的时间填写文件，并试着别让自己懵逼。哈里根和沙阿当然不会是想把我困在这里为扎克工作而雇用我。这里面一定有什么误会。当"大脑门"来了之后，他肯定会把事情理清楚。话又说回来，"大脑门"这么费尽心思把我雇过来，却在我上班第一天报道的时候缺席，会不会是个不好的兆头？

我暗示自己要保持冷静。我深吸了一口气。然而，无论我如何努力，我始终没办法屏蔽脑海中"见鬼"的声音，这个声音一直警告着我自己犯了一个非常严重的错误。之后不久，我便会发现这个警告是正确的。

搁浅的白种男人

第一章
Chapter
01

9 个月之前，正值 2012 年的盛夏，生活安逸又美好。我当时 51 岁，早已在波士顿郊区幸福地过上了稳定的婚后生活，有两个小孩，做着自己热爱的工作。在《新闻周刊》供职的时候，不仅能拿着不错的薪水，还能采访到非常厉害的人物，并撰写着令我着迷的内容：聚变能源、教育改革、超级计算法则、人工智能、机器人科技，中国崛起所带来的竞争，国家资助的骇客攻击造成的全球威胁，等等。对我来说，《新闻周刊》并不仅仅是一家公司这么简单，还是一所汇集人才的学会。这么看来，新闻杂志编辑应该算是世界上数一数二的好工作吧。

之后的某天，所有的美好都化为了泡影，没有一丝征兆。这是 6 月份某个周五的清晨，孩子们在学校上学，我与我的妻子萨莎坐在厨房的桌旁，一边喝咖啡一边逐条检查着旅行计划，为即将到来的为期三周的奥地利之行做准备。虽然旅行对于我们来讲有一点奢侈，不过通过用攒下来的飞行里程来换机票，并选择住在一般的酒店里，这趟旅行还是可以承受的。我们有一男一女两个孩子，他们在几周前刚满 7 岁，而且我们也到了可以应付这种历险的年纪。在此之前，因为萨莎周期性的偏头疼，她在急诊室耽误了太多的时间，所以不久前她选择从教学工作离职。她需要些时间调整一下自己。在阿尔卑斯山下的几周休养算是个不错的开始。虽然家里少了她的工资和一流的保险，但我在《新闻周刊》也享受到不错的保险福利。除了工资，我还通过做演讲可以挣不少外快。

总而言之，我们的生活还算说得过去。虽然萨莎放弃了她的工作，但我们依旧能负担得起这趟旅行。"事情都会变得好起来。"我们一边安慰着彼此，一边打开了我们旅行要入住酒店的网站。酒店是一簇栖息在山腰上的小木屋群，位于群山环绕的一个偏远的村庄里。当地的导游不但会带着游客爬山，还会教小孩攀岩。附近的马厩则提供山路骑马的服务，他们的马匹是有着金黄绒鬃毛的矮壮哈福林格马。我们3周后就能出发。

突然，我的手机震了一下。原来是编辑艾比发给我的邮件。她想知道我现在方不方便给她回个电话。我走到楼上的工作间，给她纽约办公室的电话打了过去。我盘算着艾比是打算给我更新一下我们即将上线的科技博客的最新状况。但事与愿违，压根儿跟这个没关系。

"我有一些坏消息，"她说道，"我们将会做一些裁员，而你的工作将会被剔除。"

我顿时语塞。然而对我来说，这并不是意料之外的事。《新闻周刊》最近几年确实是在亏钱。两年前，杂志社被卖给了新东家，试图扭转这一状况。结果，我们却比两年前损失了更多的钱。订户和广告商渐渐退出。在某种程度上，我已料到这通电话的到来，但是无论如何也应该不是在今天。

艾比说，开除我并不是她的决定。我追问是谁，她表示她也不知道。不过某人在某处确实做了这么一个决定。艾比仅仅是个传话员。她什么也做不了，我也没法向任何人申诉。这显然是胡说八道。艾比当然知道是谁做的决定，我甚至可以打赌，说不定做决定的就是她自己。

艾比是《新闻周刊》的元老。在我加入之前她已离职，不过 3 个月前她又被召回聘为执行编辑。当我发现我的工作需要跟她汇报的时候，别提多开心了。我们是已经相识 20 多年的老朋友了。她一报到，我们就开始商讨成立一个科技博客的计划，当然是由我运营管理。我打算用一年或者更长的时间把这个博客办起来。这就是为什么我曾认为自己可以高枕无忧。但是此时此刻，我坐在这儿直愣愣地盯着窗户，感觉脑袋像被什么重重地捶了一下。

"我想他们打算多录用年轻人，"她解释道。"他们能用你的工资去雇用 5 个大学刚毕业的小毛孩。"

"当然。"我并不生气，我只是有点震惊了。"我知道了。"

此时，从窗外传了一阵除草机嘈杂的声响。我望着窗外，看到为我们家草坪除草的家伙开着卡车来了。我突然意识到这可能会是我们之后再也无法享受的小奢侈。一个没工作的男人哪来的钱雇别人来替他除草？我现在还没打包走人，就已经开始琢磨如何省钱了。我们是不是该取消有线电视？我们是不是以后都没法出去吃晚饭？那奥地利之行呢？

艾比说她是真的很欣赏我，打这通电话也让她非常纠结。她也不想这么做，毕竟我们已经熟识这么多年了，没人想给他们的朋友打电话告知你被解雇了。她这么说，让我感觉她很不容易，虽然我才是那个被开除的人。

我跟她说我都理解。我就是一个商业记者，仅此而已。此刻发生的就是我平时所报道的内容：传统公司遇挫新科技，企业发展放缓并逐步裁员。如果我管理的杂志一直在亏钱，我也会想方设法裁减支出。我也会甩掉那些又贵又老的员工并雇用一堆年轻又好学的小毛孩。这一切都理所当然。

我一直做着一份不会持久的工作，我对这点心知肚明。早在 2008 年，当我加入《新闻周刊》的时候，公司就对老员工实行了工龄买断，并提供早退休的一揽子方案。这不仅发生在《新闻周刊》，报纸杂志公司苟延残喘，整个纸媒行业被互联网搅得乱作一团，尽管如此，《新闻周刊》依旧是一个"牛逼闪闪"的地方。即便杂志行业已时日不多，但我仍然想在这里工作下去。

如今，在周五这个明媚的清晨，一切都消失殆尽。

艾比告诉我，我在《新闻周刊》的最后时日将会在两周后结束。我不会收到任何遣散费，能给我提供的仅仅是两周的工资和公司所欠我的假期。两周结束后，我的健康保险将会过期，但是人力资源部门会帮我通过 COBRA[1] 法案来延续我的福利。

我的许多同事在 2010 年杂志被卖掉的时候离职，那个时候他们获得了相当于他们一年工资的遣散补助。我希望我被裁掉的时候也能享受一样的待遇，这样我会有足够的遣散费来作为缓冲。两周时间有一点不合常理的紧迫。我试着讨价还价。我问她公司能不能多留我半年时间，让我去找新工作。这样不仅能让我保留颜面，而且我找下一份工作的时候还能容易一些。"抱歉。"她斩钉截铁地对我说，"不行。"我提出可以少拿些工资，她表示这样也行不通。要么我在公司内换份工作也行，我乞求道，不一定给我很多钱，就让我在职且有福利就可以，同时我也可找些别的兼职。

艾比一样也不接受。

<1> 为 Consolidated Omnibus Budget Reconciliation Act 的缩写，即《统一综合预算协调法案》。美国在 1986 年通过该法案，要求雇主将离职雇员原有的保险延续 3 年。

"艾比，我有孩子啊。"我的声音颤抖着，我吸了口气，不想让自己听起来惊慌失措。"我有对龙凤胎，他们才 6 岁。"

她表示她很抱歉，她也理解我的处境，但是她无能为力。

我告诉她，我的妻子刚从教职上退下，我也刚把相关保险变户的文件发出去，打算把我们原来在萨莎名下的保险移到《新闻周刊》提供的保险之下。《新闻周刊》的人力资源部门肯定了解这点。这是公司主导的"提升生活品质活动"，可以让我们在每年非开放注册时间里加入《新闻周刊》的保险计划。

"你看，如果能把我离职的时间推后，并让我多待在公司几个月，我至少能保住我的健康保险，我保证在这段时间内找到另一份工作，然后麻利走人。"我商量道。

但是我的老友艾比，这个我们从 20 多岁就互相认识，并一起开始记者生涯的女人拒绝了我。两周后，我就这样打包走人。

我挂了电话，走下楼梯，告诉萨莎刚刚发生的事情。她惊呆了。不是前一阵子我才跟她说我在《新闻周刊》的工作很稳定，即使她离职也没问题吗？

"我之前以为艾比是你的朋友。"萨莎说。

"我之前也是这么认为的。"

桌子上还摆着我们的旅行文件夹。里面夹着旅游小册子和飞机票，以及酒店和租车的确认函。

"也许我们应该取消这趟旅行。"她无奈地说道。

这么做一点儿也讲不通，我对她讲道。

一部分钱已经作为押金花出去了，而这些钱是没法退回来的。"我们应该去。"我说，"我们要去，而且我们正好可以利用这段时间思考下一步该怎么办。我们可以做任何想做的事儿，不是吗？我们可以重新开始。我们可以搬到一个全新的地方，以此作为一个崭新的开始。"

我提到了佛蒙德市。我们一直在说住在这里会是一件多么酷的事。我们的一个朋友真的就这样做了：某天，他们变卖了所有东西，然后搬到了佛蒙德。他们爱死那个地方了！或者去博德郡，或者去波兹曼市。我们可以住在落基山脉！我们可以做个表格，列出最宜居的地方，租一辆温伯格房车，到每个地方去旅行，然后再做决定。我们可以花一整个夏天做环美旅行！我们可以去看大峡谷，去锡安、黄石和优胜美地<1>。或许整件事情在某种意义上就是天赐之礼。因为我们终于都有了空闲的时间，我们什么时候还能再等到像这样的机会？

萨莎知道我在满嘴跑火车，她也知道我已经慌了神，因为这就是我在不知所措时的表现，我会不停地讲讲讲。我挨个描绘我名单上幻想出来的山村，想象着我可以在那些地方穿着朴素的 T 恤，开着小卡车，留着胡须。而此时，萨莎早已理清了事实真相，她认为有必要大声地把现状解释给我听，只有这样她才能掌控住当下的状况。

"我们先说一说现在的处境如何吧。"萨莎回应道。她努力地保持冷静。"现实就是我刚离职，没法再回去工作。他们也已经录用了别人，而你现在也被开除了。"

"是离职。"我更正道，因为这样更好听一些。

"事实上，你和我现在都没有工作，而我们还有一对 6 岁的子女。没有保险，没有工资，而且我们还有一趟非常昂贵的旅行。"

"好吧，要是这样讲的话。"我回应道。

"那你还能怎么讲？"

我正打算回到我关于搬进山区的高谈阔论，她把我打断了。我们俩

<1> 即 Great Canyon，Zion，Yellowstone 和 Yosemite，均为美国著名国家森林公园。

都深知这一切都不可能发生。我们不可能跟古瑞斯伍德一家[1]那样经历种种的滑稽冒险，花整个夏天开着房车在美国四处旅游。

"这样，我去找另一份工作。我今天就开始打电话，就现在。我给我每个认识的人发邮件。我已经有许多演讲的预约，这能帮我们暂时渡过难关。我也会找一些兼职来做。"我解释道。

我试着让自己听起来有点信心。但事实上，我已经 51 岁了，在此之前我从来没找过工作。我之前往往是从一个工作转到另一个更好的工作。我从来没给我朋友打过电话让他们帮我留意招聘消息。我一直都是电话另一头的那个家伙，而且我对于那些给我打电话求助的人感到遗憾。我告诉他们，我会帮他们询问工作机会，也会帮他们留心。我确信他们能找到合适的工作。

但我们都深知自己的处境。记者的职位逐年递减，这就像是随着音乐抢板凳的游戏，一群准下岗的老头围着椅子转圈，为仅剩的几把椅子打得不可开交。

当年过半百之后，我发现情况会变得更糟。当我阅读我自己的杂志的时候，我了解到自己目前的处境就像一部残酷的讽刺小说。2011 年，《新闻周刊》发表了一篇封面文章，标题极具吸引力：《搁浅的白种男人》。封面描绘了一名西装革履的中年白人男子，浑身湿透，脸埋在了在浪边的沙滩里。或许没有死，但肯定是精疲力竭。

文章描述了一代曾经风光的男人，如今却在经济衰退中下岗，也就是文中所提的"男衰潮"（Mancession）。他们拖着身上的睡袍，惶惶不得终日，雄风尽失；心中万念俱灰，在妻儿面前颜面扫地，犹如飘摇风

---

[1] 英文作 The Griswolds，即古瑞斯伍德一家。出自 1983 年美国喜剧电影《假期历险记》（*Vacation*）。该片讲述克拉克·古瑞斯伍德一家在横跨美国的公路旅行中，遇到的种种刺激搞笑的事情。

雨中的行尸走肉。在新的经济模式下，50 岁相当于新的 65 岁。当你到了 50 岁，你的公司会找个借口开除你，并祝你找份新工作。至于要打年龄歧视的官司：白日做梦。你压根连机会都没有。即使你打赢了官司，你也休想再工作了。

当这篇文章发表的时候，我对其并没有太多感慨。我认为某种意义上自己能对这种情况免疫。《新闻周刊》虽然运营欠佳，但是只要这份杂志还存在，他们总得需要一名科技记者吧？

显而易见，他们并不需要。突然间，在这个明媚的 6 月天里，我失落地坐在餐厅中，等待我的孩子们放学回家。我斟酌是否要跟他们坦白发生了什么，如果是的话，该怎样告诉他们这个消息才好：我再也不是《新闻周刊》的科技编辑了。我变成了《新闻周刊》封面上的家伙：头深埋在沙滩里，浑身湿透，生死不明。我就是那个"搁浅的白种男人"。

1983 年，当我还在上大学时，我就开始在《新闻周刊》上班了。当我毕业后，我也不知道做其他什么工作好，便继续留在《新闻周刊》工作。我曾经考虑过法学院和商学院，但我的心思不在于此。起初，我曾尝试往医科上面努力，但不久之后便半途而废，之后发觉重新开始也为时已晚。新闻行业对我而言不太像是正儿八经的事业。这像是你在发现自己真正的事业前不得已而求其次所做的事情，就像我一位记者朋友所说的："记者是超越谋生的营生。"而他是一个混迹于伦敦浮利特街的英国佬。在某个节点上，我意识到我作为一名记者的时间太长了，长到它已经变成了我的职业。整件事情可以说是歪打正着。

1987 年，我的一个朋友鼓励我加入名为《个人电脑周刊》（*PC Week*）的报纸，这家报社位于波士顿，旨在报道电脑产业。在那段时间里，波士顿还有着众多的高科技企业。我当时对电脑一无所知，但其他人也是两眼一抹黑。个人电脑还是相对新鲜的事物。我们打算深度挖掘这个即将成为巨大新兴市场的产业。

20 世纪 80 年代，硅谷的科技公司还是一片乏味无聊的地方，工程师在简陋的工作室内要么编写着软件，要么设计着半导体、电路板或网络路由器。那里除了苹果公司的史蒂夫·乔布斯，没有任何科技名人，况且他那时也不是什么举足轻重的大人物。而到了 20 世纪 90 年代初，互联网时代到来，硅谷发生了翻天覆地的变化。新兴的公司如同纸糊的一般，仅靠着炒作和浮夸的言辞，以及可以令你一夜暴富的承诺发家。在 20 世纪 90 年代后期的网络经济膨胀之后，网络经济的破灭也接踵而至。之后的一段时期，硅谷就如同鬼城一般。随后，新一代互联网公司慢慢地崛起，而第二次的网络经济膨胀并不是第一次的翻版。总有一些令人担忧的相似之处萦绕在这群企业家周围，时刻提醒他们这些公司没有一家可能会盈利。他们全部都在赔钱，甚至有一些承担着令人震惊的多达 10 多亿美元的亏损，但似乎没人把这件事放在心上。

我在《福布斯》（Forbes）的时候曾负责报道第一次网络泡沫和其破灭。而现在反思后发现，那些年不仅仅是《福布斯》，反而更是整个杂志产业的黄金年代。杂志记者虽然没有暴富，但至少能争取到不错的生活。福利更是不可多得。我们周游世界，下榻一流的酒店，在马尔科姆·福布斯[1]的名为"汉兰达"的超级游艇上，与摇滚明星和政府要员开派对。我在《福布斯》工作的时候，遇到了我的妻子萨莎。我们在 2005 年的时候迎来了一男一女两个孩子。在过完摇摆不定的 20 岁和 30 岁之后，我这个曾经居无定所的"牧民"终于在 40 多岁的时候安顿了

<1> 即 Malcolm Forbes，为其父成立的《福布斯》杂志的前主编兼发行人。

下来，拥有了体面的工作和崭新的家庭。

2006 年，我创办了一个叫作"史蒂夫·乔布斯[1]的秘密日记"的博客，整篇博客是我以"假史蒂夫·乔布斯"的口吻来编撰的。这个主意起初不仅是为了讽刺乔布斯本人，还包括了整个硅谷。我匿名创作博客，为它增添了神秘的色彩。不久，这个博客每月就能吸引大约 150 万的读者。

博客中，乔布斯被描绘成一个承受力极差、毫无安全感的超级神经质，他把自己塑造成了一个奇特宗教的首领，而这个宗教正是依托在他所创造的电子产品之上。他胡言乱语，并诅咒所有他身边的人；他跟博诺[2]酒后驾车，并开车冲撞其他的司机；他把滚烫的茶水泼到忍了他很久的助手身上；他惹上了证交会[3]的麻烦，并对他的投资人撒谎；他参观了位于中国的血汗工厂，那里未成年的孩童们在赶制着苹果手机，结果，他觉得他自己反而变成了受害者；他同斯汀[4]一起到秘鲁的热带雨林旅游，他们在那里体验死藤水[5]，最后他俩躺在泥沼中互相抱着痛哭；他同他最好的朋友——甲骨文[6]的 CEO 拉里·艾利森[7]一起驱车前往旧金山的特德兰街区，用水枪朝着人妖和妓女喷水。他们会给当地的某个泰国餐厅打恶作剧电话，要点一份"鸡巴酱"，或者打电话骚扰一家在旧金山卡斯特地区的五金店，询问有没有

<1> 即 Steve Jobs，苹果和皮克斯动画室的联合创始人。
<2> 即 Bono，美国著名音乐人兼企业家。
<3> 即 Security Exchange Commission，简称 SEC，为美国证券交易委员会，是直属美国联邦的独立准司法机构，负责美国的证券监督和管理工作，是美国证券行业的最高机构。
<4> 即 Sting，美国著名音乐人。
<5> 英文作 Ayahuasca，是九节属植物煎煎熬成的一种饮料。饮用后其中的二甲基色胺等物质会发挥效用，使人陷入所谓"通灵"状态。因此被南美原住民广泛应用于宗教仪式中。
<6> 即 Oracle，为全球大型数据库软件公司，总部设于美国加州。
<7> 即 Larry Ellison，甲骨文公司的联合创始人及前 CEO。

黑色胶枪。

最后，我还是被逮了个正着。一个在《纽约时报》的记者猜出了我是"假史蒂夫"博客的幕后写手。他找到了我，而我也作了坦白。随后我的各种资料满天飞，从《纽约时报》到德国的《镜报》[1]，再到西班牙的《世界报》[2]。各种论坛开始邀请我去做演讲。之后我被《新闻周刊》雇用，结果带来了更多的演讲活动：我被请到了电视台，在福克斯商业频道 CNBC[3] 或半岛电视台[4]发表评论。随后我出版了"假史蒂夫"的小说，并把版权卖给了一家好莱坞的制作公司。之后我落脚到洛杉矶，一边为一部电视喜剧写剧本，一边继续在《新闻周刊》干活。

不过紧接着，状况就急转直下。我的电视喜剧在手稿完成前就被砍掉了。《新闻周刊》被1961年以来的老东家《华盛顿邮报》（*Washington Post*）卖给了新东家。新东家把《新闻周刊》和一家名为《野兽日报》（*Daily Beast*）的网站合并在一起，而曾在"野兽日报"担任主编，精明又神经质的蒂娜·布朗[5]变成了《新闻周刊》的新主编。我大部分的同事不是离开就是被踢了出去。我依旧坚持在那儿，但事情变得混乱不堪。人员来去匆匆。在之后的两年里，我手下曾有过6个不同编辑。有时候我一个编辑帮手也没有，只能随机应变，自己硬撑着把一篇篇故事编进杂志里。这并不是一段快乐的时光，但我当时始终相信北风会有转南时。

< 1 >　即 Der Spiegel，德国发行的欧洲发行量最大的周刊。
< 2 >　即 El Mundo，西班牙发行行量第二大的日报。
< 3 >　Consumer News and Business Channel 缩写，即消费者新闻与商业频道。
< 4 >　即 Al Jazeera，为全球影响力最大的阿拉伯媒体。
< 5 >　即 Tina Brown，美国著名记者、杂志编辑兼专栏作家，《戴安娜纪事》的作者。

　　2012 年的 3 月，转机似乎到来了。我的老友艾比作为执行编辑被重新录用，变成了我的上司。在新东家的管理下，之前让我感到岌岌可危的工作，现在让我倍感安心。终于，我有了靠山，还是从纽约来的同伴。而现在看来，我竟然相信了这么蠢的事情。

当鸭子呱呱叫的时候

失去工作如同让我陷进了漩涡：表面上，我跟正常人一样，至少我拼命地掩饰自己，就像没事一样；而内心深处，我已经处在崩溃的边缘，即使每天吃"安定文"[1] 都无济于事。"工作会有着落的。"大家一直这样安慰我，我也愿意相信他们，但随着时间的推移，我又无所适从了。目前，我经历了一场灾难般的面试。我应聘的公司是一所很大的公关公司，他们的副总裁邀请我到纽约面试。在让我等了一个小时后，他告诉我，他又不想招聘记者了。而在《福布斯》的一名编辑，不到一年前他想把我从《新闻周刊》挖过来，而现在仅愿意以合同工的身份雇用我，年薪只有 3.2 万美元，还没有保险。每到夜晚，我躺在床上，辗转反侧，难以入睡，害怕自己再也找不到工作。

《新闻周刊》的那篇《搁浅的白种男人》的文章并不是空穴来风。我认识很多的同龄人，他们的事业就此终结。他们刚到 50 岁，曾有着很资

<1> 原文作 Ativan，一种安眠药，适用于治疗焦虑症及由焦虑或暂时心理紧张所引起的失眠症。

深的头衔，被裁员后才发现任何公司都不愿意再雇用他们。我现在的处境就是他们曾经历过的：刚丢了饭碗，还抱有着一丝希望去参加一场又一场面试。然而，6 个月过去了，一年过去了，直到突然有一天别人都不再接你的电话，你就知道一切都完了。幸亏目前我还没有沦落到那般田地步。我接应了一些自由撰稿人的工作，而且我仍然可以通过演讲赚钱。我的巡讲经纪人答应我会让我一直有活接，但他也提醒我如果没有《新闻周刊》的头衔，那些演讲的油水也会逐渐消失殆尽。之后接下去怎么办？我们还有些存款，但这不是长久之计。我们现在能做的就是尽量节省开支。

孩子们知道发生了什么。虽然我们并没有在他们身边多聊及这件事，但我总归需要有所表示。我不知道这种交流会让他们感觉舒服一些还是会雪上加霜。至少我看出来他们有点不知所措，尤其是我儿子，他是个敏感的小孩。有天晚上当我哄他睡觉时，我发觉他眼中透露出一种我从未见到的情绪：那不是害怕，而是他明白我在经历着什么而对我感到的抱歉。对于他来说未免太沉重了。"到这儿来，小大人。"我一把把他抱住，试着把他逗乐。他笑得很开心，我也强忍着泪水，跟着儿子笑了起来。我意识到他现在看我的方式变得跟以往的不同。我永远不会忘记儿子眼中那一闪而过的怜悯。他的眼神一直萦绕在我心头，久久不能散去。我需要一份工作，什么工作都可以。

不久之后，我便有所斩获。2012 年的 9 月，我终于有了份工作，虽然这份工作并不"高大上"，甚至连好工作也算不上。这份工作对我而言有许多问题，甚至我得到离家很远的地方工作，但我并没有迟疑便应了下来。忽然间，我摇身一变成为了一家不怎么景气的科技新闻网的主编。这家不起眼的小博客叫作"读写网"[1]，有 3 名正式员工和 6 名

---

[1] 英文作 ReadWrite。

拿着可怜低薪的自由撰稿人。读写网位于旧金山，这意味着我得周一飞过去，然后周四或周五乘红眼航班飞回波士顿。而我不在旧金山的时候，我要么在纽约读写网的母公司那里，要么就在其他城市打各种推销电话，试着说服各大科技公司来买我们的广告。虽然这份工作没什么意思，但至少我能挣钱，也能让我留心更好的出路。

读写网的办公室坐落于市场街南区的唐森德街上。那里是众多热门科技创业公司的聚集地：推特、优步、Dropbox[1]和Airbnb[2]都汇聚于此。当美国其他地方还在舔舐着由近一个世纪来最严重的经济衰退所造成的创伤时，这里却早已雀声四起：创业公司遍地开花，各种投资纷至沓来。

在2008年股票市场崩盘之后的几年间，公司想要进行首轮上市募股是不可能的。没有IPO，风投就无法从创业公司的投资中赚取回报，因此风投也随之偃旗息鼓。但政策逐渐放宽，经济也随之好转。2011年5月，一家名为领英的社交网络公司成功上市，见证了股价在首个交易日就翻倍的奇迹。2011年后半年，Groupon[3]和Zynga[4]带动了自2004年谷歌上市后最大的IPO。2012年5月，脸书上市，创造了科技产业历史上最大的IPO。这给马克·扎克伯格[5]缔造的社交网络贴上了超过千亿美元的标签，而这一切都源自于8年前他在哈佛寝室里的小打小闹。

---

[1] 一家提供在线储存的美国公司，通过云计算实现互联网上的文件同步，使用户可以存储并共享文件和文件夹。

[2] 即空中食宿，为一个旅行房屋租赁社区，用户可以通过网站或手机发布、发掘和预订世界各地的独特房源。

[3] 为全球最大团购网站。

[4] 即星佳，为一家社交游戏服务提供商。

[5] 即Mark Zuckerberg，脸书的联合创始人及CEO。

　　如今所有人都准备瞄向下一个脸书，新一代的科技狂热也逐渐成形。当我回到东海岸与家人共度周末时，我隐约感觉到：相比这里，泡沫仿佛正在海湾地区一点点地发酵起来。要说旧金山，钱到处都是，这点毫无疑问。任何一个穿着卫衣，有着半吊子想法的退学大学生都将可以拿到风投。从小摩托租赁，到烤芝士三明治，甚至有个公司每个月给他们的订阅用户送一箱随机的狗狗用品，这些公司都能拿到风头的支票。连在旧金山年轻人追捧的蓝瓶咖啡[1]，也已经融资了 2 000 万美元（两年后融资将超过 1 亿美元以上）。他们用的日本咖啡机每台都价值 2 万美元。而一杯咖啡仅卖 7 美元。顾客络绎不绝，总有人在排队购买。

　　感谢这种新型的可支配收入，在旧金山吹起一个接一个的奇趣泡泡，像是卖液体荧光冰激凌的小甜品店，或者制作手工的潮流烘焙店。每天我步行上班的时候，总会躲闪开一群滑滑板的潮人，他们穿着紧身牛仔裤，戴着宽边眼镜。一群成年人！还滑滑板？！他们手里握着 5 美元的咖啡，去一堆起名听起来像是电视儿童剧里卡通人物的公司上班：Kaggle[2] 和 Clinkle[3]，Vungle[4] 和 Gangaroo[5]。

　　这地方跟 20 世纪 90 年代末第一次网络泡沫时的景象有点相似。我有一种诡异的预感，我们又要重新经历一遍过去的梦魇了。那时我还是一名《福布斯》的科技记者。我从多年报道相关商业的经验中了解到了公司估值的传统方法。在泡沫时期，我感觉众人皆醉我独醒。这些公司

<1>　英文作 Blue Bottle Coffee，为一家美国连锁咖啡公司及旗下店铺的名称，其特点是专注于单一产地咖啡，以优质的咖啡调制工艺而著名。

<2>　为一个数据建模和数据分析竞赛平台。企业和研究者可在其上发布数据，统计学者和数据挖掘专家可在其上进行竞赛以产生最好的模型。

<3>　为一家移动支付创业公司。曾在 2013 年募集 2 500 万美元，为硅谷最大的种子轮。

<4>　为一家移动应用视频广告平台。

<5>　为一家在线个人消费报告生成及分享平台。

的经济模式一点儿也讲不通，他们的估值完全不符合常理。我并不是唯一个敲桌子表示质疑的人。然而，股票市场却水涨船高，骗子一夜暴富，而我却一无所获。作为一名经历过科技泡沫的科技记者，这确实挺苦的：你整天跟那些没你聪明的人，甚至一些蠢货谈天说地，然而他们是富商巨贾，而你仅仅是个工资少得可怜的附庸文人，几乎连自己的账单都没法付清。我不太肯定我到底是憎恨他们还是嫉妒他们。到头来我觉得两种情绪自己都有一点儿。

　　不出所料，网络泡沫终以其破裂结束。我有种被平反甚至解脱的感觉。一切都恢复正常。我自以为网络泡沫其实是类似 17 世纪荷兰郁金香热的历史重演，这辈子是再也见不到第二次了。

　　而事实却恰恰相反，第二次泡沫正酝酿成形。跟我年纪相仿且同样经历过第一次网络泡沫的人们，如今在旧金山街头闲逛，感觉自己好像变成了比尔·莫瑞[1]在《土拨鼠之日》[2]里所扮演的角色。我们之前经历过上一次，而这一遭估计也会以泪水收场。然而管理这些新兴公司的年轻人，对于第一次网络泡沫破灭几乎没有什么印象。那个时候他们才刚上高中。某日，作为一家拥有雄厚资金的新兴科技公司 Box[3] 的 CEO，年方 26 岁的亚伦·莱维[4]对我说，了解学习 20 世纪 90 年代发生的事情对于当今科技业的发展至关重要，这就是为什么他投入大把精力阅读那个时期的相关书籍。

　　可以肯定的是，这一次的泡沫与前一次不同。第一次泡沫是由家族

---

[1] 即 Bill Murray，美国演员、喜剧明星，曾主演《捉鬼敢死队》（*Ghostbusters*）等电影。
[2] 即电影 *Groundhog Day*。电影讲述了由比尔·莫瑞饰演的气象播报员菲尔在报道一年一度的土拨鼠日庆典的时候遭遇意外，陷入无尽重复同一天的循环之中。之后他经历了种种考验，最终收获爱情并破除重复的魔咒。
[3] 为美国一家提供在线文件分享及商务内容管理的美国公司。
[4] 即 Aaron Levie，Box 的联合创始人及 CEO。

式投资人所掀起的对于新科技的狂热，因为那时的互联网牢牢地抓住了他们的想象力。而这次新的泡沫虽然包含着同样虚幻的想法，但却夹杂着来自美联储<1>的问候。这一次并不仅是投资人变得有点儿疯狂，而且钱也变得不值钱了。

这至少是一个风险投资专家跟我这么说的。他的理论总结出在2007—2008年金融危机后，美联储和其他中央银行所制定的"量化宽松"政策是造成股市膨胀的原因之一。通过发行更多的货币，中央银行推动股价虚高。从而抬高了大型养老基金和学校受赠基金的价值。因此，这些组织可以把更多的钱投入风险投资基金中。风险投资拥有的钱越多，创业企业募集资金就越容易得多。大量资金的涌入也使得一些私营科技企业的估值水涨船高。简而言之，就是美联储不遗余力地印钱，并且其中大部分钱跑到了风投手中，又从那里落到了一帮在旧金山搞创业公司的年轻人的口袋里。只要美联储不断地印钱，股票不断地上涨，这个疯狂的派对就能一直继续下去。

可投资的钱比可投资的地方多太多了，所以与创业者们挤破头抢融资相反，风投们争先恐后地抢项目，抢着给别人送钱。业内竞争史无前例，不仅来自于风投，还有各种各样的创业"孵化器"和"天使投资人"也要分上一杯羹。

很快，越来越多的钱从家族式的投资人流入硅谷，他们之前因为此类投资的风险过大而被禁止投资创业企业。在2012年国会通过JOBS<2>法案，通过放宽私营企业投资手段的相关条款，允许一般企

<1> 即Federal Reserve System，联邦储蓄系统，为美国的中央银行体系。
<2> 为Jumpstart Our Business Startups Act的缩写，即《创业企业融资法案》。该法案旨在通过适当放松管制，完善美国小型公司与资本市场的对接，鼓励和支持小型公司发展。

业可以通过在如 AngelList[1] 这样的企业联合网站集资向创业公司注入资金。硅谷公司不遗余力地游说 JOBS 法案，辩称该法案可以让像是医生、律师、退休工人这样的普通人获得抓住下一个脸书或谷歌的机会。但华尔街的元老却对此表示担忧："我们现在谈论的是那些完全没可能成为最后赢家的公司，却被一群显然没有任何专业知识和金融智慧的人投资。"前证交会总会计师在对《彭博商业周刊》[2] 采访时这么说道，他表示这些规则的更改，事实上是给"为诈骗和舞弊，以及为造成重大损失而创造了一次千载难逢的机会"。硅谷的常客们则对此没有任何问题。"人们在拉斯维加斯挥金似土地赌博。他们也应有同样的自由把钱花在天使投资上。"这是杰森·卡拉坎尼斯[3] 对此的看法，而他是一名硅谷的创业家及领军创业投资企业联合的投资人。

硅谷新晋的投资人不乏好莱坞名流和流行歌手，这些人被华尔街称之为"傻钱"。但某种意义上这都是傻钱。没人知道哪个项目可行或者哪家公司会脱颖而出。有些投资人索性把钱投到所有地方，即他们所谓的"大面积撒网"（Spray and Pray），希望通过这种办法，哪怕是搞着狗屎运，能让他们的一部分钱用在下一个脸书，并希望"中奖"的回报能比补漏多。所以对风投而言，最大的风险不是他们下了错误的赌注，而是错失了其中一步好棋。

众多的创业者跟他们的投资人一样经验匮乏。其中不少人还不知道他们要做什么产品或者服务就去融资。其中有人从未管理过公司，有的甚至之前连工作都没有。最重要的是，相当多的创业公司创始人某种程

<1> 为一家专门连接早期创业企业和投资者的融资平台和社交网络。
<2> 即 Bloomberg Businessweek，为是美国著名的的商业性杂志。
<3> 即 Jason Calacanis，为美国互联网企业家。

度上是一帮"讨厌鬼"。旧科技产业由一群工程师和 MBA 们组成领导，而新科技产业则充斥着一帮年轻又无德的江湖骗子。这些年轻人（绝大部分是小伙子）就是在电影院看完《社交网络》[1] 离丌后还想成为电影中马克·扎克伯格的那种人，而电影里则把他描绘成一个说谎、偷窃、背后使诈的小混混。

在这群年轻人中，许多人刚离开校园不久，或者对于是否毕业也无所谓。他们的公司无论从外观还是内在都像极了兄弟会。推特就曾真的举办过一次兄弟会主题的派对。在 2012 年一个新词跳进了硅谷的词库中：程序哥[2]，代指一类热衷于啤酒、乒乓球和骚扰女性且患有直男癌的白痴。接着，许多丑闻和官司以及犯罪案件接踵而至，关于某些公司创始人性骚扰了公司女职员的小道消息满天飞，据说更有甚者还殴打了女友。就是这些人现在运营管理着科技公司，被委以他人巨额的资金。当一切都分崩离析的时候，如果只有那些在门罗帕克市[3] 沙岗路上的风投们遭殃就好了。然而投给这帮小毛孩的钱大部分是来自养老基金。当灾难降临之时，伤害将远远不限于这小小的沙岗路。

当我漫步于旧金山，我的内心久久不能平静。虚幻的想法、易得的金钱、贪婪的投资者和毫无道德的创始人，揉捏在一起开出了灾难的食谱。我的第一反应是义愤填膺，这与我在 20 世纪 90 年代末时感受到的一模一样（记者们真的很容易义愤填膺，我们生来如此）。但这一次我有了其他体验。也许是因为我随着年龄增长变得更加实际，也许是因为我有孩子需要供养，也许是我还在因为失去在《新闻周刊》的工作而痛

<1> 即电影 Social Network, 该片讲述脸书创始人马克·扎克伯格创立脸书的时候经历的种种坎坷和背叛。

<2> 原文作 Brogrammer, 为 Brother（哥们）和 Programmer（程序员）所组成的合成词。

<3> 即 Menlo Park, 位于加州旧金山湾区东面的圣马特奥郡，为硅谷的一部分。

心，为毫无未来可言的媒体业而担忧。或是因为我厌恶我在读写网的新上司，我每天在办公室埋头苦干，博客文章一蹴而就，结果换来的是她从纽约打来的电话告诉我网站流量还不达标。我感觉我就像转轮中的仓鼠，虽然一直在转啊转啊，但结果还是在原地踏步。这么干下去我什么钱也挣不到，而我周围那群穿着紧身牛仔裤的小毛孩，挣着上百万、上千万，乃至上亿美元。正如马克·洛普菲勒<1>在"险峻海峡"<2>乐队的老歌里唱的那样，"对他们来说，钱一文不值。"

这一次我开始打算投身于此。我应该在一家创业公司谋份差事。科技公司和风投企业正鼓动着记者跳出博客，同时对他们重视有加。他们花钱如流水并疯狂地招聘。我的两个记者朋友已经迈出了这一步。一位在 Evernote<3>工作，另一位则去了 Flipboard<4>。他俩都在旧金山定居，我时常能见到他们。这些人并不天真，他们就是想在疯狂时期赚钱。在这里，挣钱是所有人唯一的话题。四处募资、估值、交易条款、持股比例，谁赚了多少钱——这些就是我在马丁郡跟一位朋友吃晚饭所聊的话题。技术员占领了咖啡厅，他们蜷缩在笔记本电脑前疯狂地敲打着代码或者给投资人讲解着自己的想法。每天早上当我排队等着我 5 美元的咖啡拿铁的时候，就能看到这些正在进行的会议。

这次泡沫早晚都会有破灭的一天，不过在此之前，肯定有一帮人会大赚一笔。这是在上一次的时候切实发生了的事。网景<5>是第一家浏览器公司，作为企业，它毫无成功可言，但根据报告，公司的创始

<1> 即 Mark Knopfler，为英国歌手及吉他手。
<2> 即 Dire Straits，1977 年成立的英国摇滚乐队。
<3> 即印象笔记，为一款提供记录、整理、存档笔记的跨平台移动应用程序。
<4> 为首款社交媒体应用程序，其内容均来自社交网络、出版商、在线资源和图片分享网站。
<5> 即 Netscape，曾是一家美国的电脑服务公司，以其生产的同名网页浏览器而闻名。

人吉姆·克拉克[1]把 20 亿美元纳入自己囊中。同样的事情如今也正在上演。Zynga 和 Groupon 损失了上亿美元，而它们的创始人却变成了亿万富翁。

　　最终，我茅塞顿开。但这还要从 2012 年 9 月的一个周五的雨夜说起。事情发生在明娜街的一家名为 Anchor & Hope[2]的高级餐厅，离市场街仅一个街区。作为旧金山金融区和创业公司的领土的重要一部分，市场街是真正意义上吹响第一声革命号角的地方。

　　那天我正在去机场的路上。晚上我将会乘红眼航班返回波士顿，但在此之前，我要跟一位朋友见面喝一杯。Anchor & Hope 到处是技术员和银行家，他们会把一部分轻松筹来的钱花在 200 美元一瓶的纳帕谷赤霞珠和 50 美元一打的生蚝上。

　　泰德是名投资银行家。他坐在后面的吧台上，戴着黑框眼镜，身穿一身灰色定制西服，至于价钱——估计比我一周的工资还要多。在 20 世纪 90 年代，他通过帮科技公司上市大挣了一笔钱。在过去的 10 年里，他隔岸观火，但如今他又重操旧业，理由很简单，眼前的机会太大了，他无法袖手旁观。

　　"你知道这次泡沫将会多大吗？"他说道，"肯定会巨大无比。规模要远远超过上一次泡沫。"

　　"想象一股巨型海啸，远在海洋深处。"他继续说道，"现在你几乎看不见它，但那股巨浪将很快涌来。有些人会被冲走，而有些人则会乘风破浪，财源滚滚。"

---

[1]　即 Jim Clark，美国企业家及计算机科学家，曾创办网景等著名网络公司。
[2]　直译为"依托与希望"。

　　我问他是否觉得创业公司的估值过高。根据传统的指标，这些公司对于我来说有点儿贵得离谱。

　　"你认为今天这些估值就高了吗？从现在起，等一年、两年或者三年之后再看看。我们现在连顶都没到呢。在此结束前，硅谷将会有1兆亿美元的财富转移。"

　　他的银行通过帮这些人转移资金，并从其资金流动中截下一小部分来赚钱。泰德会安排相应的并购，他也将指导创业公司如何从私人投资人手中或者通过IPO来筹钱。

　　我再一次把关于估值的问题，以及我对市场无法维持现状并即将崩溃的恐惧放到了桌面上。

　　"华尔街有句老话。"泰德解释道，"叫作'当鸭子呱呱叫的时候就喂饱他们'。你有听说过吗？当90年代投资人想把所有结尾带'.com'东西都买下来的时候，这就是我们回馈给他们的。我们的工作不是告诉他们买什么，而是变出他们想要的。我们的工作就是喂饱那群鸭子。至于现在，那群鸭子已经饥饿难耐了。"

　　此时在邻桌，随着侍者端出一盘两层的海鲜塔，一阵欢呼声爆发了。盘中盛着上百美元的龙虾、生蚝和其他贝类，而那桌客人，则是一群20多岁穿着牛仔裤和运动鞋、戴着瓦尔比派克[1]眼镜的技术员们。

　　泰德再一次谈到了兆亿级的美元将会易手。1兆亿美元啊！额度如此巨大的财富转移必将是史无前例。

　　"而我呢，一直在报道这个，却从未参与进来。"

　　泰德小啜了一口赤霞珠，耸了耸肩说道，"是啊。"

―――――――――――

〈1〉　即Warby Parker，成立于2010年的美国眼镜电商公司。

"我应该是站错了队。"我说。

"一点没错。"他一本正经地说道。

该去赶飞机了。我在优步卜约的一辆车等在外面,以方便载我去机场。随后我们互相道别。车在去往机场的道路上飞驰,而我坐在车里,凝视着窗外,望着雨滴冲打着挡风玻璃,脑海中不断思考着那1兆亿美元。那个关于站错队的玩笑,不仅仅是个玩笑,而是事实。我就是站错了队。我一直在一个日益衰落的行业里打工。但为什么要这么做下去?什么法律规定我只能继续做我所做的,就因为这是我唯一做过的工作?

我一到机场,便下定了决心。科技产业又一次变得疯狂起来,而这一次我不要再作壁上观,仅仅撰文报道,我要在创业公司谋份差事。我要去喂那些鸭子或者在海啸上冲浪。说不定我会跌下冲浪板而淹死,或者我会被鸭子吃掉,谁知道呢。但去他的,老子就要试一试。

现在的我是死猪不怕开水烫。反正我也讨厌我在读写网的工作。我已经52岁了,已经过了重新开始新事业或者做任何探险的年纪。但是若我此时不做,那更待何时呢?说不定我会整日纠结于倘若当时我能鼓起勇气一不做二不休的话,结果又会怎样。

实现这个计划的诀窍,就在于找对公司。理想上当然是我能加入下一个谷歌或者脸书这样如冲天火箭般的公司;而实际上,我仅希望这家公司不会轻易倒闭,最好还能成功地募资上市,我也能借机小赚一笔。没过多久,我便找到了这么一家公司。

HubSpot 到底是做什么的

第三章
Chapter
03

在领英上有这么一则招聘启事：一家位于康桥市的软件创业公司正在寻找"内容创意"。这家公司名为 HubSpot。它的办公室离我家居住的马萨诸塞州温切斯特市仅 6 英里开外，然而，我竟然对这家公司闻所未闻，也对于他们的产品一无所知。我仔细阅读他们的网站，上面介绍了集客营销[1]，我也从未听过。我只知道他们制作的软件被用于其他公司的市场部门。

我给在风投工作的朋友们打了一圈电话，他们跟我说 HubSpot 是一桩真买卖。这家公司有点儿深藏若虚，虽不像 Snapchat[2] 或者 Instagram[3] 这么有名，但却是由一群来自麻省理工[4] 的家伙运营管理并打算将其融资上

< 1 > 即 Inbound Marketing, 为一种主动营销策略，透过各种不同的数字管道，做到分众且精准的网络营销。

< 2 > 为一款图片分享的社交应用，用户可以拍照、录制影片、写文字和画图，设置访问该图像的时间限制，并发送到自己在该应用上的好友列表。

< 3 > 为一款免费提供在线图片及视频分享的社交应用。

< 4 > 即 MIT，Massachusetts Institute of Technology 的缩写，位于美国的全球顶尖理工类大学。

市。在过去的 7 年里，HubSpot 已经从风投募集了 1 亿美元，它的投资者包括了几家行业翘楚。HubSpot 的业务发展得蒸蒸日上。"这些家伙们将赚得盆满钵满。"我其中一个做风投的哥们断言道。

于是我便给在领英上发布这则招聘"内容创意"的女士写邮件。她迫不及待地想约见我。她叫莎伦，已婚，40 多岁，育有两子。2013 年 1 月，我们在一家康桥市的泰国餐厅见面吃午饭，她还带着运营公司内容小组的"僚机男"。"僚机男"大约 30 多岁，已经在 HubSpot 工作了两年有余，之前曾在几家公关公司供职。他对我说我所申请的工作并不适合我，他脑子里有更宏伟有趣的计划。他还对我能否适应公司企业文化有些顾虑，因为这对于 HubSpot 来说非常关键。他们喜欢跟别人打成一片的员工，"就是那些下班了还想跟他喝一杯的人。"我并不确定下班后我是否还想跟"僚机男"混在一起，但他至少看上去人还不错。显然他也觉得跟我志趣相投，因为几周后他们便邀请我跟 HubSpot 的首席市场营销官"大脑门"见面。

"大脑门"是个高大又和蔼的家伙，已近不惑之年。我们在 HubSpot 的办公室里边喝咖啡边聊天。他有着麻省理工的斯隆商学院的 MBA，而且非常喜欢用"牛逼"一词。我们聊了 HubSpot 的商业模式、盈利方法以及它的产品粘性，就是指 HubSpot 如何有效地保证它的顾客不会流失到对手手中。聊到这里，我喜欢上了"大脑门"。我能想象到自己为他工作，并能向他学习。他对我说，他脑海里对我的职位应该叫作"市场合伙人"，暗示着我是作为某种特殊顾问被引荐进公司。但不好的一面是，跟总监或者副总裁不一样，这个称谓并不是一个作为管理层所能拥有的职称。事实上，这个"市场合伙人"的头衔意味着你并不是公司真正的一分子，你仅仅是一名游客，一名临时工，与别人保持着距离。虽然我对于企业生活一无所知，但在我眼里，"市场合伙人"感觉是个蛮酷的职位，我喜欢。

在一步步走到跟"大脑门"面试的这段日子里，我开始觉得 HubSpot 会很适合我。我将在一家制作市场营销软件公司的市场营销部工作。哪还有比这里学习市场营销更好的地方？市场营销也似乎是我理所应当的下一步规划。我可以在这里待个两三年，成为一名市场营销专家，之后再在一家更小的创业公司出任更高级的职位。因为 HubSpot 已经很小了，所以，说不定我还要兼顾很多其他的事情。谁知道我最终会做些什么？接下去一两年里，HubSpot 很有可能成为上市的大热门。即使我没法一夜暴富，也至少能捞到一星半点，而且亲身经历过公司上市也算是件蛮酷的事情。

显而易见，"大脑门"也喜欢我，所以之后我便借坡下驴。到 2013 年 2 月底，我又回到了 HubSpot，面见了两位创始人：现任 CEO 布莱恩·哈里根和担任首席技术官，也就是 CTO（Chief Technology Officer）的德哈迈什·沙阿。在这次会面之前，我观看了他们在由 HubSpot 主办且名为"集客"的年度消费者大会上的几场主题演讲，拜阅了两人几年前共著的《集客营销》一书，并且熟读了沙阿的博客和他发表在领英上的文章。

我们在 HubSpot 一间会议室约见。让我感到轻松的是，他们俩都已年过 40。我可不想在被一个 25 岁的孩子王一样的"程序哥"和他那群大学兄弟会的哥们统治下的公司上班。哈里根和沙阿在麻省理工的读研时相识，但我搞不懂他俩是怎么组成一队的：这两个人的个性有着天壤之别。哈里根是那种极端外向的典型销售人员。他曾在一家波士顿的公司卖软件，之后便成了风险投资人。他已近半百却依旧单身。哈里根是个雷厉风行又会疯玩的波士顿爱尔兰裔，住在南区奢华的公寓里，开着宝马，有着出色的女人缘。而沙阿却早已结婚生子，极端内向，他甚至声称可以一周不跟别人通电话。他的开场白往往是他有多不想演讲，宁愿在家待着写代码。但是他一旦登台，他似乎热衷于扮演励志演讲者的角色，就像书呆子版的托尼·罗宾斯[1]。他对肉麻的修辞和空洞的格言有着过于常人的喜爱。"成功，"沙阿一边说着，一边低着头，捋着胡须，在舞台上来回踱步，假装自己是位教授在做演讲，"就是让那些追随你的人看上去明智无比。"之后他停顿了一下，仿佛自己说了什么特别深奥的话，好留出时间让你细细体会一下。随后他又重复了一遍刚才的那句话，紧接着整个舞厅的市场营销人员一齐欢呼鼓掌。

　　但当我同时见到他们俩人的时候，我才大概明白了这两个不同性格的人是如何在一起合作的。这里面有所谓阴阳兼顾的意思，就跟苹果的创始人史蒂夫·乔布斯和史蒂夫·沃兹尼亚克[2]之间一样。哈里根就是乔布斯的形象，是企业梦想家，专于销售和市场；而沙阿就像沃兹尼亚克，是书呆子一样的软件程序员。沙阿的日常着装就是邋遢宽松的牛仔裤和皱巴巴的 T 恤。他有一头深色的头发，胡子也是深色的，点缀着些许银丝。而哈里根穿的则是牛仔裤搭领口带扣的牛津衬衫，外面披上运动夹克。他有着跟我一样的灰发，戴着跟我同款宽边角质边框眼镜。我觉得这是个不错的兆头。

　　同跟刚结识"大脑门"的时候一样，我也很快喜欢上了这两个人。他们很好讲话。这让我感觉不到我是在面试，而只是在闲聊而已。之后我发现，沙阿其实在几个月前就在某个会议上旁听了我的演讲，他对此喜爱有加。他希望我能在今年 HubSpot 的集客大会上做一场相同的演讲。我欣然答应。我们谈到了沙阿写的博客。他们还问我读写网的现

---

[1]　即 Tony Robbins，美国著名成功学导师。

[2]　即 Steve Wozniak，美国著名工程师、企业家，为苹果的联合创始人之一。

状，于是我告诉他们，我们在卖广告上是怎样困难重重，以及我是如何得出其问题的根源不是来自于我们的内容，而是源于广告本身。这样的广告模式已然失效，也就意味着当前媒体业所依赖的"创作内容，并把广告插在一旁"的商业模式再也行不通了。现今的媒体行业需要另寻通过新闻来赚钱的办法，但至今还没人提出任何合理的建议。

我提到了一部刚出的纪录片，叫作《本色品牌》[1]，导演是来自纽约的叛逆广告人杰夫·罗森布鲁姆[2]，他相信整个广告业将会灰飞烟灭。哈里根听得目瞪口呆：他刚看完便深深地爱上了这部电影。电影中所记录的正是他多年以来所宣扬的。他告诉我，这就是 HubSpot 存在的意义。在他们的《集客营销》中，哈里根和沙阿指出与其将钱花在买断广告位或者电话营销顾客这种传统市场营销上，公司还不如多花些心思在发表博客、优化网站和制作视频上面，通过在线内容吸引顾客的光顾。老一代市场营销方式叫作推广营销[3]，意思是把信息推广到外界，而新生代的市场营销方式叫作集客营销。这种方式更划算高效。这就是 HubSpot 的软件所致力于的营销方式。简而言之，这套说辞便是他们产品的推销手段。

哈里根转头问沙阿，"你有看过我们说的这部电影吗？"

沙阿表示自己一无所知。

"你得去看看。"哈里根推荐道。

这个时候我打算使出杀手锏。"其实吧，我认识杰夫·罗森布鲁姆本人。我曾在《新闻周刊》报道过他的故事。我去了那部电影在纽约的

<1>　即电影 The Naked Brand，该记录片主要讲述了大型企业如何一点一滴地拯救地球。
<2>　即 Jeff Rosenblum，美国纪录片导演。
<3>　即 Outbound Marketing，指包括利用广告广告牌、电视广告、电话营销、人力业务、书面邮件、电台广告、付费平面广告等方式进行的大范围的营销。

首映式，之后我们便成了朋友。我可以介绍你跟他认识。我相信你俩会很谈得来。"

罗森布鲁姆是个派对狂人，跟哈里根一样毕业于佛蒙特大学。他热衷参与"强硬泥浆人"的活动，这是一系列疯狂的比赛，人们需穿越 10 英里的障碍训练场，整个项目脱胎于海军陆战队的基础训练。哈里根表示他非常想认识罗森布鲁姆，说不定还可以把他请到波士顿在"Hub 说"中演讲。"Hub 说"是 HubSpot 给它的发言人系列活动起的名字，众多有趣的嘉宾会被请到 HubSpot，并在午餐时间的楼下大会议室发表一个简短的演讲。我跟哈里根表示罗森布鲁姆肯定会来做演讲。我们甚至可以给在 HubSpot 的所有人搞一个《本色品牌》的放映会，我们可以把放映会规模搞得更大一些，把它安排到某个波士顿的剧院里，而 HubSpot 作为赞助商，这样真是再好不过。

各种想法天花乱坠。我们一拍即合！事情发展非常顺利。接着哈里根对我说他还有项任务要交给我。

"就是我们的博客。"他说道，"简直烂透了。"

我已经看过了他们的博客，哈里根说的一点儿没错。确实差劲得很。但我决定措辞还是客套一点。我告诉他，我觉得作为企业博客还是不错的，但哈里根把我打断了。

"一点儿也不，整个博客简直烂到家。原先是由另外一群人在管理，当时还不错，但最近……我也不知道怎么了，说来真的有些惭愧。"他转身问沙阿，"你同意吗？"

沙阿也是这么认为的。他们告诉我这就是为什么许多公司尤其是科技公司正在热招记者，目的就是能生产出高质量的新闻站点。其中很多公司做得相当不错，甚至比我们在读写网这样专业新闻类的网站做得还好，就是因为他们手上资源丰富。

　　哈里根表示，他想通过撰写相关材料来提升 HubSpot 的品牌意识，并将 HubSpot 打造成市场营销界的"思想领袖"。我提出可以另建一个独立的网站，由 HubSpot 支持赞助，但跟公司本身分开，就跟 Adobe[1] 一样，这家位于加州的大型软件公司就是通过这种方式来推销自家的营销软件。我认识在由 Adobe 资助的这个网站里工作的管理员，也跟他们交谈过他们是如何把这个网站推到线上。哈里根和沙阿对此不可置否。不过现在的主要任务就是在我加入公司后做出更好更时髦的内容，HubSpot 也可以借此宣传自己的品牌。我的工作内容将处于一片灰色地带，是一锅混着新闻写作、市场营销和思想宣扬的大杂烩。哈里根和沙阿不知道这会变成什么样子，对此我也毫无头绪。不过这也算是一次不错的实验项目。我们互相握手后，我便起身离开，自我感觉良好。两个星期之后，就在 3 月中旬，他们给我发了录用通知。

　　可问题是，收到他们通知的时候我手上已经有了另外两封录用信。因为在我跟 HubSpot 面试的时候，我也在其他地方面试。一个录用通知是在纽约的一家媒体公司，他们答应我可以待在波士顿写关于科技业的博客；另一份工作则是在一家大型网络公司的公关部工作，不过他们想让我搬到硅谷，并付给我超乎想象的薪水。

　　尽管如此，我更倾向于 HubSpot。媒体类工作可以很有趣，但我没法自由发挥撰写有意思的文章。这样的话，我又会重蹈在读写网和野兽日报的覆辙，软磨硬泡出一篇又一篇的博客文章来增加网站流量。我已经受够了这种日子。在硅谷的大企业确实很诱人，但我的妻子萨莎对搬到加州并不感冒，而且我有一个在那家公司工作的朋友，她也认识我将会一同工作的同事，但她告诉我，她在那儿的工作经历谈不上很好，所

<1> 即奥多比系统公司，为美国一家跨国电脑软件公司，主要从事多媒体制作类软件的开发。

以她并不推荐我去那里工作。

然后就只剩了 HubSpot。它位于波士顿，意味着我们不用搬家，这样萨莎也不会不开心。我们不用卖掉我们的房子，然后再买一套新的，也不用为孩子们找新的学校，也不用再认识新的朋友。我也中意于 HubSpot 仍是家小公司。我估计到 HubSpot 后需要身兼数职。相比在数千人的大企业中，我能给这里带来更多的影响。况且，我也喜欢哈里根。他看上去很机灵。我也想跟他一同工作。

HubSpot 同时也代表着在金融上有更多的上升空间。硅谷的大企业已经很庞大了。那些富起来的人在 15 年前就加入了公司。而 HubSpot 才刚刚起步。如果 HubSpot 上市，且他们的股票涨势不错——倘若 HubSpot 变成了下一个微软或者谷歌，我兴许能实实在在地赚上一笔，尽管这是我在记者生涯里所竭力避免的。

"实际上，我是在下注。"当我们把孩子哄到床上后，我跟萨莎谈起了我应该去哪家工作，"在 HubSpot 工作的唯一价值就是等到他们上市并完成一场大型的 IPO。"

在创业公司工作的交易就是你拿着低薪，但是却能换来一大笔分 4 年授权的期权。我在 HubSpot 的期权行使价是根据公司在最后一轮私募后的估值所反映的等级来制定的。如果 HubSpot 的上市估值要高于这个等级，我的期权就物有所值；而如果 IPO 黄了，或者由于市场崩溃导致 HubSpot 无法上市，亦或整个 HubSpot 化作泡影，那么我的期权将一文不值。

为了有一个成功的 IPO，HubSpot 需要达到一亿美元的年销售额。这意味着公司要在 2012 年的基础上翻番。那他们成功的概率有多少？哈里根和沙阿究竟能有多精明？华尔街的投资人对他们怎么看？我的直觉告诉我应该没问题。哈里根曾是名风险投资人，所以他理应了解投资人的想法。至于沙阿，在他去麻省理工的研究院之前，曾经成立了家软件公司并成功地卖掉了它。

另外一方面，在华尔街看来，HubSpot 具有所有成功企业的潜质。它的销售面向企业而非个体消费者。它是家云计算公司，并且采用的是所谓"软件即服务"，即 SaaS[1] 的商业模式。这意味着顾客不用在他们自己的电脑上安装软件，只需要通过网络连接服务并支付每月的订阅费即可。时下，云计算被炒得火热。整个科技产业正在向这种商业模式转型。投资人对此趋之若鹜。

在过去的几年里，哈里根和沙阿编造出了一部关于 HubSpot 的创世神话。故事开始于当他们还是研究生的时候，他们就预见到未来公司的市场营销部门是如何转变的。结果他们得出了现在被称为集客营销的概念。之后根据这个概念，德哈迈实和他的一组工程师编写出了一套软件程序。采用 HubSpot 软件的公司可以通过这套程序发掘新用户，提升销售业绩，并节省开支。这就是它的卖点。

事实上，公司早期的计划并没有这么井井有条。在之后的日子里，周围有人告诉我，哈里根和沙阿在决定做营销自动化软件之前还有别的打算。更重要的是，有人跟我说 HubSpot 的产品在前 5 年并不怎么样。事实上，根据一名前 HubSpot 的工程师透露的说法，这款软件当时相当差劲，连自己的市场部门都嫌弃，不得不靠 HubSpot 对手的软件支撑下去。"那款傻逼产品就是场灾难。"那名工程师回忆道，"比方说当你想运行条查询，整个系统就会崩成屎。每天程序都会瘫痪。"

但哈里根深谙销售之道。他最初招聘的人中就有市场营销总监和

---

[1] 为 Software as a Service 的缩写。它是一种软件交付模式，在这种交付模式中云端集中式托管软件及其相关的数据，软件仅需透过互联网，而无须透过安装即可使用。

销售总监。这些人组建了老套的电话销售业务部，是由一支低薪的电话销售员军队组成，他们的目标就是通过纠缠各个公司让他们签一年的订阅合同。这些销售人员的目标是小型企业的业主，因为这些人需求相对简单，而且一般对科技产品不甚精通。最终总会有些顾客识破其软件的把戏，并拒绝续签第二年的合约。到那时，HubSpot 的电话销售员们就会寻找新的顾客来取而代之。截至 2011 年，HubSpot 拥有超过 5 000 名的顾客。

在同一年，HubSpot 募集了新一轮资金，然后用这笔钱吞并了一家拥有不错工程师的公司。新队伍赶走了老码农，并着手从头改写代码。

2013 年，当我加入 HubSpot 的时候，HubSpot 兜售的产品已比之前的版本好得多。但软件本身依旧不完美，特别是其中一款内容的管理系统急需改进。程序的代码并不依靠划时代的计算机科学或者复杂的人工智能算法，只是些简单的程序，能自动处理最基础的营销杂务，比如说给一长串联系人发发邮件。但我那些使用 HubSpot 的朋友们告诉我，这款软件在与其他营销软件产品的竞争中，不仅仅可以守住自己的地位。一个根据顾客排名给软件打分的市场研究网站甚至把 HubSpot 列为营销自动化程序的第一名。

更厉害的是，多年销售鸡肋产品迫使 HubSpot 变得特别擅长炒作。HubSpot 的绝大多数员工并不是在工程或者软件开发部门工作，而是在销售和市场营销。他们整天打电话向顾客推销，拼凑博客文章，散发自动生成的邮件活动，在推特和脸书上狂发促销信息，举行网络研讨会和运营播客[1]，跟用户小组交流，以及准备 HubSpot 的年度消费者大会。

---

[1] 即 Podcast，为一种数字媒体，指一系列的音频、视频、电子电台或文字档在互联网发布，然后听众经由电子设备订阅该列表以下载当中的电子文件，从而接收内容。

这是一年一度的大汇演，充斥着音乐剧表演、喜剧演员和励志演讲家。经过 7 年的历程，哈里根和沙阿构建了一台远超我所见的炒作机器。

HubSpot 似乎为了曝光率而无所不为。在 2011 年，公司利用吉尼斯世界纪录所提供的一项服务，即任何人可以提出一项新类别并创下纪录，便可获得官方认证的吉尼斯世界纪录的头衔。吉尼斯的发言人表示 HubSpot 找到吉尼斯提出申请"世界上最大的网络研讨会"的纪录，随后便通过一场吸引了 10 899 名参与者的网络研讨会摘得了该荣誉头衔。这个发言人还交代了 HubSpot 向吉尼斯支付了 8 700 美元。根据吉尼斯的备案，HubSpot 依旧保持着该项目的纪录。虽然有很多人尝试打破这项纪录，但最终都以失败告终。

目前为止，HubSpot 已竭尽浑身解数来兜售它的软件。但在 2013 年，哈里根和沙阿正准备好将他们新产品的炒作大炮对准新的顾客。不过，这一次他们的产品是 HubSpot 的股票，而他们的顾客则是华尔街的投资人。我敢肯定，华尔街定会照单全收。

我接受了这份工作。

开心！棒！创业崇拜

个月之后，当我第一天工作下班后，在开车回家的路上，我一直在安慰自己一切都会没事。对，我的老板是我一半的年龄；没错，我连我做什么也不知道。但这有什么要紧的，这才第一天上班。

"还不错。"我说道。当我第一天回家，发现萨莎和孩子们正焦急地等我下班，迫不及待地想知道爸爸的新工作怎么样。我告诉他们公司里面有豆形沙袋椅，会搞玩具枪战，还有装糖果容器的巨墙，里面装有你能想到的各种糖果。我的孩子们才 7 岁，他们当然对此兴奋不已。他们已经等不及地想跟我去公司，还打算带上他们的玩具枪。

"我保证你们可以这么做。"我对他们说。

晚饭后，我把萨莎拉倒阳台，跟她说我真实的想法。

"这可能是个错误。"我坦白道。

"你上一次就这么说的。"

"没错，上一次我是对的。"

我一想到自己从一个糟糕的处境跳到另一个更糟糕的处境就心烦。

我到底哪根筋搭错了？在往假想的企业阶梯上摸爬滚打了多年之后，我现在竟变成了连环搞砸王。

我从滑动门的窗户瞄了出去，孩子们在客厅打闹正酣。他们经常执迷于此，有时我甚至想请个道士来给他们驱魔作法。他们在过去几年里经历了很多。他们目睹了萨莎在医院进进出出，随后又离开了工作。他们也目睹了我丢掉《新闻周刊》的饭碗，又在旧金山找到了新工作，却时不时消失几个星期。他们看到了我的筋疲力尽和消极郁闷。他们听到了我们之前打算搬到加州的谈话。他们累坏了，而我们也是。无论在HubSpot发生了什么，最好的应对方法就是坚持住，强颜欢笑，让生活重获些稳定。

但我不能这么糊弄我的妻子。我告诉萨莎，"大脑门"和"僚机男"今天都不在场。我还告诉她，我一开始以为是某人的行政助理的家伙居然是我的上司，还告诉她我是如何跟20多个人挤在一间叫"内容工厂"的房间里工作。

此时，在房间里，发生了什么：我的女儿尖叫了起来。她听起来像身上着火了。

"想要一个纸袋来缓和一下呼吸吗？"

"我想要一个塑料袋，然后你就可以把它罩在我的头上，然后绕到我的脖子上。"

"这么想就对了。"萨莎玩笑道，随即我们推房门来收拾乱局。

每位HubSpot的新员工都要接受培训学习如何操作公司软件。这是个蛮不错的主意，也至少让我暂时不必担心我在公司应该做些什么或者"大脑门"雇用我的原因。这么说来，"大脑门"至今仍未过来跟我打招呼或者告诉我他想让我做些什么。

培训在一间小房间进行。在未来两个礼拜，我要跟20多个新员工肩并肩地坐着听别人的讲座，而讲座内容听起来像是你刚加入邪教时给你做的洗脑。这太了不起了，太好笑了。这跟我之前对科技公司的想象一模一样，只是有过之而无不及。

我们的总培训师叫作戴夫。他是一个热情洋溢又充满能量的家伙，他 40 多岁，剃了光头，留着灰色的羊角胡。第一天，我们轮流向他人介绍自己，并讲述自己为何与众不同。戴夫的特别之处是他周末在一支重金属翻唱乐队演奏。

戴夫既是老师，又是牧师。每两个礼拜，戴夫就会领到一批新员工，然后重复着同样的高谈阔论，展示着同样的幻灯片，开着同样的玩笑。他很擅长这个。他毫无掩饰地告诉我们，他热爱 HubSpot。他曾在很多地方工作过，而这里是他目前为止工作过的最好的地方。这家公司改变了他的人生。他也希望公司能改变我们的人生。

"我们不只是在卖产品。"戴夫信誓旦旦地对我们说道，"HubSpot 是在引领一场革命、一场运动。HubSpot 正在改变世界。这款软件不仅仅是帮助企业销售其产品，而且改变人们的生活，是我们改变着人们的生活。"

他跟我们讲了一则关于一个叫布兰登的家伙的故事，他是弗吉尼亚的一名泳池安装工。他的公司处境困难，而且他也快撑不下去了。但当他开始用 HubSpot 的软件后，他的公司一跃而起。很快，他的公司就开始在全国各地为别人装泳池。他一夜暴富。最后他公司运营得非常成功，便请了一个人帮他管理泳池安装公司，而他自己索性去当了名励志演说家。他周游世界各地传播集客营销的福音，改写了成千上万人的命运。

"这个人变成了超级明星。"戴夫说，"他就是个摇滚巨星，而这一切都始于 HubSpot。这就是我们在这里所要做的，你就是其中一分子。"

事实上，我们卖的软件是让以小企业为主的公司销售更多的商品。

HubSpot 所处的在线市场营销声誉不佳。除了泳池安装公司和花店，我们的顾客的行为却劣迹斑斑。有人通过用促销邮件轰炸他人为生，或者投机取巧地利用谷歌搜索算法，或者钻研某种误导他人点开信息的消息主题。虽然在线市场营销并不如网络色情那样肮脏，但也好不到哪里去。

尽管如此，戴夫还是厚着脸皮地信口雌黄，而新员工却连连点头，似乎很吃这一套。他们绝大多数人刚踏出校园，梳理整齐，干干净净。男生穿着卡其裤和系扣衬衫，而女生穿着牛仔和靴子，化着浓妆，梳着精心打理过的头发。我旁边的男生留着平头，刚从新罕布什尔的某个学院毕业。他告诉我他现在跟父母住，每天要花一个小时的才能到公司，不过他现在打算搬到距离波士顿近一点儿的地方住。

我觉得荒唐至极。我从头到尾都不属于这里。当轮到我讲一个自己小特别之处的时候，我讲了一个笑话，说的是其实你们父母都是我的朋友，是他们让我过来盯着你们。不出所料，这个笑话冷掉了，因为本来这就是个烂梗。我非常紧张，我得现凑点儿什么糊弄过去。我有什么可以鹤立鸡群之处？我跟他们有什么不一样的地方，除了我已经头发花白，胆固醇也过高，甚至可能是在座唯一有做过结肠镜检查的人？于是我就说了些关于我有一对龙凤胎的事情，而其他新员工就这么看着我。

戴夫招来了一队高管给我们做关于我们公司有多么厉害的励志演讲。我发现我不仅比所有培训生年龄大，我比所有高管的年龄还大。

培训助理每天都会给我们上各种各样的科目，还会留课后作业。如何使用 HubSpot 软件的大多数课程是由一位名叫帕蒂的女士给我们上的。我们所销售的并不是单一的软件，而是一堆可以捆绑在一起或者分别销售的独立软件。

坏消息则是其中一些软件并没有特别好。我已经开始用内容管理系统软件，也就是所谓的 CMS[1]。它可以用来撰写和编辑博客，然而却糟透了：漏洞多，反应慢，容易崩溃，功能也相当有限。HubSpot 的CMS 软件跟最受欢迎的博客软件 WordPress[2] 相比，简直就是个破铁皮玩具，而 WordPress 却几乎不用花一分钱。我不敢相信 HubSpot 向使用 CMS 的用户收费，也不相信有人会这么轻信他们，并心甘情愿付钱。不过话又说回来，大部分 HubSpot 的顾客是小企业的业主，或许他们对此并没有了解很多，或许他们觉得用 WordPress 麻烦太多，亦或许他们宁愿付钱给 HubSpot，因为一旦有问题他们可以给技术支持打电话，并能及时解答他们在使用软件的时候遇到的问题。他们也说不定估摸着HubSpot 早晚会加入更多特色来完善软件。

还有一款程序是用来发邮件。它可以自动执行整个过程，所以你可以在指定的时间，给上千人发一系列的邮件信息。另一款程序则可以储存顾客联系方式的数据库。有一些工具可以分析你网站的流量，为你显示哪个网页吸引了最多的浏览，以及人们在某个特定网页所停留的时长。还有一个搜索引擎优化功能，可以帮你为博客添加许多关键词，这样别人在谷歌搜索相关词条的时候会更有可能搜到并点开你的网页。

我们其中一项作业就是编造一个虚构公司和虚构的产品，然后规划一场邮件活动来推销这款产品。HubSpot 的软件可以让你建立一系列树形结构的邮件。第一轮的时候你可以写一封给所有人的邮件，第二轮的时候你可以写 3 个版本的邮件。第一个版本是给那些连看都没看就删掉邮件的人，第二个版本是在删掉邮件前点开看了邮件的人，第三个版本则是给那些更进一步的人，他们点开了你发的第一封邮件里面的链接，并浏览了你的网

[1] 为 Content Management System 的缩写，即内容管理系统。
[2] 为是一个以 PHP 和 MySQL 为平台的自由开源的博客软件和内容管理系统。

站，却没买任何产品就离开了。之后，你便可以根据第二轮可能的回应来编写第三轮邮件，以此类推。这么做的目的就是一步步推着人们直到他们在你的网站上买了点儿什么为止。一旦他们下单了，你又可以开始新一轮活动来买他们的更多东西。你可以为有着上千人联系方式的名单创建多个步骤的活动，然后单击"发送"，随后交给软件就可以了。

从 HubSpot 发出的邮件量是一个令人震惊的数量级。每个月 HubSpot 的顾客累计发出的邮件信息有上 10 亿封。至于这种在互联网上自动发垃圾邮件的软件工具，我们仅是众多公司的其中一家。现在我也成为了其中一员。我为那群用垃圾邮件把你邮箱填满的人工作，就跟在你吃晚饭的时候打电话来推销新窗户或者房顶上的太阳能板的讨厌电话推销员一样，只不过我们是在线版本。

我告诉自己：虽然我的工作或许有点卑鄙可耻，但又不是出于恶意。我们又不是希特勒，我们只不过是一群很招人讨厌的人。要是非要硬讲，对，我们是让世界变得有点更糟，但就是那么一点点。我就是这么说服自己的。

为了让自己的工作听起来不那么可悲，在线市场营销员们发明了许多婉语。比如，我们的邮件活动不是纠缠，或者追着别人死缠烂打，而是我们在"培养"客户。"线索培养"在在线市场营销世界里可是重头戏。如果人们没有点开我们第一封邮件，我们就再培养他们一次，我们会一直培养到他们最终屈服妥协买了单。

HubSpot 并不只是推销他们的软件，还教人们如何用软件，以及如何在网络上更有效卖东西的大体方法。在每年的集客消费者大会上，上千在线市场营销员涌到波士顿来学习新伎俩。其中一项是在邮件里用误导性的主题，像是"转发：你的假期计划"来愚弄别人点开消息，他们称之为"拉高你的阅读率"。在会议期间，HubSpot 会展示一下软件新特性和新产品。例如，在每个浏览你网站的访问者的电脑里植入追踪信息，并能一直追踪他们访问的每一个网页。这款软件甚至在有人第二次到访你的网站的时候发出警报，你就可以立即给这个人打电话问他："你好，我注意到你又来我们的网站了。我能为你做些什么吗？"

　　这就是我们的商业模式：买我们的软件，来卖更多的东西，赚更多的钱。这本身没有什么问题，但这跟 HubSpot 自诩的或者对外所描述的并不一致。集客大会的标语是：汇集一堂，拨云见雾，卓尔不群。在培训课上，培训师告诉我们那上 10 亿封发出的邮件并不是垃圾邮件，而是我们称之为"可爱的营销内容"。这真的是我们培训师起的名字，而且他们也真的是这么用的。这背后令人费解的逻辑是：垃圾邮件是未经他人允许所发送的邮件，而我们只给那些留给我们联系方式的人发邮件，这些人填写了表格并允许我们联系他们。我们的邮件也许是不被待见的，但严格来讲，并不是未经许可的，因此他们并不是垃圾邮件。即使我们和我们的顾客发出了实实在在上 10 亿的邮件，但我们并不是想去烦别人，反而我们是想帮助他们。一封接一封地发邮件，每一次的邮件主题都会不一样，我们就是通过这样发现他人的所需所想。我们学习了解他们，我们倾听他们。

　　因此，我们所作所为并不是发垃圾邮件。事实上，官方说法是 HubSpot 痛恨垃圾邮件，并志于铲除垃圾邮件。我们想保护人们免受垃圾邮件的骚扰。垃圾邮件是坏人发的，而我们是好人。HubSpot 甚至搞过一场宣传活动，他们的 T 恤上面印着"造人不造垃圾邮件"。这真的是厚颜无耻的惊鸿一瞥，是纯粹的奥威尔式[1]的花言巧语。夜即是昼，

< 1 >　即 Orwellian，源于乔治·奥威尔（George Orwell），英国著名作家，代表作为《动物庄园》和《一九八四》。奥威尔式是指现代政权借宣传、误报、否认事实、操纵过去，来执行社会控制。

黑即是白，邪即是正。我们的垃圾邮件不是垃圾邮件。事实上是垃圾邮件的对立面，是"反垃圾邮件"。这是阻止垃圾邮件的屏障：垃圾邮件保险套。

对我来说，这简直就是彻头彻尾的胡说八道。我们当然在制造垃圾邮件，那你把我们发给上百万人的邮件叫什么？当我离开 HubSpot 多年，我仍旧不断收到来自 HubSpot 市场营销那帮人发的"可爱的营销内容"。邮件是发给"亲爱的市场营销同仁"，内容无非就是提供免费下载的软件或者邀请我去了解一下他们的电子书。有些则是发给汉斯·杜芬舒斯[1]或者杜芬舒斯邪恶公司的 CEO，因为我有次用这个名字填了公司发的表格。"你好，汉斯。"来自我的好朋友兼前经理"僚机男"发来的提醒如是说，"你知道杜芬舒斯邪恶公司市场营销的 ROI[2] 是多少吗？"

2015 年 12 月，我在写这部小说的时候，依旧能收到他们的邮件。就在今天早上，我还收到了一名"资深市场营销增长经理"的邮件，为我提供一门关于集客市场营销的长达 6 个小时的课程以及证书。当我通过了考试，我就能获得"个性化徽章和证书"。我可以把它加在领英的个人文档里面，甚至可以像我在 HubSpot 的朋友写的那样——"自豪地摆在自己的桌子前"。

我收到一堆这种邮件，所有的邮件的发件人显示是在 HubSpot 工作的真人发出，多数是来自我认识且一起工作的人，还包括"僚机男"。这些邮件其实是被设置成看似是由真人发出的邮件。与像是从 offers@hubspot.com 这种通用邮件地址发出来的邮件不一样，他们都是从个人的 HubSpot 邮箱发出，在结尾像是"祝好"或者"以营销之爱为名"之后，

<1> 即 Heinz Doofensmirtz，为美国动画片《飞哥与小佛》（Phineas and Ferb）中的反派邪恶科学家。

<2> Rate of Return 的缩写，即投资回报率。

还有个人签名，包括发件人的名字、职位和在最下面的推特用户名。

这就是我们在培训课程上学习的内容，这也是我们要掌握的方法。我没法分辨我周围的人是否真的相信他们被灌输的这些垃圾。他们看上去是真相信，但或许他们仅是在演戏而已。至于我，整个人呆若木鸡，我从来没见过，也没听过此类事情。当你接到一通来自烦人的电话营销员打来的电话，你曾好奇过电话那头究竟是怎样的情形吗？他坐的房间到底坐了多少人？他是怎么跟别人聊天，让他们买他卖的东西？他是怎么学会其中的窍门？他如何说服自己干这行？而我现在踏入的就是在线版本的电话营销员的世界。我深陷垃圾邮件之地，学习如何群发邮件，并期望其中一小撮比例的收件人能打开我的消息，然后去买点儿什么。这听起来有些吓人，但又很迷人。我得多学一点儿。

"你们这帮人得多特别才能坐在这里。"我们的培训师戴夫这样讲道。"HubSpot会受到成千上万份申请。能坐在这里，在这个房间，意味着你得超过其他很多非常优秀的人。你知道被HubSpot录用比被哈佛录取还要困难吗？"

这条关于哈佛的言论经常被用来用去。我已经听了一遍又一遍。哈里根尤其喜爱卖弄这点。我不知道他们怎么想出的主意。哈佛的录取率为6%，所以我猜他们大概发现在某一年HubSpot雇用的人数少于他们见到简历数量的6%，因此这HubSpot变得比哈佛还独特。这荒唐至极。麦当劳和沃尔玛也有录取员工比例少于申请者总人数的6%的时候，这么说也是见怪不怪的事情了。总而言之，HubSpot的人把这件事情看得重，我觉得这就是为了让新员工觉得自己很特别罢了。

HubSpot似乎很喜欢录取同一类人：年轻且容易被左右的小毛孩，他们曾在姐妹会或者兄弟会待过，或者参加过大学运动校队。许多人的第一份工作就是在这里。目前，我可以讲这里没有黑人，不但在我新员工培训课上没有，乃至整家公司都没有。HubSpot 的员工不仅全是白人，而且是同一类的白人：绝大部分是来自波士顿郊区的中产阶级。他们外貌一样，穿着也一样——整齐划一的程度令人发指。

　　HubSpot 以自己掌握公司所有的完全的数据和透明性为傲，这是一家数据驱动的组织。但很奇怪的是，人力资源也是他们口中的"人员管理"却声称没有种族多样性的统计。某天，我坐在公司开会的时候，注意到与会的是清一色的穿着干净、肌肤洁白、像摩门[1]教徒的白人，我随即发了封邮件给在人事工作的一名女员工，询问她是否有关于种族多样性的统计。她非常简洁地回复了我："没有。要这干啥？"

　　圈起一群合适又有雄心壮志的年轻白人仅仅是第一步。下一步，HubSpot 要进行两个部分的教化流程。首先会提醒新人他们能来此工作是多么的幸运。之后，威胁就来了，表明 HubSpot 竞争是如此激烈，许多人就是没办法取得任何成绩。

　　"看看房间四周，"戴夫说道。"从现在起一年以后，你周围的许多人就再也不会在这里了。"

　　在 HubSpot 永远是强者生存。进公司只是第一步。现在我们要争取在小组里自己的地位。这一步对于那些将在销售部工作的人来说相当残酷。销售代表有很高的指标，如果你未达标，你就会被裁掉。绝大多数公司会给销售代表制定季度或者年度指标。在 HubSpot 的指标考核是一月一次，这意味着销售代表根本喘不过气来。销售部"搅动"并消耗着这些年轻雇员。先吸纳他们，再耗尽他们，最后扔掉他们，另寻新

<1>　即 Mormon，是美国第四大宗教团体，也是目前世界上最大的新兴宗教。教义严格、保守，教徒多为白人。

人——这就是他们的模式。

我们被教导：生活的每个方面，都会有一种"HubSpot 式"的处事方法。没人能解释"HubSpot 式"究竟为何意，但这确实是人们会一直用到的说法。有些人比其他人更"HubSpot 式"，有些人则是百分百的"HubSpot 式"，他们的"HubSpot 属性"之高无人妄议。这些人"流橙色的血"。他们的意见不能被质疑。他们差不多可以为所欲为。他们就是HubSpot 的山达基[1]里面的八级运作的希坦[2]。

根据定义，新人们还未达到"HubSpot 式"。他们必须花时间努力才能得到这个称号。没人一来就能被接纳。毫无根据的乐观积极是建立"HubSpot 属性"的重要一部分。HubSpot 就像来自 20 世纪 70 年代的励志演唱组合"人人至上"[3]的企业版本，但又加了一点山达基的味道。这是一个基于市场营销的邪教。我开始把它称之为"让人'开心到翻'又'牛逼到天'的创业邪教"。公司给我们配发的不是 ID 证章，而是给我们一个有 HubSpot 标志的橡胶 ID 手环。这个手环带有转发器，可以解锁公司不同办公室的门。带着这个手环感觉既可笑又像邪教仪式，但你没有这个手环，你又哪儿也去不了。

我花过很多年的时间来写关于科技产业内精彩夸张的讽刺小品。在我捏造的故事中，我赋予了史蒂夫·乔布斯仅靠跟别人对视就可以催眠他们的能力，也把苹果在加州库比蒂诺的总部描绘成了一个疯狂邪教的基地。里面有身背来福枪执法的公关员工，遍布被洗脑的企业僵尸。

---

[1] 即 Scientology，由美国科幻小说作家 L. 罗恩·贺伯特（L. Ron Hubbard）在 1952 年创立的信仰系统。

[2] 即山达基最高等级教徒的职称。希坦，即 Thetan，山达基对于精神和灵魂的代称。

[3] 英文作 Up with People，为一家旨在通过音乐演出来消除全球文化隔阂、建立理解信任的教育组织。

他们讲着自己才懂的行话，打心底里相信他们在从事着非比寻常的工作——能让世界变得更美好。

而现在，我跟这一切在肯德尔广场的现实版本碰了个对头，这太棒了，这是有史以来最疯狂最棒的事情。我喜爱这个地方就跟我爱看《艳舞女郎》[1]、《地球战场》[2]，还有尼古拉斯·凯奇[3]参演的所有电影那样——它们简直烂到你都开始怀疑为什么这种电影会存在，但你却庆幸于它们的存在，因为电影能烂成这样也是挺厉害的。

---

[1] 即电影 *Showgirls*，该片讲述了一个脱衣舞女郎在拉斯维加斯闯荡的故事。此片因色情暴力设为限制级电影，并一贯排名为有史以来最糟糕的电影。

[2] 即电影 *Battlefield Earth*，该片讲述了未来外星人统治地球之后，地球上的年轻人奋起反抗的故事。本片改编自科幻小说家 L. 罗恩·贺伯特（山达基创始人）的著作《世界末日后史》，在 2001 年时当选为十年烂片之最。

[3] 即 Nicolas Cage，美国奥斯卡影帝，而他近年来所选择的角色和参与拍摄的电影则受到许多强烈的批评。

HubSpot 式语言

❝ 所以我在这上面做 DRI，或者简和我可以一起当 DRI，这样我们跟科特妮协调一下一起设定几个可挖掘的 KPI，之后我们可以在 1~2 周后再开次会聊一下想法，然后我们创建一个 SLA。这听起来不错吧？"

这就是玛莎，这位博客小组的资深成员，正在跟内容小组所讲的话，而我现在正是其中一员。我现在来公司已经差不多一个月了。我已经完成了培训课程，但我至今也不知道"大脑门"想让我做什么。所以我每天就上班露个脸，并同意给我发来的每个会议邀请。每天都有非常多的会议，毫无休止的会议，一整天都被各种会议占满了。

而这次会议开在二楼的会议室。我们围着桌子而坐，面前的笔记本电脑都开着。开会的包括 3 个来自博客小组的女员工：玛莎、简和爱什莉，还有 3 个写电子书的女员工，以及负责做市场调研的佩琪。

扎克名义上是负责人。他组织这次会议是因为他想让博客小组跟电子书的写手相互协调。但现实是扎克是新来的，既年轻，又没经验，而博客小组里其中的两个女员工已经在这里待了很久了，她们受不了写电子书的女员工，也压根不想听扎克的指挥。所以，玛莎只是拼命点头打哈哈，在空气中填满胡话和行话，像是 KPI、DRI、SLA、TOFU、MOFU、SFTC 和 SMB。

我完全不知道这是什么意思。会后我把扎克拉到一旁，问他这些词语翻译过来是什么含义。

"TOFU 和 MOFU 代指销售管道：顶端管道（Top of Funnel）和中端管道（Middle of Funnel）。"扎克解释道"SFTC 指的是为顾客解决问题（Solve for the Customer）。SMB 是指中小企业（Small & Medium-Size Business）。SLA 的意思是服务级别协议（Service-Level Agreement）。DRI 是直接负责人（Directly Responsible Individual），代表负责这个项目的人。KPI 则是关键绩效指标（Key Performance Indicator）也就是项目的目标是什么。"

把它们汇总在一起，就是刚玛莎所说的。她和简将会负责这个项目，她们也就是 DRI，然后她们要给项目提出一些建议性的目标，就是 KPI。当他们制定好了之后，就会跟博客和电子书小组一起审一遍目标，然后做出相应修改，决定每个月一方需要另一方做什么。而这个协议组成了 SLA，即服务级别协议。

两组人需要牢记他们需要为新的发展方向——位于 TOFU 的那些人——写出点东西，为我们系统中已生成的线索也就是 MOFU——编写不同的内容。所有的内容必须针对 SMB，而且所有的想法应当基于客户需求，而不是作者感兴趣的内容，因为在 HubSpot 我们要为顾客解决问题，即 SFTC。

我想在心里告诉扎克我们全都应该 STFU[1]，因为 WTF 这一堆乱七八糟的话跟正常人类之间的说话方式有什么关系。但实际上，我试着

---

[1]　为 Shut The Fuck Up 的缩写，译为全他妈的闭嘴。

用更婉转的方式来表达。

"为什么我们不说'谁将会负责这个'？为什么我们不说'目标是什么'而是说 KPI？这更像是说人话，你懂我啥意思吗？"

扎克说他知道我什么意思。他在大学主修的是语言。但这就是大家在这里的说话方式。

HubSpot 有自己特殊的语言，他们创造了大量的术语和缩词，并且在企业维基[1]创建了一个网页，方便像我一样的新人上去查询。"Hub语"是我给它起的名字，但只有我私下里这么叫它。

来到这里，让我感觉置身于某个孤岛，岛上的一群人已经与世隔绝生活了许多年，他们有自己的规则、仪式、宗教和语言——甚至在某种程度上创造了他们自己的现实。所有的公司组织都有这种情况，但出于某种原因，科技创业公司更倾向于集体思维。"喝迷药"[2]是硅谷人用来形容普通人在被某个组织吸收进去后转变成真正信徒的过程。苹果和谷歌因公司里满是这种被灌迷药的人而出名。每个科技创业公司似乎都是如此。相信你的公司并不只是为了挣钱，你的所作所为是有意义和缘由的，你的公司身负使命，而你想成为这使命的一分子——这便是你在这种地方工作的重要先决条件。

加入这种公司和加入邪教的区别似乎并不是很明显。一个忠诚的员工和一个被洗脑的教徒的区别在哪？从前者变为后者的分水岭又在哪里？两者的界限相当模糊。不知是有意还是无意，科技公司好像把邪教的那套手段照搬过来了，创造特殊的语言就是其中一个例子。

在 HubSpot，员工都要遵守公司文化的准则。这套准则囊括了

---

[1]　作者所指公司内部为员工所提供的类似于维基百科（Wikipedia）的查询网页。
[2]　原文作 Drinking the Kool-Aid。Kool-Aid 为美国一款即冲饮品。

HubSpot 不同寻常的语言，以及阐述了一系列共享的价值观和理念。文化准则类似于某种宣言，包含在一份长达 128 页、标题为 "HubSpot 文化准则：创造一个我们热爱的公司" 的幻灯片文件中。

准则的创立人是 HubSpot 的联合创始人之一德哈迈实·沙阿。在公司内部，人们用他的名字德哈迈实来称呼他。许多人把他看作是某种精神领袖。德哈迈实声称他花了数百小时才完成这份幻灯片。在我跟他和哈里根面试完的几天后，他便把幻灯片的链接发给了我，我想这是他吸引我加入公司的诱饵。他曾告诉我这份幻灯片 "描述了 HubSpot 的文化"。

这份准则描绘了某种企业式的乌托邦，在那里个人需求次于集体需求："团队 > 个人"。其中一页是这么说的，并且人们并不需要担心工作和生活的平衡，因为他们的工作就是生活。

德哈迈实创立这个宣言的目的实际上是实施一个有趣的实验。企业文化一般是有机化发展，而德哈迈实则在尝试人为创造一个文化并把它强加于他的组织上。在准则的副标题 "创造一个我们热爱的公司" 中 "我们" 一词的用法揭示了某种群体达成的共识。现实生活中，德哈迈实创造了一个他热爱的公司，并希望说服他的员工跟他一道热爱这家公司。

文化准则中提问道 "成为 HubSpot 式是什么意思？" 随后通过解释德哈迈实提出的一个名为 "HEART" [1] 的概念定义了这个术语的意思，而这个缩写代表了谦虚（Humble）、高效（Effective）、适应（Adaptable）、卓越（Remarkable）以及透明（Transparent）。这是 HubSpot 员工想要成功所必须具备的特点，同时，具有 HEART 的 5 种特质的终极 HubSpot 式的员工是可以 "点石成金" 的。

---

[1]　中文译为 "心"，这里是用后文中五个单词的首字母组成的双关。

德哈迈实承认大部分准则内容是"启发性的",也就意味着其中有些价值观是 HubSpot 尚未实践,但希望有朝一日可以施行的。HubSpot 的价值观有一条是关于透明,其意义不仅是透明即可,而是需要"从根本意义上且非比寻常的透明"。

文化准则为公司赢得了一场空前的公关成功,其作为标杆被很多其他的创业公司纷纷效仿。当德哈迈实把在他的幻灯片放到网络的时候,收到了超过 100 万的浏览量。这令他备受鼓舞,现在他正在筹划写本关于企业文化的书。

德哈迈实幻想自己是某种新时代管理领袖,是可以教其他人如何管理公司的精英——这就很奇怪了,因为据我入职后几个月的观察,他并不负责管理工程部门,而且我也可以肯定他也没有参与 HubSpot 的日常运营。然而,他在公司的身份仅仅是作为一名重要的投资人。他募集了 50 万美元的种子基金来创办 HubSpot,并拥有近 9% 的公司资产,超过其他任何个人,比他拥有资产多的实体仅是 HubSpot 的风投家们。如果德哈迈实想把 HubSpot 当作他企业文化的试验场,他想怎么捣鼓都可以。

德哈迈实的文化项目与众不同,甚至在 2012 年吸引了一名麻省理工斯隆管理学院的社会学教授在 HubSpot,花了几个月来学习它的文化。不幸的是,当我给这名教授写信问她可否为篇报道接受采访时,她告诉我,她已经答应了 HubSpot,除非管理层允许,否则她不会提及他们的名字。而且,在这些人看到她发表的内容之前,他们不会给她这样的许可。还真是 HubSpot 所承诺的"完全的透明"。这位麻省理工的教授对于她跟 HubSpot 之间的关系非常谨慎,在给我回信的时候还抄送了 HubSpot 的副总裁们和人员管理部,也就是公司熟知的"文化沙皇"。我便作罢。

德哈迈实的文化准则包含了许多"Hub 语"的要素。比如,它指出当某人辞职或者被开除的时候，公司会用"毕业"一词来代指这件事情。"毕业"这事确实一次又一次地发生。我在 HubSpot 里头一个月的时候，我仅在市场营销部就目睹了好几次"毕业"。我们会收到"大脑门"发来的邮件，上面写道"仅以通知团队成员们，德里克已经从 HubSpot 毕业了，我们期待他将如何在下一场大冒险中发挥自己的超能力！"这时候你才会发现，德里克已经离开了，他的办公桌也早被收拾干净。德里克的老板会在无人知晓的情况下，巧妙地掩饰他的离开。人们就像刺脊乐队[1]的鼓手一样消失不见。

从来没有人谈论起"毕业"的人，也从来没有人质疑将离职称为"毕业"有多奇怪。说到这儿，我从来没有听到有人嘲笑过"HEART"，也没有人拿文化准则开过玩笑。每个人表现得都跟所有事情都无比正常一样。

HubSpot 的员工会谈论一些关于"启发大众"、"成就不凡"、"战胜恐惧"和成为"摇滚明星"和"有着超能力的超级巨星"，而他们的使命则是"启发他人"并"成为领袖"。他们还会谈论专心"悦客"，这是个德哈迈实创造出来的词语，意思是取悦我们的顾客。他们在讲这些东西的时候没有一丝讽刺的意味。这真的就是他们每天的说话方式。他们会一直用跟这一模一样的词语。

理想的 HubSpot 的员工会展现出名为 GSD[2] 的品质，意思是"把烂摊子收拾完。"它被当作形容词使用，如"科特妮一直处在超级 GSD 的模式"。那些在培训研讨会给顾客上课的人被称为集客营销教授，隶属于 HubSpot 学院的教职员工。我们的软件非常"神奇"：当人们在使用

< 1 >　即 Spinal Tap，为一个模仿英国重金属摇滚的搞笑乐队，以时常更换鼓手而闻名，其原因多为前鼓手死亡。
< 2 >　为 Get Shit Down 的缩写。

它的时候——稍等一下———加一的结果就能等于三。哈里根和沙阿在HubSpot的消费者年会上首次提出这个点石成金般的概念，在他们身后，是一页巨人的幻灯片，上面写着"1 + 1 = 3"。从那以后这就变成了公司正式的口号。人们把一加一等于三的理念作为衡量新想法的标准。有一天，管理公关的"转转女"告诉我"我喜欢那个想法，但是我不能肯定这足够'一加一等于三'。"

这些疯狂的废话有究竟什么意义？我也不知道。这上百人能绷着脸，一遍又一遍地咽下去这些胡话我也是挺惊讶的。我也同样惊讶于HubSpot的员工能这么瞧得起自己。他们通常在夸耀自己或者互相吹捧的时候，会不停地用"牛逼"——"那太牛逼了！你真牛逼！不，你说我牛逼才是真的牛逼！"

他们还喜欢在打字聊天的时候添油加醋地用一堆感叹号，就像这样——！！！——他们会一直互发邮件称赞某人"完爆全场"或者做了某件"牛逼"的事情或者成为了彻头彻尾富有团队精神的成员！！！这些邮件会抄送部门的所有人。这个协定似乎是为了加入庆祝行列，每个收件人都要发表自己"回复给所有人"的邮件，像是"冲啊，姐妹们！！"或者"冲啊，HubSpot，冲啊！！！！"或者"爱什莉来当总统！！！"

每天，我的邮箱都会塞满这些高潮般的垃圾赞美邮件。一开始我是忽略它们，但这让我觉得自己是个讨厌鬼，我决定也加入这玩票的行列。我开始回复一些像是"简是最棒的！！！她勇往直前的态度和大大的微笑每天早晨都能让我元气满满！！！！！！！"（简是个臭脾气的女人，她负责管理博客；经常紧皱眉头）。有时候我就索性随便写点什么，然后加上许多感叹号，比如"哇哦！！！！！！！恭喜！！！！！！！你简直帅翻了！！！！！！！！！！！"

最后有人怀疑我是在挖苦嘲笑，我被警告说让我别再掺和。

这种啦啦队风格的妄自尊大令人咋舌。有一次 HubSpot 在领英发布了一则招聘公关代理的工作启事。但我们的广告上写着寻找"媒体公关超级巨星"，因为这就是 HubSpot 的风格。这背后的意思是这样的，负责招聘的公关老大认为自己是超级巨星，所以她想招一个能跟她步调一样的人。而她真正想招的人则是一个入门级员工，要么刚毕业，要么有一两年的经验，可以接受低薪，并且认为在 HubSpot 工作一段时间会让自己的简历看起来好一些。

广告内容这样挑衅着潜在的候选人："想想你可以让 HubSpot 登上《时代周刊》杂志的封面或者出现在《新闻六十分》[1] 吗？"且听听曾就职于《时代周刊》死对头的某人之言：像是 HubSpot 的这种公司能被赐予这种报道的唯一机会就是某名员工拎着一袋子枪，把整个地方扫射一个遍。这个问题很蠢，这是任何一个有经验的公关代理——任何一个真正的"媒体公关超级巨星"都会知道的事情。唯一能对那个问题说"可以"，然后申请这份工作的人，肯定是那种几乎没什么经验的菜鸟——正如同发布这个广告的人一样。

在 HubSpot 的市场营销部，从"大脑门"自上而下，每个人都散发着这种活泼、闹腾、毫无根据的积极，令人难以置信的傲慢和过度自信的态度。这些人是超级活跃的啦啦队队长。整个在线推销和市场营销的世界里满是每天听着托尼·罗宾斯的有声书上班的人，他们幻想着能有朝一日可以释放自身的能量。这些人喜欢听这种无病呻吟又虚情假意的励志演说家讲一堆关于充满热情、追随梦想和战胜恐惧之

---

[1]　即 60 *Minutes*，为哥伦比亚广播公司（CBS）播出的美国历史最悠久、收视率最高的新闻节目，旨在报道全美最热门的新闻话题。

类的废话。

战胜恐惧！我压根儿不知道这些人在害怕什么，但对于市场营销的人来说，世界充满了恐惧，而我们要战胜它们。他们之所以喜欢这种修辞，也许是因为它让在线推销和市场营销感觉像是某种史诗般的冒险，而不是事实上单调乏味又消耗灵魂的工作。到场市场营销大会的都是一群想成为大师和思想领袖的人，他们努力抬高自己，好在这场复活秀中鼓吹一下自己如何跟客户紧密相连，又或是如何全身心投入到用心构筑的市场推广中去。这听起来像是我胡编乱造，但这确确实实是存在的事实，而且把这等事情看得至关重要的还是一群受过教育的成年人，想到这我就想哭。

但我对这个世界深深地着迷。一部分的我着迷于如何成为这种冒牌大师。他们其中有些人赚了很多钱，而他们所做的就是周游世界做演讲。另一部分的我意识到既然泳池安装工布兰登能变成百万富翁作家和励志营销演说家布兰登，为什么我不行？

为了变成市场营销的魔法师，这几年，我首先要在这里生存下去，也就意味着我需要想办法融入进去，这可不容易，不仅因为我已经 52 岁了，正好是 HubSpot 员工平均年龄的两倍，而且因为这里的气氛跟新闻间大不一样。我早已预料到过渡期会很艰难，但即使这样，我还是对自己有多挣扎感到大吃一惊。奇怪的语言和毫无缘由的爽朗态度是我所认知世界相反的两极。记者接受的训练是憎恶企业术语并消灭它，而不是投身于此。我们要保持着愤世嫉俗和怀疑的态度，而不是变成啦啦队长。

另一个挑战是 HubSpot 的会议实在是太多了。正如大部分记者——而且，我敢说，跟大部分理智的人一样——我也反感开会。在 HubSpot，他们没完没了地开会，甚至是为了些微不足道的事情。哪怕仅是拉开椅子谈论 5 分钟，HubSpot 的人也会细查你的日程表——每个人都会把日程表放到网上——然后在你留空的时间段内发会议邀请。任何人都可以凭任何理由召开任何会议。我不想被当作一个难伺候的老年人，所以我对每个会议邀请都会点"确认"。有很多个早晨，每当我刚到岗上班时，便发现自己的日程表早已被一个接一个的随机会议排满，然而这些会议都跟我的本职工作毫无关系：跟管道小组头脑风暴；了解电子书小组下个季度的计划；旁听跟我们"社交媒体科学家"的电话会议，而这名专家则是一个好胜心很强的举重运动员，生活在拉斯维加斯，实际上却啥也不做；跟一个推销员聊天，她认为她可以把我们的软件卖给位于加州橙郡的一家报业。我参加所有会议，我到这儿是来学习的。我想成为富有团队精神的人。

在 HubSpot，人们用 Gmail[1]日历来邀请所有事情，甚至是为了午餐。某个周一早晨，坐在我对面的扎克问我有没有去过第一街的墨西哥卷饼店。我告诉他我没有去过。他说或许我们明天周二的时候可以去那吃饭。"没问题。"我回答道。

"好的，我这就给你发日程邀请。"他说。

"不用了。"我说道，"我们可以直接去。那时候我没安排。"

"但这个会提醒你。"

"我不会忘的。不就明天吗？我可以自己在日程表里加上。看到没？我随手就做了。它现在已经标在我的日程表里了。"

"我还是给你发个邀请吧。"

他还是发了，几秒钟后邮件送达，我点了"确认"。而现在有两个

<1> 为谷歌的免费电子邮件服务。

一样的预约同时在我的日程表里。

这还算说得过去。我总不能因为这种事情而小题大做。我唯一不想成为的就是那种四处吹嘘"想当年，我们就是这么做的"的臭屁鬼。我被警告说像在 HubSpot 的这种地方，你最不能讲的就是这一家公司需要考虑执行你在上一家公司做过的事情。即使你上家公司是谷歌或者是苹果，HubSpot 也没人想从别人、特别是从新人那里——即某些所谓的局外人——听到说这有更好的办法。HubSpot 就是 HubSpot。它是独特的，它是与众不同的。HubSpot 有自己的做事方式。我们重新审视所有，我们挑战所有的假设。我们不仅是做软件，我们还重塑公司的经营方式。

这或许听起来很自大，但谁知道呢。或许 HubSpot 中真的有人弄清楚了。或许最好的创新办法就是雇用一群毫无经验的年轻人，因为他们对管理公司毫无既定思维。拉里·佩奇[1]和谢尔盖·布林[2]在他们25岁的时候创建了谷歌。马克·扎克伯格在他 20 岁的时候建立了脸书，他曾有句名言："年轻人就是更聪明一些。"

或许扎克伯格是正确的。诚然，经验宝贵，但我也愿意接受经验也会成为绊脚石的说法。《福布斯》和《新闻周刊》满是这样的老古董，他们嘲笑互联网，对互联网一无所知，也不想了解互联网。他们只会盯着旧日好时光。我受不了他们。我是站在"改变"那一队。虽然这群老古董富有经验，但也正是他们的经验阻挡了他们适应的脚步。

我在 HubSpot 并不是跟这些家伙作对；而是在这里向他们学习。如果他们认为用 Gmail 的日程邀请来预订午饭时间更好，那我们就这么办。

但在我入职两个月左右的时候，我体会到自己跟一同工作的其他员

<1> 即 Larry Page，谷歌的创始人之一。
<2> 即 Sergey Brin，谷歌的创始人之一。

工之间的文化代沟有如一道鸿沟，我开始怀疑自己能否可以跨越过去。

当我在做性格评估的时候，这档事情真的发生了。当下许多科技公司会给他们的员工做性格评估。其中的道理是为了发现你是什么样的人，你的同事是什么样的人。某种程度上的彼此了解可以使一起工作更高效。

不同公司采用不同的测试和办法。其中一个较受欢迎的测试是名为迈尔斯·布里格斯性格分类指标[1]。HubSpot 采用了一套名为 DISC 的方法，该方法由四种基本个性类型组成：引领主导型（Dominant），影响启发型（Influential），沉着稳定型（Steady）和认真尽责型（Conscientious）。你可以是超过一种特性的混合体，比如你是 D 并掺有一点 C。

在这一套说法背后的基本思路就是你回答一大堆随机的问题，然后软件会分析你的答案，从而决定你是什么类型的人。在 DISC 评估中，你会被要求根据题目回答"是"或"否"。"我是一个整洁又有序的人。我喜欢安乐与宁静。我很有说服力。我是很温和的那一型。"

大概在填完问卷的一个星期后，我被叫去参加一个公布结果的会议。这是个小组碰头会，大约有 20 个人参加。而我们部门就我一个人，其他的好像大多来自销售部门——他们一个人我也不认识。

DISC 是基于一名叫威廉·马斯顿[2]的心理学家在 1928 年提出的理论，他同时也是漫画角色神奇女侠的创作者。讲到这，你也差不多知道 DISC 究竟是怎么回事儿了。在 20 世纪 50～70 年代，有好事之人又捡起马斯顿的理论，根据理论设计了这套性格评估测试。

---

[1]　即 Myers-BriggsType Indicator，为性格分类理论模型的一种。该测量方法虽然在商界流行，但心理学界认为其 理论有缺陷，测量结果不可靠。
[2]　即 William Marston，美国心理学家、律师、发明家，以及神奇女侠（*Wonder Women*）漫画的创作者。

　　这种说法纯属瞎扯淡，而更要命的是，一群毫无相关心理学培训或者专业知识的人竟将其运用到实践上。在 HubSpot，负责评估项目的是戴夫，就是那个热情四溢，留着羊角胡、业余重金属古他手的培训项目负责人。而他的女助手叫戴比，人过中年，喜欢夸张的眼妆。

　　首先，戴夫和戴比给我们解释这 4 种特质。没有一种特质比另一种更好，他们仅仅就是不一样而已，并无好坏之分。我们一起做了个小游戏，猜猜自己是属于那种类型。随后我们打开装有最后结果的文件夹，结果我是 D 型，意味着我是讨厌坐在性格评估小组和团队建设联系的那种人。我猜这结果没错。

　　我盼望着会议能早点儿结束，但实际上这个房间我们预定了半天，结果不出所料，我们现在都打开了有自己结果的文件夹，是时候玩可怕的角色扮演游戏了。

　　DISC 背后的理论是如果你知道跟你相处的人是什么样的类型，你便能了解如何跟这样类型的人相处。就像我这种 D 型人格的人，可能跟 C 型人格的人就有些不合拍，因为我的个性类型倾向于毫无耐心，盛气凌人还自带有色眼镜；而 C 类型的人则更像个懒惰的傻子。

　　跟扎克一样的经理们不仅会接受跟我同样的培训，还会上一门关于如何运用 DISC 管理员工的额外课程。试想一下这样的灾难画面：毫无工作经验的扎克只有 28 岁，他被一个周末摇滚吉他手培训关于如何运用一系列基础的、却是错误的心理学原理作为管理手段来操纵自己的部下。

　　如果你把一屋子的记者放到同样的情形下，他们会立刻拿对方开涮，嘲笑挖苦主讲人，故意问一些愚蠢的问题。如果我们的老板打算让我们在跟《游戏屋》[1]一样的狗屁上浪费半天时间，我们至少得过得开心才

<1>　即 *Romper Room*，为美国一部从 1953 年播至 1994 年的儿童系列电视节目。

行。而我在 HubSpot 的同事，则是相当重视 DISC 个性评估。这情形像是由迈克·乔吉<1>导演的电影《上班一条虫》<2>里的桥段，讲的是在一家名叫 Initech 的公司里当一个企业傀儡的生活是怎么样的。戴夫和戴比一直在邀请想当志愿者的同事上来玩角色扮演的游戏。我低着头确保跟他们没有眼神接触。谢天谢地，我逃过一劫。

我们观看了一部理应不好笑的培训影片，然而在我看来，这就是某部培训影片的搞笑翻拍。一个假情假意的主持人介绍了四名演员，他们分别代表了 4 个基本人性特质。那些演员长得就像是被雇来拍企业培训视频的那种人，读着一听就是专门写企业培训视频脚本的人写的剧本。视频结束后，戴比问我们最喜欢哪类人而最不喜欢哪类人。随后就开始点名叫我们回答。

"这儿有谁是 D 型？"她问道。

我坐在桌子的最边上，半举着手，希望她不会看到我。然而，她看到了。

"丹，你最喜欢哪一类人？"她说。

我选了那位年轻的非裔女子，她在片中扮演的是 S 型的个性。戴比说这还蛮有意思的，因为 D 型人和 S 型人往往合不来。

"你喜欢她什么？"戴比问道。

事实上，我也不知道。

"她看上去人还不错，我想我们可以处得来。"我回答道。

"行吧。那你最不想跟哪一类人工作？"戴比又问道。

<1>　即 Mike Judge，美国演员、导演，为美剧《硅谷》的联合创作人。
<2>　即电影 *Office Space*，该片讲述了公司雇员彼得因工作不顺，去接受催眠治疗，但从中发生意外，彼得将在被催眠的状态下度过。没想到，一反常态的彼得居然得到了上司的青睐，而他的两个好友却惨遭辞退。最后三人一同将公司搞得一团乱。

这个很简单。就是那个扮演跟企业机器人一样的家伙。他只做他被要求做的事情，额外的一点儿也不做。这差不多就是《上班一条虫》里角色之一米尔顿的样子，他尤其钟爱他的红色 Swingline[1] 牌的订书机。在视频中，当他的老板问他为什么没有把他要的报告发过来时，这个机器人就回答说因为老板并没有让他发报告，而只是让他打印报告。机器人还说他每次都准时完成任务，从来没有晚交过，但也从未提前完成。他就做他被要求做的事情，不多也不少。

"我受不了那家伙。"我对戴比解释道。"我想可能就是因为他的脸吧，就是他的外形。他留着那种胡须，你懂吧？"

戴比就这么看着我。

"为什么这种人能在这里，在创业公司工作？为什么他会在这儿？谁雇用的他？如果我跟这种人工作，我就想甩他一脸。"

没有一个人发出笑声。他们就这么坐在那儿。

"好吧。"戴比用关照的口吻说道。"我能听出你有些不满。我想我们都同意跟自己不一样的人工作确实有些困难。我认为你想表达的是你跟这种人互动可能会有些困难。"

"绝对的。"我说道。

她微笑道。"所以你可能会想出跟他打交道的办法，对吗？"

"我想会的吧。但我实际上就只想把这个家伙掐死。"

如果这个房间满是记者，人们肯定现在会争相讨论各种杀死这个家伙而不被抓住的方法。你能把现场布置得像意外吗？你能跟他说老板让他把立刻到屋顶，在把他骗到那儿后，接着把他推下去吗？你能请他吃饭，并趁他过街的时候安排车去撞他吗？

---

[1]　为美国订书机和打孔机制造商。

在满是记者的房间里，肯定早就有人开始模仿那个机器人了。我们当然也不会放过那个烦人的主持人。他长得有点像汤姆·伯杰隆[1]。汤姆·伯杰隆是"好莱坞广场"、"全美最搞笑的家庭录像"和"跟明星一起跳舞"[2]的主持人，不过这个主持人更低俗一点。这就相当厉害了，因为汤姆·伯杰隆已经是低俗的黄金标准，况且这位完全是个菜鸟——这种无人问津[3]之人，早就把伯杰隆甩到十万八千里以外了。或许这条培训视频的主持人应该搞一个自己的游戏节目。或许你也可以搞一个关于DISC 的游戏节目，拉 4 种性格类型的人互相攻击。把他们放到一个笼子里，让他们战斗至死：4 只傀儡已经进了笼子，但只有一个能活着出来！究竟谁能活下去？

但这里没有记者。尴尬的肃静笼罩着整个会议室。一个温和的声音传来，戴比说道："你知道的，丹，今天我们之中有些人是属于哪个性格类型。你不会真的去勒死这个房间的任何一个人，对吗？"这种语气是只有当你去说服一个疯子放下手中的枪，并远离那些小学生的时候才可能会用到。

我试着开倒车解释一下我刚才在开玩笑，但为时已晚。所有人都直勾勾地盯着我。他们看起来并不是害怕，而是震惊。

之后在会议室休息的时候，我把戴夫拉到一旁，对我冒失的举动道歉。"不用，你表现不错。感谢你的诚实。"他僵硬地微笑着说道，随即飞快地转身离开。

<1> 即 Tom Bergeron，美国电视喜剧类和游戏类节目主持人。
<2> 即 Hollywood Squares, America's Funniest Home Videos 和 Dancing with the Stars，均为美国电视节目。
<3> 原文作 complete unknown，来自鲍勃·迪伦（Bob Dylan）所创作的歌曲《像一块滚石》（Like a Rolling Stone）的歌词 Like a complete unknown。该歌曲被公认为是第二次世界大战战后流行乐领域最有影响力的歌曲之一。

对我来说他的意思是，"感谢你毁了我的培训课程。"

我意识到自己在记者行业摸爬滚打了 25 年，却并没有让我准备好面对外界的生活。"平民"是记者用来形容非记者时所用的词汇。另外的词是"外行人"或者"普通人"。

到现在我发现，描写普通人和跟普通人一起工作是两码事。这桩重塑自我的买卖比我预想的可是要难得多。

我们的首领有一只泰迪熊

7月初的一个早晨，即我加入HubSpot10个月后，市场营销部的每一个人收到了我们活泼可爱又梳着马尾辫的公关代表"转转女"发来的消息，讲的是德哈迈实刚在领英上发布了一篇很"牛逼"的文章，如果我们能登陆自己的推特和脸书账号去推广这篇文章来大大提高文章的流量的话，那就"太牛逼"了，这样，这篇文章就可以像病毒一样掀翻整个互联网。

"转转女"30岁出头，此前从未在科技公司任职。她已婚，是斯隆管理学院（这是麻省理工的商学院）的MBA，她还曾是大学排球队的队长。"转转女"有着GSD的态度，并且是彻头彻尾富有团队精神的成员。她充满着在学校时候的那股劲头儿。"冲啊HubSpot，冲啊！"她在发给市场营销部的邮件中这样呼喊道。

通过在各种社交媒体上投放文章链来推广联合创始人的新文章算是HubSpot市场营销那帮人的惯用伎俩。最近我们全都被号召在某个评选波士顿最佳工作地点的地区比赛上投HubSpot一票。而所谓"号召"，我指的是 HubSpot 用邮件各种消息轰炸我们，提醒我们如果还没有投票，那么请现在立刻马上去投，因为 HubSpot 真的想赢得这个头衔。如果我们赢了，哈里根和沙阿就会召开新闻发布会表示他们能被授予此项荣誉，自己是有多么的感激涕零和诚惶诚恐。

　　为了让我们推广德哈迈实的领英文章，"转转女"特意编写了几条"懒人转发"的内容，就是她已经写好了的推特消息，而我们用个人推特账户直接发送就可以了，看上去就跟我们自己写的一样。我们所需要做的就是点击某个链接，一则转发就会从我们的账户中发出，内容就是敦促关注我们的人赶快去看看这篇关于某种精明管理技巧的绝妙新文章。而我们的转发则会包含德哈迈实在领英上文章的链接。

　　"懒人转发"确实为我们省了不少麻烦，但由一大群 HubSpot 的员工在同一时间发出的相同内容突然涌入推特，在我看来并不是推广文章的明智之举。在互联网上，利用假草根账号来获得声援被称为水军灌水，通常来说这种方法有些下作。而我万万没想到，自己却亲眼看到HubSpot 在用同样的方法炒作，因为这家公司标榜着自己是社交媒体营销的导师，并声称可以教授给小企业业主如何通过撰写独特"可爱"的内容和练就"不凡"的态度便能在网上吸引他人的注意。但现实是，我们用枪林弹雨般的转发猛攻着社交媒体，告诉我们认识的所有人去拜读我们老板这篇厉害的新文章。

　　我倒是乐意帮忙，但在转发之前我花了几分钟浏览了这篇文章——德哈迈实所写的内容几乎让我从凳子上摔下来。文章的题目是《你的顾客不是无知自私的控制狂》。我们公司的"思想领袖"声称他做出了管理学上一个革新性的突破：他现在会带着一只泰迪熊去参加会议，并且他推荐所有人都这么做。

　　你没看错，一只泰迪熊。

德哈迈实辩称公司需要一直"为顾客解决问题"，也就是人们在 HubSpot 所叫的 SFTC。这意味着你做的每件事情，都需要把顾客的需求放在首位。为了时刻提醒他 HubSpot 的同事们，德哈迈实买了一只泰迪熊，并且在开会的时候，他会把泰迪熊当作一名在场的顾客放在他身旁。她的名字叫莫莉。

德哈迈实继续谈到他起初会在会议床旁放把空椅子，并把这把椅子假装成一名顾客。但他认为空椅子远远不够。因此现在他把自己的创新抬高到另一个层次，于是他带来了莫莉。

德哈迈实的领英文章甚至还包括了一张莫莉坐在"大脑门"旁开会的照片。在这张照片中，身材魁梧的"大脑门"穿着白衬衫坐在右边，而莫莉则是那个坐在他旁边的小不点儿，喝着看上去是红牛[1]的饮料。

这一切令我难以置信。这里都是成年男女，我认为他们是理智健全的成年人类，而他们在参加的会议上，跟泰迪熊说话聊天。我还跟这些人一起工作。不对：是更糟糕！我是为这些人工作。在《新闻周刊》，我为乔恩·米查姆[2]工作，他因撰写安德鲁·杰克逊[3]的传记获得过普利策奖。而在这儿，我为一个带着泰迪熊上班的家伙工作，他还认为这是一项管理创新。

人们是怎么参加会议而不嘲笑他的？有谁能看了这篇发表在领英上关于泰迪熊的狗屎文章而不哄堂大笑的？有谁不会用极大的嘲讽来回应这种疯言疯语？

<1> 即 RedBull，一种维生素功能性饮料。
<2> 即 Jon Meacham，现兰登书屋（Random House）的执行编辑和执行副总裁，前《新闻周刊》总编，曾获普利策奖。
<3> 即 Andrew Jackson，美国第七任总统。

这只泰迪熊有自己的想法吗？她会不会不赞成德哈迈实？如果不赞成，那接下来会发生什么？她曾跟管理层的意见相左过吗？那她作为消费者，究竟是怎样游说他们的？如果你真的想知道真实顾客有什么反馈的话，你完全可以创建一个消费者顾问团，请他们参与其中，这才是其他公司普遍采用的方法。

人们在领英上可以随意在其文章下面留言，我猜德哈迈实会遭到猛烈的抨击。然而，我错了。实际上，人们似乎都认为泰迪熊莫莉是个很赞的点子。人们在下面赞扬这个主意有多么的高明，信誓旦旦地说他们也会带着泰迪熊或者其他什么填充动物玩具参加会议。

我感觉自己是威尔·法瑞尔<1>在《超级名模》<2>里面所饰演的人物穆格图，在他彻底失去耐心的时候，他会撕心裂肺地叫喊道："难道没有一个人注意到吗？我感觉自己像吃了疯药一样。"

我的同事压根儿没看出泰迪熊这事有多荒谬。甚至连扎克都没拿这个开玩笑。这让我吃了一惊，因为扎克也算是个新人，况且他之前还在别的公司工作过，其中还包括谷歌。

我歪到电脑屏幕的另一边，打算引起他的注意。

"嘿。"我一边查看四周以确保没人偷听，一边压低声音说道，"你有看到德哈迈实刚发布在领英上的文章吗？"

"我看了。"他说。

"你觉得怎么样？"

"他写得不错。"

"但那只泰迪熊……你是怎么看的？"我问道。

<1> 即 Will Ferrell，美国喜剧演员，曾主演《王牌播音员》（Anchorman）。
<2> 即电影 Zoolander，该片讲述落魄男模祖兰德被人暗中操弄来刺杀马来西亚新总理。

　　"我认为这还蛮酷的。他在为顾客解决问题上还是非常认真的。许多公司都没有注意到这点。"

　　"好吧。"我说道，"但是那只泰迪熊……你真认为这是个好主意？是管理上的巨大突破？当你在谷歌的时候，如果你发现拉里·佩奇拿着一只泰迪熊参加会议，你认为别人觉得这样没问题吗？因为我觉得人们怕是以为拉里疯了。"

　　扎克就只是耸了耸肩，"创业公司的人就是怪吧。"

　　所以就这样。扎克不打算抹黑老板。没人会。这本身便令我惊讶不已。我工作过的所有地方，如果老板有一天开始带着泰迪熊参加会议，他肯定会变成笑柄，永远的笑柄。填充动物玩具将会被放得到处都是，人们会在所有会议上问各种刻薄的问题。而那只泰迪熊会被绑架，用绳子吊起来，跟其他填充动物玩具一起在犯罪现场被拍照，身上套着捆绑工具，被蓝精灵玩偶鸡奸。你懂我的意思。

　　在 HubSpot，以上情节一个也没有。德哈迈实是我们敬爱的领袖。HubSpot 的员工嘲弄他的泰迪熊就跟山达基教徒嘲笑 L.罗恩·贺伯特[1]的领结或者他古怪的船长帽一样。

　　然而错的人可能是我。可能是我在新闻行业这么多年，变得过于愤世嫉俗。可能带着泰迪熊开会就是一件从未有过的大事儿，每个人就应该跟风这么做。可能是世界变了，而我没变，我被落在那个过时老式的时代，那个时候人们还不会带填充玩具开会。于是我去向我的朋友查克请教，他曾在一家很大的科技公司的市场营销部门工作。我把泰迪熊的文章链接发给他，问他是在大企业的生活是否就是这样，"所有的公司都是这样的吗？"我问道。

---

[1]　即前文注脚所提到的 L. Ron Hubbard，为山达基的创始人。

查克很肯定地告诉我他们不是。"在任何一个地方，如果创始人带着泰迪熊去开会"他在回复我的时候写道，"离琼斯镇[1]就只有一步之遥了。"

我的另一位朋友麦克，他是前微软的高管，现在在做一些天使投资，并跟许多创业公司打交道。他同意泰迪熊这件事很蠢，但是他说现在退出则是个巨大的错误。

"你才来这儿 3 个月。你现在退出会让别人觉得你是被开除的。"他劝说道。"他们不会为打消外人这种想法而采取任何措施。事实上，他们或许会跟别人说是他们把你开除的。他们会使出浑身解数让你难堪。"

如果我现在辞职，所有曾报道我将在 HubSpot 工作的记者和博主都会跑来问我各种相关问题。HubSpot 是绝不会允许在他们准备发行 10 亿美元股票的时候有人往他们身上泼脏水。

"坚持到 IPO 结束。"麦克建议道。"即使你跟 IPO 没什么关系，但如果在你工作的期间它上市了，对你也是有百利而无一害的，等着上市一结束你就可以找下一份工作。"

事实上，麦克表示一旦公司上市成功，我可能已毫无选择唯有寻找下一份工作了——因为那时说不定我就被开除了。麦克的理论是 HubSpot 雇用我是某种宣传噱头。他们唯一所要的就是通过吸纳我来给他们在公关上带来点好处。而不好的一面则是一旦他们开始 IPO，他们便不再需要我了。

"你不要往心里去。"麦克解释道。"这种事儿一直在发生。公司上市之后他们便开始清场。他们注册 IPO 的时候，你就抓紧开始找新的工作。"

<1> 即 Jonestown，是邪教人民圣殿教（The Peoples Temple of the Disciples of Christ）在南美洲国家圭亚那西北部所建立的农村型人民公社。1978 年 11 月 18 日，教主吉姆·琼斯（Jim Jones）带领 909 名信徒及其家属在此服毒自杀。

　　麦克是个聪明人，他在商圈混迹了多年。我不太清楚他对于 HubSpot 雇用我的原因是否正确，但在我认识他的这么多年里，他从来没有错的时候。

　　有意思的是，我认为我自己是个很愤世嫉俗的人，但明显我没料到竟然还有这么一层利己主义存在，一个由像是麦克和运营 HubSpot 的人主宰的世界，其水深度是我永远也探测不到的。

我们得把博客搞得再蠢一点

我的工作究竟是什么？我应该做些什么？3个月之后我依旧一头雾水。我以为我会跟 CMO "大脑门"一起工作。然而，我甚至见不到"大脑门"。我也只能偶尔在走廊上碰见他，或者我在他组织的市场营销部周会上见到他。某天早上，我早到了办公室，跟他一同坐在公司的厨房，边吃麦片边聊天。但就仅此而已，他从未找我开会，从来没有坐下来跟我谈我的工作究竟要做什么。他倒是很友善，但他对我没有任何指示或指导。有的仅是："嘿，很高兴你能来这儿。"我开始认为我那个前微软的员工哥们麦克，对于我受雇原因的分析是正确的。

而结果是"大脑门"几乎不跟市场营销部门中 60 名员工的任何一个人说话。他每周 4 天在办公室，周五在家工作。他会跟"僚机男"以及其他少数几位直接跟他报告的人说话，但似乎是仅此而已。午餐时他也不结伙聊天，从来没有把人叫到一旁问他们怎么样，也从来不开一对一的会议来询问下你的工作情况或者给你些反馈。

然而他会搞一些匿名在线调查。是那种不间断的。"你开心吗？你有多开心？从 1~10，如果 10 是你这辈子最开心的日子，那你现在有多开心？还有什么能让你更开心？如何让 HubSpot 变得更好？""更多的调查。"我曾经也这么建议。

因为"大脑门"不跟我联系，那我只剩下去找"僚机男"了解工作方向。而"僚机男"也同样如此。有一天他安排跟我开会，询问我工作如何。我告诉他我不太清楚他们想让我做什么。他回答说写写博客就好了。"写写你想写的就可以。"他说道。

我以为我来这工作是为了让博客变得更好。这显然不是。"僚机男"想让我做的仅仅是每周给博客写两篇文章。我就只需要做这个。我随性写些文章，之后把稿子发给那个爱发脾气的编辑简，然后由她发表出去就可以了。

日常上，我跟扎克打交道。扎克相当富有活力。他喜欢发出很长的备忘录，里面迸发着热情，并掺杂着一些用大写字母标记的半成型的想法，他相信这些想法可以让我们"征服世界"或者"掀翻互联网"。HubSpot 的人喜欢用关于"掀翻互联网"之类的短语。他们无时不刻不在用这种短语。

而扎克的问题在于他朝三暮四。我们要往南走！不，我们改朝北！我们要坐飞机！不，换火车！不，换自行车！我有一个同事把扎克比作电影《飞屋环游记》[1] 里那只活泼好动名叫道格的狗，他一直被松鼠搅得不能集中精神。

扎克意识到博客很烂，他也想让博客变得更好。有一天，他让我起草个备忘录解释我们的博客需要做出哪些改变。他说他会把备忘录发给

---

[1] 即动画电影 Up，该片讲述了卡尔为了实现亡妻的梦想，把自己的老房子拴上气球，飞到他们位于南美的梦想目的地的探险旅程。

"僚机男"。我想我终于有机会做些什么了。

我写了篇又长又详细的备忘录详尽解释了博客存在的所有问题。备忘录本身并不恶毒，但确实字字见血。结果这演变成了一场误会，因为扎克除了把备忘录发给了"僚机男"，还同时分享给了管理博客的 3 个女人：玛莎、简和爱什丽。

事到如今，她们对我已是咬牙切齿。我算什么人？！跑到这里对她们的工作指手画脚，然后告诉她们应该怎么干活？玛莎已经在这里 5 年了，意味着她是整个公司在职时间最久的员工之一。简也来这里两年了，虽然这听起来算不了什么，但在 HubSpot 也算是名头发斑白的老将了。她们太聪明了，才不会公开地蔑视我，然而我能感觉得到这是真的。我跟她们聊天的时候，她们仅用只字片语回答我。而我写的文章，直到今天也应该是原封不动地发表出去，而现在她会连着修改意见把稿子打回来。有些文章被压了几周才发布，有的甚至被一起驳回，要么是因为简认为这些文章不符合博客的风格，要么是因为 HubSpot 有人以同样的标题在几年前发表了类似的文章。

玛莎和简坐在离我跟扎克一条过道相隔的地方，大约 3 英尺（约 1 米）的距离。他们面对面地坐着，电脑屏幕背靠背，而且他们用即时消息沟通聊天。玛莎敲打着键盘——"嗒"，"嗒"，"嗒"——一秒钟之后，简就咯咯地笑。于是简再敲键盘打回去——"嗒"，"嗒"，"嗒"——然后玛莎就噗哧笑了出来。她们在一旁笑得乐不可支。

"你知道，"我对扎克讲道。"我认为把备忘录里面的内容分享给博客组里的那帮女人并不是什么好主意。"

"你什么意思？"他问道。

我没法肯定他是在装傻还是真傻。

"好吧，我一开始以为这份备忘录仅仅是给'僚机男'看的。如果我知道你要把备忘录给她们看，我或许会采用不同的措辞。"

扎克向我保证肯定会没事儿的。我怀疑他是不是故意下套给我。还有一种可能性就是我也并不是他的目标受害人。或许他把备忘录给博客组的女人看是想让她们难堪，迫使她们走人。如果她们滚蛋了，我们可以请些真正记者出身的人来。在另一个部门，一个刚来的家伙就用这种伎俩把他的上司乔安娜赶走了，他认为乔安娜无论从资格还是资历来看都不如他本人。所以他便挑她的工作质量的刺儿；她跟她的上司抱怨；而她的上司拒绝开掉这个新来的家伙。乔安娜威胁要辞职，但他们说她虚张声势。结果新来的家伙得到了她的职位。

如果这就是扎克打算用在玛莎和简上的招数，那肯定行不通。玛莎已经来公司 5 年了，她是"大脑门"最早雇用的人员之一。她和简在这里根深蒂固，博客就是她们的封地。而现在，因为在备忘录里批评她们的工作，我可是把她们得罪了。

我什么也做不了，只能硬着头皮，表现得仿佛备忘录这件事压根儿没有发生过一样。我低下头，夹起尾巴，老老实实地撰写着我一周两篇的博客文章。然而，我写的所有东西不仅要被玛莎和简审核，还有其他市场营销部门的员工，所以不久之后我就撞到了枪口上。年仅 25 岁、负责在社交媒体上买广告位的员工金，尖锐地指出她担心有些故事会令像脸书或者推特这样的公司不爽。而那个公关"转转女"，会把她认为具有争议性的文章枪毙掉。

我理论道有点争议性是件好事儿，特别对于人们从没听过的小公司而言。这难道不是哈里根雇用我的一部分原因吗——把事情搅和一通，让 HubSpot 获得更多关注？结果我并没有理解这个博客所承担的任务。而且这个博客的发展也跟哈里根对我的许诺毫无关系。正如扎克给我解释的，这个博客的主要目标就是为销售部门生成更多的线索。

　　跟销售员一样，简也有每个月要达到的指标，这个指标就是她撰写的内容要产生出多少条线索。她的指标高得离谱。她的博客理应每个月产生 14 000 新线索。而线索的定义则是那些填好表格并交出自己姓名和邮箱地址的人。在每篇文章末尾，都会插入一个小方框来邀请读者下载免费的电子书来"了解更多"，我们的博客就以此来获取线索。想下载电子书，就要填写表格。几乎没有人愿意为了电子书大费周折。简要达到 14 000 条的线索，那么博客每个月就要吸引 100 万访客。

　　博客小组在月底就会把新一批的线索发给销售部门，在那里电话营销员就可以"培养"提供线索的顾客，让他们尝试一下产品演示。那些看过产品演示的潜在顾客就会交给另一波销售代表，他们会试着说服这些顾客让他们订阅产品。这个过程就是所谓的管道。博客小组在管道的前端，负责吸引新访客，生成新线索，开启人们的"买家旅程"——希望这场可爱的培养之旅能直达管道底端，以成为我们的付费顾客而结束。

　　我们理想的读者是想学习市场营销的小企业业主或者市场部门里面低等级的员工。"市场营销员史玛丽"是 HubSpot 用来描述它目标金主买家的代称。我们也有运营小企业的"业主叶奥利"和在大企业市场部任职的"企业员工齐艾琳"，但我们的主要顾客则是玛丽（沙阿的泰迪熊的名字莫莉就是玛丽和奥利的混合产物[1]）。

　　我们的聊天总会提到玛丽。在言语上表现得就跟玛丽真的存在一样。"玛丽有点忙。""僚机男"会这么说。"她超时工作且压力巨大。新的社交媒体工具不断出现，她要保持在潮流最前沿。她在搜寻相关信息能让她在更少的时间内完成工作。这就是我们要提供给她的。"人们还会把玛

---

[1]　玛丽为 Mary，奥利为 Ollie，两者混合而成变为莫莉 Molly。

丽当作形容词用，例如"这篇文章真的很玛丽"或者"这是个特别玛丽的主意"。

那究竟谁是玛丽？HubSpot搞了一个幻灯片来描述她。她在波士顿大学获得了传播学学士学位，并在巴布森学院读取了MBA。她42岁有两个孩子，一个10岁，另一个6岁。根据博客小组女员工们的论述，玛丽最喜欢回应例如《如何在脸书创建品牌页》、《15个免费给你用的图库》和《高效邮件营销的5个贴士》之类的文章。她还特别喜欢可爱小动物的图片。

玛莎、简和爱什丽特别擅长写玛丽喜欢的文章。她们理解玛丽，因为她们太像玛丽了。而我呢？并没有。我试着写一些关于风投和CEO们的文章。我的文章一点儿也不对玛丽的胃口。令我羞愧的是，玛莎、简和爱什丽在这方面比我好太多。尽管我有这么多年的记者经验，或许也正因为如此，我才如此不擅长写这种生成线索的文章。我压根没这种能力。

我的文章也许还算有趣，其中有些还吸引了很多的流量，但我们并没有从这批访客那里获得很多的线索。我的读者并不打算购买市场营销软件。他们也不想要电子书，也不会去填表格。用市场营销界的行话来说，就是我的文章"转化得不够好"。因此每当简发表我的一篇文章，她就会用掉一篇可用来生成线索文章的名额。结果就是博客未达到线索生成的目标。来自销售部的家伙就会冲"僚机男"大吼大叫，而"僚机男"就会以同样的方式对简大吼大叫。

难怪简走动的时候总是看起来像有人在她的背包里丢了坨屎一样。她的工作已经很难做了，而我却让它雪上加霜。关键在于我还如此鲁莽，在备忘录里面诋毁她的工作。在简看来，我不是笔财富，而是件危险品。我是简未完成指标的原因。显而易见，这就是问题所在。

在我把批评博客的备忘录发出去几周后的某一天，我通过邮件收到了"僚机男"的日程请求。他想跟我一起吃个午餐。我们约在凯丹购物中心里的加州披萨厨房里吃饭，就在 HubSpot 大楼的街对面。在午饭的过程中，"僚机男"告诉我，我们以创作更精明内容为主的小实验——也就是我写的东西——并不奏效。

"僚机男"已经决定我们必须终止这个投放精明内容的古怪实验，然后回归到行得通的正轨上来：最最基本的内容，就是那些完全不懂互联网的人有可能会到谷歌上搜索的东西。这就是玛丽想看的内容，而且也是我们要给她看的内容。HubSpot 的博客上已经满是这种低端货，像是"12 个做出牛逼邮件营销的贴士"和"如何把 Chrome[1] 设成默认浏览器"。"僚机男"表示我们应该把这种形式再推进一步。还有比我们更低的水平，是我们尚未跌破的低度。

基本上"僚机男"就是为了把博客变得更蠢而做辩解。这是一种丧心病狂般的美妙。"僚机男"只有一个目的：获取线索。如果我们的软件分析显示我们有着最佳转化率的博客文章只是单纯由"狗屎"这个词语重复组成，就像这样：

狗屎 狗屎 狗屎 狗屎 狗屎 狗屎
狗屎 狗屎 狗屎 狗屎 狗屎 狗屎
狗屎 狗屎 狗屎 狗屎 狗屎 狗屎
狗屎 狗屎 狗屎 狗屎 狗屎 狗屎

那么"僚机男"也会发布这篇文章。每天 1 次。每天 3 次。每天 12 次。

<1> 为一款由谷歌开发的免费网页浏览器。

如果软件说 12 次会好于 3 次，那就每天 12 次。简而言之，这跟他自己一点关系也没有。"僚机男"并不坏，他想要的只是达到一个数值而已。

我心已沉。我并不是生气，而是失望。我意识到或许真可以成立这么一项合法的业务，就是把垃圾内容乱搅一通。但这并不是让你雇来的《新闻周刊》前科技编辑为你写的东西。

"僚机男"真正要告诉我的是哈里根之前跟我保证的所有事都没可能实现了。我甚至就想直接撂挑子不干了。但最终我决定当一名听话的士兵，并服从"僚机男"的指示。随后不久，我开始写一些文章像是"什么是 CRM？"和"什么是 CSS[1]"旨在服务于跟"市场营销员史玛丽"同等级的人。这跟撰写关于超级计算和人工智能的文章或者为《新闻周刊》采访比尔·盖茨[2]相差甚远。某种意义上这是种耻辱。我不愿去想那些认识我的人看到这种文章的署名竟然是我。

我进入 HubSpot 是怀有创立另一番企业新闻学的远大抱负。我要四处演讲，撰写书籍，并成为一名身兼品牌宣扬者和市场营销导师的大人物。而在我 52 岁的时候，却在写线索生成的文章。在出版界，线索生成是你达到的最低标准，离撰写服装目录仅一步之遥。这仅仅是苦工而已。这比我 25 年前在电脑产业交易杂志打拼的时候还惨。

我绞尽脑汁试着梳理出这一切都是怎么发生的。为什么哈里根雇用我，仅是他们想把我困在这里，就为了做这个？我的理论是哈里根想录用我，但是又不想管我，所以他把我交给"大脑门"，但"大脑门"并不想跟我打交道，所以他把我又交给了"僚机男"，而"僚机男"意识

---

[1] 为 Cascading Style Sheet 的缩写，译为层叠样式表，是一种用来为结构化文档（如 HTML 文档或 XML 应用）添加样式（字体、间距和颜色等）的计算机语言。
[2] 即 Bill Gates，美国著名企业家、软件工程师及慈善家，为微软创始人之一，曾任微软董事长、CEO 和首席软件设计师。

到"大脑门"并没有把我当回事儿，所以他把我困到了"内容工厂"，让我在扎克手下工作，希望我自己就这么拍屁股走人。

"僚机男"并不想听我那套关于如何通过由真正记者所创作出的高质量文章来改善博客内容的想法。"僚机男"唯一关心的改善就是生产线索的数目。"僚机男"是靠这个拿工资的。这也是他获得评估和奖励的标准。他对改变没有一丝动力。

在我酝酿了一阵之后，我得出了解决办法，既能吸引到哈里根想触达到的人群，又不会干扰到市场营销的博客和简的线索生成的目标。我的想法就是创办一个独立的高端出版物，一个全新的网站，包括精美的图形和影像元素——一本在线杂志——并由我来负责。

我给"僚机男"写了封长备忘录来阐述我的想法。我建议把我们的杂志叫为《集客》。我跟特雷西提到过这个主意，她是负责管理品牌舆论部门和组织年度集客大会的副总裁。我的在线杂志跟大会完美契合。特雷西说她喜欢这个点子。

"僚机男"等了一周才给我回复说：不行。

我认为这是对于公司，乃至我自己的一个错误决定。我打算去找"大脑门"申诉，但我敢肯定"大脑门"就是那个拍板的人。"僚机男"并没有什么自主权。他只是做"大脑门"告诉他要做的事情。即使"僚机男"同意这个想法，我怀疑"大脑门"也会否决他。

我开始明白了一件事情，就是顶层的人，像是哈里根，是想做些改变的；而他们之下的中层经理，像是"大脑门"和"僚机男"以及像是玛莎和简这样顽固的老员工，他们是不想跟新人和新想法扯上一点关系。他们不想改变。他们喜欢保持现状。毕竟，这是他们一开始建立的法则。他们其中有些人从很早期的时候就已经在公司了。在他们的意识里，HubSpot 是属于他们的，而不是那些半途的闯入者和外来人，他们如同狂风一样刮进这里写备忘录，告诉每一个人他们应该怎么工作。他们很多人从未在其他公司工作过。他们多数人能力并不怎么样，但在这里是他们说了算。而我被卡在他们之下，为他们卖命。

庸才当道

苹果的 CEO 史蒂夫·乔布斯曾经谈及到一种现象叫"庸才当道",解释为公司早期雇用的庸人一步步升职直至最后管理整个部门。这些庸才现在必须要来雇用其他人,当然他们愿意雇用庸才。正如曾在苹果跟乔布斯工作的盖·川崎[1] 所言,"B 等玩家雇用 C 等玩家,这样他们才会有优越感,然后 C 等玩家雇用 D 等玩家,以此类推。"这便是所谓庸才当道,我也相信这就是过去 7 年里在 HubSpot 所发生的事情。

"你有多奇怪,从 1 ~ 10 打分?"根据 Glassdoor[2] 上面的反馈,这确确实实是 HubSpot 20 多岁的经理们在面试的时候会问候选人的问题,还有例如"你的办公桌看起来什么样?你会把什么放在上面?"

关于庸才的一件事是庸才并不知道他们是庸才。反而庸才认为他们是个人物,这让他们变得很讨厌但又特别的好玩,这要取决于你怎么看。

< 1 > 即 Guy Kawasaki,为美国市场营销专家、硅谷风投家。
< 2 > 为一家雇员可以匿名评论雇主公司的网站。

心理医生称之为邓宁－克鲁格效应^{＜1＞}，这是以两位康奈尔大学的研究员的名字命名的，他们的研究发现毫无能力的人无法认知自身技能上的缺失，反而夸张地高估自己的能力，并无法识别那些有实力之人的才能。

"大脑门"是个经典的例子。他是 HubSpot 最初的 5 个员工之一，在他的脑子里，HubSpot 是一家庞大又重要的公司。在他发给我们的邮件里，他告诉我们 HubSpot 拥有全世界最厉害的市场营销队伍，还声称那些硅谷几家最大的公司对我们嫉妒有加。这简直胡说八道。在我负责报道硅谷的那些年里，以及来 HubSpot 工作之前，我从未听过这家公司。

事实上，"大脑门"并没有撒谎。他只是被洗脑了。更妙的是，是他自己给自己洗脑。他给自己调兑了迷药，并且饮用过量。"大脑门"在 2007 年就加入了公司，他差不多被当作创始人之一来看待。然而究其原因，"大脑门"的老爸是名波士顿的风投家，并且曾是一家名叫参数科技企业^{＜2＞}（PTC）的软件公司的高级销售主管。参数科技公司是刚从大学毕业的哈里根作为一名销售员初入职场的起点。简而言之，哈里根是跟"老大脑门"干活，之后当哈里根创立 HubSpot 的时候，他又聘请"小大脑门"来管理市场营销。"大脑门"那个时候并没有很充足的经验，但他是带着福利来的：可用来投资的资金。Crunchbase^{＜3＞}是一家跟踪风险投资的网站，它列出了"大脑门"是参与 HubSpot 在 2007 年A 轮投资的 3 名投资者之一，而他正是于 2007 年加入公司的。

"大脑门"相信他自己是个市场营销天才。他还有一群相信他，并追随他的信徒。但有时我怀疑"大脑门"是否知道自己在做什么。他吸

<1>　即 Dunning-Kruger effect，所谓"达克效应"，是一种认知偏差，能力欠缺的人有一种虚幻的自我优越感，错误地认为自己比真实情况更加优秀。
<2>　英文为 Parametric Technology Corp.。
<3>　为一个创业公司数据库，包含了创始人，关键雇员，财务状况，收购新闻以及其他重要事件。

引关注的手段之一就是在一家名为 Mashable[1] 的科技新闻网站发表文章，题目很有挑衅意味：《我忽略你简历的十条原因》。在文章中，他以世界知名的市场营销巨星自居，并拿那些糟糕的简历开玩笑。"大脑门"指出人们应该校对自己的简历，发现错字，并改正其拼写错误。讽刺的是，他的文章也有错字，其中包括提到一名叫威尔·法瑞尔的男演员，但他把他的名字写成了威尔·珐瑞尔[2]。

许多读者发表了赞美这篇文章的评论，但其他人痛骂了"大脑门"，不仅因为威尔·珐瑞尔和其他错字的问题，而且还有他傲慢的语气。"在 HubSpot 的 CMO 写了这篇文章之后，还有人想在那里工作吗？"一个人这么写道。"把世界上的钱都给我，我都不为这个白痴工作。"另一个人这么评论道。"这里有人有权力／自我问题。"第三个人是这么写的。

"大脑门"自认为有招聘雇用人的技巧。但他的部门员工流失之高，甚至 HubSpot 其他部门的员工称市场营销部为"法国大革命"。人们不断地进进出出，即"大脑门"给团队其他人的邮件中所提到的"毕业"。我一直在认识新朋友，但他们却不断地消失。

这些"毕业"有时毫无预兆地突如其来。在我来 HubSpot 两周的时候，我曾跟一个名叫贝蒂娜的女员工吃饭。她刚大学毕业不久，这是她第一份工作，想写一部关于市场营销对于千禧世代[3]的书。那天晚上，部门里每个人收到一封邮件称贝蒂娜"毕业了"，而且，明天早上就不会再来上班。我给贝蒂娜发邮件问她怎么在午餐的时候没有提及这件事儿。她告诉我，她根本不知道。她的老板就这么突如其来把她开除了，并且告诉她别再来了。通常情况下，"大脑门"会让其他人替他开除员

[1]　为一个互联网新闻博客，是世界上访问量最多的博客之一。

[2]　原文是"大脑门"将 Will Ferrell 拼成了 Will Farrell。

[3]　即 Millennials,，为描述出生于 1980 到 2000 年的一代年轻人。

工，而且他一般也不会跟"毕业生"接触，即使是那些已经在他手下的部门工作了好几年却被开除的员工。

在我来公司之前，"大脑门"创办了一个名为"HubSpot TV"的每周视频广播，他作为联合主持人一道出镜。这档节目每周五下午直播。我是没法想象除 HubSpot 之外还会有人观看这档节目。"大脑门"对此一点儿也无所谓！他和他另一位主持人坚持主持这套广播节目整整 4 年，一共录了 225 集。这些视频至今还在网络某处流传着。它们就像是由瑞奇·热维斯主演的现实版英伦风的《上班一条虫》，这种喜剧的搞笑目的并不是让你开怀大笑，而是让你尴尬不已。你希望它停下来，但你的目光却没办法离开。

"僚机男"是"大脑门"的左右手，是他值得信赖的小跟班，就如同罗宾于蝙蝠侠一般。在 HubSpot 之前，"僚机男"的工作经历仅限于数所公关公司的几年低级工作。在 2010 年"僚机男"还在做其他工作的时候，他与别人合著了一本书名叫《B2B 社交媒体之书：成为一名市场营销巨星》。弦外之音则为"僚机男"在他 26 岁的时候已经成为了市场营销巨星，还想帮助别人让他们效仿自己的成功。他现在给自己的标签是"市场营销作家和演说家"。

正如"大脑门"一样，"僚机男"也相信 HubSpot 是个与众不同的地方。当某个月博客小组近乎但仍未打破最新一轮线索生成的变态目标之时，"僚机男"发了一封这样的邮件："你们都很厉害。我了解你们的工作艰苦卓绝，但我们已在创造传奇的边缘。退一步，你们将领略到你们做出的成就乃世间罕有。"

在 HubSpot 任职期间，我曾两次介绍工作候选人到公司。两个人都50 多岁。一位曾是全球一家最大商业新闻网站的创始编辑，之后在一家年销售额过百亿的跨国电脑企业担任全球数字营销的副总裁。另一位则是在《时代周刊》杂志工作 18 年的女主管，同时有编辑和商务方面的经验，曾管理数百人并负责上百万美元的预算。

　　来自《时代周刊》的女主管坐火车从纽约到波士顿，然后花了一整天的时间在同内容小组里各种人的面试上，其中还包括一位刚毕业没一年的女员工。"内容工厂"的员工们反馈说他们对此人并没有留下深刻印象。而那个市场营销的老手则是跟"僚机男"见面吃午餐，饭后即给他发了一封关于 HubSpot 如何扩张业务的详细计划。"僚机男"甚至从未确认收到过这封邮件。之后，这个市场营销老手被另外一家软件公司聘为市场营销副总裁，而《时代周刊》的女主管则变成了一家主流有线新闻网络的制片人。

　　所以，"大脑门"和"僚机男"身旁围绕着一群比他们年龄小、比他们资历浅却够忠心的员工。在他最初雇用的几个人中，乔丹和霍莉两人深得"大脑门"喜爱。他们是八级运作的希坦，他们完全照令行事。

　　乔丹 28 岁，在 2007 年刚毕业的时候就被 HubSpot 录取了，到现在负责给高层的十几个直接报告。霍莉在 2008 年也是刚出校园时被直接录用，现在手下管理着一个小组。另外，霍莉自告奋勇负责制作公司的搞笑视频，旨在推销 HubSpot 品牌，但却往往事与愿违。"光看这个视频就能让我身患癌症。"这就是别人评价霍莉其中一个模仿《狐狸怎么叫？》[1] 所出的搞笑视频，名曰《网络怎么叫？》。另一个人评论道："看完这个视频，为了不再受煎熬，我愿自挖双目自戳双耳。"这条视频简直烂到家，一名 HubSpot 的工程师甚至在企业维基里面问一开始要制作这条视频的原因。"大脑门"为霍莉开脱，并坚持认为这条视频是

< 1 >　即歌曲 What Does the Fox Say? 是一首由挪威幽默二人组 Ylvis 演唱、制作的电子舞曲。该曲的 MV 已经在 YouTube 获得了上亿次的点击率。

市场营销的神来之笔。几个月之后，霍莉奋勇反击，录制了另外一条视频，把《你是我最想要的圣诞礼物》[1]改成了《线索是我最想要的圣诞礼物》，歌词也变成了关于推销和市场营销。所有人都跟她说这条视频很赞。

在这些人之下，又铺有一层强化的庸才壁垒，包括像是莎伦这种人。她 40 多岁，在推特上面这样描述自己："疯狂的小精灵，梦一般的女孩儿"，她将自己称为管理层的一员，即使她手下没有一个人。"我管理一个人的团队。"在某天的部门会议上，她是这么跟大家说的，"一个人"是代指她自己。她负责"影响者关系"，意思是由她判断是哪些人影响购买企业软件的决策，并与其搞好关系。在某年的万圣节时，她在一个市场营销大会上做演讲，却打扮成女巫的样子：穿着闪闪的鞋子，握着扫把，戴着一顶尖头的黑帽子。她在推特上发布了一张她穿成这样做演讲的照片。

从 2008 年就开始在 HubSpot 工作的博客小组的玛莎，发现了通过改变旧博客文章的日期或者署名或者其他某些信息就能诓骗谷歌让其以为这篇文章是新发布的，这样就能在搜索结果中提升文章的排名以此获得更多的流量。她之后便开始更改旧博客文章的日期，还写了一篇博客文章教"市场营销员史玛丽"如何效仿为之。她称之为"历史博客搜索引擎优化"。

我们最年轻的博客写手爱什丽发表了一篇题目为《我们应该停止犯的 15 种常见语法错误》的文章。其中她（a）认为被动语态在语法上是错误的，以及（b）声称"e.g."是"如例所指"[2]。爱什丽异想天开地

<1>　即歌曲 *All I Want for Christmas Is You*，为美国女歌手玛丽亚·凯莉演唱的一首歌曲。该歌曲成为了 20 世纪最畅销的单曲第 19 名，并且成为了假日歌曲榜单排行最高的歌曲。

<2>　e.g. 为拉丁文 exempli gratia 的缩写，意思是举例来说。文中爱什丽错误地认为是英语 example given 的缩写。

为"市场营销员史玛丽"关于如何构想博客文章的问题提出了一个解决办法。爱什丽的方式是类似"疯狂填字游戏"[1]的产生器，她称之为博客话题产生器。输入 3 个关键词，这个"博题器"就能吐出 3 条标题来。这个方案的问题就在于标题的想法都是来源于爱什丽，而她自己的偏好是倾向于 BuzzFeed[2] 体（"15 个原因"，"7 种办法"）和麦莉·赛勒斯[3]。

一个小孩子都能看出来这个主意显然荒唐至极。然而，扎克还是允许爱什丽继续下去。扎克相信电脑终有一天会代替人类承担内容创作的任务。"博题器"仅仅是迎接这个勇敢全新世界的第一步。爱什丽安排了无数会议来"头脑风暴"各种想法，并给我们汇报进度报告。最后，玛莎、简还有爱什丽大张旗鼓得地推出了"博题器"。然而她们立即被这个项目打脸，因为"博题器"会生成荒唐又无厘头的结果。一位管理医院博客的女士在留言区抱怨道她试着用"博题器"为"宫颈癌宣传月"生成一些题帽，结果得到的是下列内容：

为什么我们热爱宫颈癌

（你们也要哟！）

以及

麦莉·赛勒斯与宫颈癌：

他们之间的 10 条共同点

<1> 英文作 Mad Libs，一种根据上下文意思填写文章空缺单词的文字游戏。
<2> 为一间美国的网络新闻媒体公司，现如今已成为全球性的媒体和科技公司，提供包括政治、手工艺、动物和商业等主题的新闻内容。
<3> 即 Miley Cyrus，美国著名创作女歌手，代表歌曲《We Can't Stop》及《Party in the USA》。

这些标题简直太妙了，我恨不得想把它们用 72 号的标题字样打印出来贴在墙上。之后再也没有人提及过"博题器"。但"博题器"始终留在了线上，因为正如一名经理告诉我的，如果他们把它撤下来，可能会伤害到爱什丽的感受。6 个月之后，爱什丽获得了晋升。

这些就是庸人们。他们是迷信谎言和自吹自擂之人，是简历投机取巧的无耻之徒，他们自诩为"产品营销专家"、"增长黑客"、"创意摇滚巨星实习生"和"公众演说家"。他们建立"个人形象品牌"的网站，上面满是他们自己的大幅照片，并列举了其各项成就。他们有自己的 Toastmaster[1] 俱乐部，他们会轮流演讲，并分享制作 PowerPoint[2] 幻灯片文件的艺术心得。他们会设想一堆荒唐的活动，例如在肯德尔广场里搞寻宝游戏或者在查尔斯河中划皮艇。

负责管理博客的玛莎和简决定举行一场"内容黑客马拉松"，他们打算召集一帮人工作到深夜，集思广益为博客想点子。"黑客马拉松"的当天，我正打包下班回家，一个叫奥莉维亚的实习生问我为什么离开。我告诉她，我在家还有两个孩子，他们还在等我回家吃晚饭，而且不仅如此，我也不明白为啥要通宵写些博客文章。

她看着我，就如同我跟蠢货一样。"可这是'黑客马拉松'啊。"她说道。

"我知道。"我回答道。"但为什么要搞个'黑客马拉松'？如果我们需要多写点博客，为什么我们不能之后几周就多写几篇博客，然后集中存起来用呢？"

她停顿了一下。她是个非常友好的年轻女生，我还蛮喜欢她的。"那儿还会提供食物啊。"她说道。

<1> 为美国一种自发演讲会的形式。
<2> 为一款由微软开发的演示文稿程序。

我没再多解释就回家了。

最棒的庸人活动就要数"无畏星期五"了。组织者是 20 多岁的经理乔丹，她最近读了脸书的 COO（Chief Operation Officer）雪莉·桑德伯格[1]的书《向前一步》[2]，并受到桑德伯格训诫的启发，书中提倡女性应该去做"做你想做的事，正如你无所畏惧。"乔丹似乎相信桑德伯格的训诫可以在一天的训练中得到实现，也就是她所提出的"无畏星期五"活动。

她给我们发了这封邮件：

我们拥有一组非常出色的团队，然而，有时对失败的恐惧和对日常指标的压力使我们在创新之路上寸步难行。所以，我们提出这项活动可以让你完全专注于你所热衷的任何项目上。我们的目标只有一个：毫无畏惧。

我读完这封邮件就把它抛在脑后。几周之后的一个周四下午，当我坐在办公桌前，博客小组的爱什丽突然来问我："所以你打算在'无畏星期五'做什么？"

"哦，"我回答道，"这是什么时候？"

"就是明天啊！"她的大眼睛因为震惊而睁得可大了。"你还没有报名吗？你应该去报名的！每个小组都在做不同的项目。"

---

[1] 即 Sherly Sandberg，为美国计算机领域精英女性企业家，现任脸书首席运营官。

[2] 即 Lean in: Women, Work, the Will to Lead。该书深刻地剖析了男女不平等现象的根本原因，认为女性之所以没有勇气跻身领导层，不敢放开脚步追求自己的梦想，更多是出于内在的恐惧与不自信。该书也鼓励女性在工作中主动参与对话与讨论，说出自己的想法。

"我想我还是忽略过去吧。"

"你可不能把它忽略过去！你得在活动项目中挑一个。"

"那有些什么样的选择？"我满是担心地问道。

"都在维基上面呢。"她回答道。"让我把链接发给你。"

"不必了，你可以就这么直接告诉我。"

毕竟，她就坐在我的旁边。

"不，我还是把链接发给你。"她坚持道。我想她认为我能学着自己做这些事会对我有好处。

我点开了链接。"无畏星期五"的主旨就是把我们分成不同的小组，然后花一天的时间做一些"无畏"的事情。它可以是我们想到的任何事，但只有一件事我们不能做，那就是我们真正的工作。无论你多忙，基本指示是有一个：不许做你真正的工作。

谁也别想脱身。对谁也没有例外。我不知道是谁指使我们做这些事情。乔丹不是我的老板，但她现在可好，让我们停下工作一整天。在做了番调查之后，我发现乔丹是"大脑门"最初雇用的几个人之一，而且事实上他在 HubSpot 工作前就认识乔丹。他们曾在一家软件公司一起供职，那时"大脑门"是市场营销经理，而乔丹是大学实习生。在那家公司中，乔丹的叔叔是市场营销的副总裁。是他雇用了"大脑门"，而他也是 HubSpot 的长期顾客。

换言之，乔丹可以在 HubSpot 为所欲为。这么看来，我相信乔丹是想为了展现她个人的领导才能，才将自己任命为全公司一整天的领导人。市场营销的人对于领导力有着不一样的痴迷。参加任何一场市场营销会议，你都可以听到某人在大会堂做演讲，告诉在座的那群目光呆滞的市场营销榆木脑袋们，他们都是领导者。

为了让她的实践项目跟桑德伯格的女权主义宣言沾边，乔丹加了点聪明的小把戏在上面。像 HubSpot 这样的科技公司理应对于女性高层人数非常少这件事非常敏感。所以 HubSpot 只能随波逐流，将"无畏星期五"和女性赋权结合在一起。尽管我怀疑管理层是否真的注意到有"无畏星期五"这么档子事儿。跟女权主义挂钩让我没法忽略这项活动，因为如果我忽视了它，我可能就会因为不参加女性领导的活动，而被扣上典型中年男性沙文主义的帽子，这种风险，我这个老家伙可担当不起。

根据维基页面所显示的，其他部门的成员已经有自告奋勇担当小队的队长，并已经决定好了他们的小队计划做什么了。我一点儿也不想知道这些人要做出哪些"无畏"的事情。我有预感，可能是类似于从飞机上跳下来，要么跟熊摔跤，或者谁能在地铁轨道上站的时间最长。非常幸运的是，他们的想法没有这么极端。在小队队长简的指导下，那个小组的成员打算在 BuzzFeed 建立个人账户，然后每人在上面写一篇博客。另一个小组的人要在墙上涂鸦来装饰我们的办公室。第三个小组计划做些给顾客寄感谢信相关的事情。这些就是摆在桌面上的选项。

第二天早上，我们齐聚在一楼的大会议室，乔丹站在讲台上，露出像夏令营活动主管般的微笑。"我们如何知道今天所做的事情将会成功？"她煞有介事地问道。"那么就是参与这项活动，就这样站在这里，此时此刻，我们就已经成功了！"

我想，如果是这样，好吧，那不如宣布胜利，然后各回各家。今天天气还蛮不错的。我可以打打高尔夫。其实我并不会打高尔夫，我甚至不喜欢高尔夫。但我宁愿打高尔夫也不想做这个。

然而，事与愿违，回家并不是个可选项。

我加入了简的小队，安身于写我的 BuzzFeed 文章。经过 1 个小时的挣扎，我写完了。剩下的时间里我就四处闲荡，看看其他小队进展如何。目前最棒的就是那组画画的女员工了。他们的队长是奥莉维亚，她几个月前还是实习生，不过现在貌似已经成为了全职员工。他们从艺术用品店买来了许多大海报纸板和几大罐颜料，全都散落在主会议室的地板上。画看上去烂透了。我假装很喜欢他们。我问他们能否拍几张照片。这些画家们很自豪地举起他们的作品，脸上散发出骄傲的光芒。其中一个人绘制了 HubSpot 链状标志的画。另一个则只用画笔写下了："市场营销不（仅仅）是艺术和工艺品"。就在她画的海报上。

这天结束前，我们又重新聚集到一楼的会议室来讨论我们的成果。我们学到了什么？我们能从中领会到怎样大胆创新又出乎意料的点子，并把它运用到 HubSpot 的市场营销计划之中？小队队长各自发表看法。

晚上回家后，我把这件事告诉我的孩子们，并给他们看了画作的照片。他们认为这非常好笑。他们现在 8 岁了，已经是三年级。孩子们说他们的同学都能画得比这些 HubSpot 的成年人还要好。他们说，甚至学龄前的小孩儿都能画得更好。

下个周一当我准备去上班的时候，他们嘲弄我道："在幼儿园玩得愉快，老爸！画画玩得开心哟！"来到公司，我发现所有人都在讨论"无畏星期五"有多么的牛逼。电子邮件满天乱飞，每个人都在赞赏乔丹组织了这场牛逼的活动。

几周之后，乔丹宣布"无畏星期五"取得了巨大的成功，所以我们要再来一次。

"欢迎来到创业公司的世界。"我的朋友哈维在听我给他讲述完"无畏星期五"后这样说道。哈维差不多跟我一样大，或许再老一点。他住在旧金山。哈维曾在大型科技公司任职多年，但几年前他离开了之前轻松的活儿，转到一家创业公司担任副总裁。在他加入公司后的 11 个月之后，公司募集了超过 10 亿的美元。哈维不会跟我讲他挣了多少，但我估计超过 1 000 万美元。现在，他加入了另一家创业公司，这一次是

首席的职位，希望能把之前的套路再来一遍。

哈维是鼓励我退出新闻圈加入 HubSpot 的其中一员。他给我打电话询问事情进行得怎么样？我告诉他我十分挫败。这不仅是因为像"无畏星期五"这样疯狂的事情，而是所有一切。上面会做出决定，但没人知道是谁做的。谁当家？没人，所有人。某天，我们被告知公司将会注重发展大企业顾客，决定已然，板上钉钉，不容更改。两周以后，我们的决策却又变回对小企业销售软件。

"我十分担心，"我对他说道。"这个地方就像失去控制一样。"

哈维告诉我，我描述 HubSpot 的所有事情都是完全正常的。"你知道所有创业公司都有的重大秘密是什么么？"他对我说道。"这个大秘密就是没人知道他们在做什么。当事情到了管理层，新手时间就开始了。他们就这么随便瞎弄一通糊弄过去。"

科技创业公司试着邀请更有经验的人加入公司的例子不胜枚举，但往往这些人的下场就是辞职，有时候会站出来表示与"企业文化格格不入"。伊万·斯皮格[1] 是图片分享应用 Snapchat 创始人，他年仅 25岁，就募集了 10 亿美元。他意识到或许是他的投资人提醒，他应该雇用那些会管理公司并助其盈利的人。斯皮格请来了许多谷歌和脸书的老将，但在随后不到一年里，他就失去了 8 名高层管理人员，根据《商业内幕》[2] 的报道，有些人甚至仅待了 6 个月就辞职了。还有年仅 22 岁的卢卡斯·杜普兰[3]，他是炒作过度的创业公司 Clinkle 的创始人，他的公司雇用了一位业界熟知的工程副总裁，结果，仅过一天那家伙就辞职

---

[1] 即 Evan Spiegel，为美国互联网创业家。移动应用 Snapchat 的联合创始人。

[2] 即 Business Insider，为美国商业／娱乐新闻网站，该网站提供和分析商业新闻，并且将热门新闻故事刊布在网络。

[3] 即 Lucas Duplan，为美国互联网创业家，Clinkle 创始人。

了。随后不久，另外 5 名高管也弃船而去。

甚至那些庞大又久负盛名的新科技企业也是完全地运作失衡。比方说推特，只能说它在混乱的管理方式中得以幸存，而并没有因为它的管理方式更好地运作。公司现在的估值是 130 亿美元，而不久前它的估值曾高于 300 亿美元。但推特至今未报告过年盈利额，而且已经损失了数 10 亿美元。在这 9 年间，推特经历了一波又一波管理层上的变动，聘请又开除 CEO，重新洗牌，重新组织，宣布新的商业计划，兼并其他公司。而造成这般困境的负责人却大发横财。推特的两名创始人，伊万·威廉姆斯和杰克·多西[1] 现在是亿万富翁。

多西曾染着蓝发在街边玩音乐。之后有一阵子他打扮得像史蒂夫·乔布斯。之后他着迷于日本文化。接着，他打算成为一名潮流设计师。随后，报道上说他想成为纽约市长。在他被推特赶出去之后，他成立了一家名为 Square[2] 的支付公司，曾向风投募集了 5 亿 9 千万美元，并且在 2015 年 9 月成功对公众出售股权，即使公司仅 4 年就已经损失了将近 5 亿美元！ 2005 年多西又变成了推特的 CEO，所以他现在同时管理两家公司。

威廉姆斯离开了推特成立了 Medium[3]，但在 2015 年公司运营 3 年后，他始终不知道他想把公司塑造成什么样子。随后他开始开除他刚雇来的员工。威廉姆斯同时还管理了一家叫"明意风险投资[4]"的公司。2015 年，他从有限的合伙人中，包括"著名的技术专家"李奥纳多·迪

---

[1] 即 Evan Williams 和 Jack Dorsey，均为美国互联网创业家，推特的联合创始人。
[2] 为一个电子支付系统，该系统允许用户用过手机在其设备上刷卡或者手动输入细节使用信用卡。
[3] 为一个博客发布平台。
[4] 即 Obvious Ventures

卡普里奥[1]那里募集了 123 456 789 美元——明白了么？

第三位推特的创始人，毕兹·斯通[2]拥有两亿的净值。自从他离开推特后，他创立了两家公司，分别是 Jelly 和 Super。包括斯通自己，没人了解这两家公司是干什么的。在一个采访中，斯通是这样解释 Super 的业务，他说："我知道这是让人不屑一顾又不切实际的乐观……但我们的任务是使创造的软件可以让人怀抱同情心。"

这就是纯正地道的庸才言论。可惜的是，这种修辞不但没有变成科技创业公司的例外，却变成了他们之中的法则。

通过"无畏星期五"的演说，我意识到 HubSpot 跟其他创业公司一样疯狂。但 HubSpot 那些关于激励他人和成就卓越以及创造可爱的内容之类意境高远的胡话，实际上或许是它愤世嫉俗又近乎高明的策略的一部分。HubSpot 在玩一场游戏，说着那些投资者期望从创业公司听到的荒唐之词。HubSpot 实则是在喂着鸭子。

"开心到翻！！"、"牛逼到天！！"——这些修辞掩盖了伪装之下的真相，那就是混乱。

"HubSpot 是我供职的第一家软件公司，而它的的确确让我大开眼界。"一名在公司早期加入的销售人员如是说，他之后也在其他初阶的科技公司任职，那里同样也是毫无头绪与失去控制。"人们在这种公司工作是过一天算一天。他们不知道如何管理销售小组。他们没有销售流程。他们甚至不知道自己的产品将会是什么样子。产品本身不断地改变。这一切让人触目惊心。大把的时间和金钱就这么被挥霍掉了。"

---

[1]　即 Leonardo DiCaprio，美国著名男演员、奥斯卡影帝，曾主演《泰坦尼克号》、《华尔街之狼》、《荒野猎人》等好莱坞大片。
[2]　即 Biz Stone，为推特的创始人之一，现为推特的创意总监。

我犯了个大错

8月份的时候，我在 HubSpot 的任期已有 4 个月，我准备辞职了。我被困在"内容工厂"为一群白痴写文章。我可不想靠这个养家。我已经跟"僚机男"反映了此事，并向他提出可以更好利用我时间的项目——我们可以创办一份由我负责名为《集客》的在线杂志——然而他毫不客气地拒绝了。在我看来，目前只有一个解决办法。我可以跳过"僚机男"直接去找高层。我打算直接向哈里根和沙阿阐述我的想法。他们是这家公司的负责人，也是雇用我的人。

可以肯定的是，"僚机男"肯定不喜欢我不按规矩绕过他。另一方面，我能有啥损失？我可不打算待在"内容工厂"，瞎搞一些列举式文章，以及教"市场营销员史玛丽"该如何做的文章。如果哈里根和沙阿不让我负责做一些有价值的事情，那么我就递交辞呈离开公司。

我找到一个哈里根和沙阿都在上班的时候，给他们发送了日程邀请，请求跟他们开会。他们同意了。我们在二楼的一个小会议室碰面。就只有我们 3 个人。我跟他们解释，我已经来这工作 4 个月了，却一直困在"内容工厂"里，硬挤出一些例如"什么是 HTML？"的文章。

"如果还要我继续只做这些的话，我在这里就没有任何意义，"我说道。"而且，这不是你们雇我来让我做的事情。"

在我看来，这些人就是那种打破常规的反传统斗士，他们理应欣赏我的不拘一格。他们是创业公司的人啊。这难道不是 HubSpot 要做的事情吗？我在显示我的主动精神！我在成就卓越！HubSpot 其中一则著名的故事是讲一个年轻的销售员在是否应该在销售部下面新建一个组的问题上跟哈里根大吵了一番。结果发现这个销售员是对的，而他现在负责管理这个小组。

"我认为我们应该这么做，"我说道。"我们应该创办一份非常棒的出版物，跟博客分开。我们可以在上面发表针对你们想触及人群的文章。我们没办法在博客上这么做。这会影响到线索生成，随后销售们就要大发雷霆，然后'僚机男'就要来告诉我们应该为了吸引更多'玛丽'式的线索写更蠢的文章。但这份新出版物，跟博客不一样，我们可以想做什么做什么。我们可以搞得艺术一点，加上漂亮的排版，精悍的文章，以及跟很有意思的人的访谈。我们美工部有许多很有天赋的设计师，他们肯定喜欢接这个活儿的。"

我告诉他们，我们可以把份出版物叫作《集客》，并跟集客大会联系在一起。我可以跟负责品牌和舆论的特雷西协调，我们可以让集客大会的发言人参与进来。我们可以让他们给我们写文章或者采访他们。我们可以加入视频。我给他们展示了一些其他公司所制作的网站。微软有《故事》，负责这份杂志的人是我的朋友，他的官方职位是"首席故事叙述师"。高通[1] 的出版物叫《火花》，是由前《今日美国》[2] 的记者运营

<1> 即 Qualcomm，为一位于美国的无线电通信技术研发公司。
<2> 即 USA Today，是美国唯一的彩色版全国性对开日报。《今日美国》是美国发行量第二大的报纸。

的，做得相当出色。

他们非常喜欢这个主意。德哈迈实尤其情绪高涨。他跳起来，跑到白板前，在上面开始起草他想由此发展出来的社交网络的雏形。他认为我们的主意可以合在一起。我们可以把内容与社交媒体相结合，然后创造出跟领英差不多的东西。

德哈迈实所描绘的事情远超我的想象。我仅是想创办一个在线杂志来推广 HubSpot 的品牌。但德哈迈实却把他提升到了一个不同的高度。在他脑海里的应该是一整个全新的媒体世界。掌握着正确的资源，我们真的有可能成就一番了不起的事情。我震惊了，我发自肺腑地想做这件事情。

"你有我们的首肯了。"哈里根说道。"去告诉'大脑门'我们同意了。我们想让你做这个。"

那天晚上我回到家，感觉自己不可一世。"我成功了！"我告诉萨莎。"我把我的主意告诉了哈里根和德哈迈实，他们喜欢得不行！不仅如此，他们打算做得比我给他们的想法还要更进一步。他们打算让我负责我的出版物。简直完美！"

从现在开始，我再也不用跟玛莎、简和爱什丽打交道了。我将会拥有自己的手下。我已经跟我们的创意总监谈过了。他喜欢这个主意，并且对其设计已经有了想法。他其中的一个手下将会做一些样稿。最终，我会被解放出来，投身于我本应该做的事情上去。

然而，当我第二天跟"转转女"提起这件事情的时候，她看上去并没有很兴奋，事实上，她看起来顾虑重重。

"还有谁在会上？"她问道。

"什么？就只有我、布莱恩还有德哈迈实。"

"好吧，这是个错误。你应该有个证人。"

"证人？什么意思？为什么我需要一个证人？"

　　"你需要一个为你撑腰的人，他／她可以为你担保哈里根真的是这么说的。"

　　"转转女"解释道不能仅仅因为哈里根和德哈迈实是创始人，且他们准许了什么事情，这些事情就会真的实施。她告诉我，哈里根可能一走出房间就马上忘记了这件事，而且他再也不会去想这件事。没人把哈里根在自己没参加过的会上所说的话当回事。至于德哈迈实，他几乎不在公司出现。

　　我简直无法相信。我从未工作于，甚至从未听说过一个地方的员工会忽略 CEO 所下的指示。

　　我给"大脑门"发了邮件，告诉他我跟哈里根和德哈迈实开会的事情。我跟他解释他们已经批准了我创办新出版物的想法。

　　"大脑门"回信说这听起来不错。他需要些时间整理一下思路。集客大会马上就要举行了，市场部的每一个人都如临大敌，至少等到大会结束方有空闲。他说，让我们先搞定集客大会，然后再绕回来到这件事上。

　　大会将在 8 月举行，为期 4 天，地点在波士顿的海因斯会展中心。届时会有 5 000 人聚集于此，一起被激励，一起成就不凡。他们想去了解如何完爆全场，如何变得牛逼，如何让一加一变成三。阿里安娜·赫芬顿[1] 做主题演讲。德哈迈实讨论如何变得可爱。哈里根则漫谈"感恩至死[2]"乐队——他是乐队的超级粉丝——演讲结束后，他便表演起空弹吉他，并跳起奇怪的嬉皮舞蹈，而舞步却压根没在拍子上。舞蹈持续的时间简直太长了。观看他跳舞就是场折磨。而观众们却来者不拒。

<1> 即 Arianna Huffington，为一位希腊裔美国作家，以创立了《赫芬顿邮报》(The Huffington Post) 而出名。
<2> 即 Grateful Dead，为一支美国摇滚乐队。乐队的风格独特而折中，融合各种音乐形式，被《滚石》杂志将其列为"史上最伟大的艺人"之一。

大会结束后，萨莎和我带着孩子们前去缅因州泛舟。地区偏远，甚至连手机信号都没有。我们会在劳动节[1]后回来。我计划着 9 月份的时候，当人们从节假日后回来，我能和"大脑门"坐下来一同规划一下我的项目。在缅因的时候，因为那里没法连接互联网，所以我们压根没有带平板电脑和笔记本电脑。我们就打打牌，下下棋，在木屋外面生火做饭，把湿衣服挂在漂流筏上晾干。孩子们结识了新朋友，同他们一起游泳钓鱼。在这几个月来第一次，萨莎没有犯病。在这 5 天里她没有犯偏头疼，这是个新纪录。我们欢聚一起，享受彼此带来的美好。孩子们也没有打闹。此乃无上之福。

自从加入 HubSpot 以来，我头一次对自己的工作如此开心。在《集客大会》上，我做了关于讲述故事的演讲，观众们反响不错。虽然头 4 个月事情有些波折，但现在，我似乎掌握了如何引导公司来达到我目的的窍门。或许我在处理企业事务上并没有那么糟糕。

但当我从劳动节假期回来之后，我没有听到"大脑门"的任何消息。在我打算预约会议跟他讨论下一步该如何进行的时候，扎克把我叫到一旁。他告诉我，上层做了些决定。我们要重新设计博客，爱发小脾气的简将会得到升职。扎克说我或许可以当她的顾问。

"没问题。"我说道。"听起来不错。虽然我要做些其他的项目了，不过我也愿帮帮她。"

"嗯，其实吧，这有点问题。"他说道。"我仍要继续在博客小组工作。他们分配了另一个部分给你。这是重新设计的一部分。"

从现在开始，博客下面会有几块子博客。我将为一块子博客供稿，

---

[1]　即 Labor Day，为每年九月的第一个星期一，是联邦的法定节假日，用以庆祝工人对经济和社会的贡献。

我会全权负责。这样子，我可以写我想写的文章，也不会影响到简线索生成的指标。

"但我应该负责上线一个新网站。"我告诉他。"一份叫《集客》的网络杂志。"

扎克知道我的项目。他也知道我把我的想法告诉了哈里根和德哈迈实，并且得到了批准。然而他表示他也不知道那个主意怎么样了，但至少现在是没戏了。

"扎克，我的点子是被管理公司的两个人批准的。"我说道，"怎么可以就这么忽略他们的指示呢？"

扎克表示他也不知道大家为什么会这么做。

"而且我也跟'大脑门'说了，他当时也是同意了。"我说道。"这才是几个星期之前的事情。他告诉我，等集客大会之后我们就开工。"

扎克对此也知晓。但他又把不知内幕作为托辞。这并不是他的决定。他仅是来告诉我决定是什么。当我问及是谁做出的决定，他表示不知道。

我试着让自己听上去不是那么生气，因为在这儿没人敢高声表达不满。要换在编辑部，这种情况下人们早就摔门而出了，让空气也充满着鄙视的气息。而我们现在一个敞亮的公共区域，身处在人声嘈杂、有着椅子和沙发的大厅，我什么也做不了。

"扎克。"我竭力压低我的声音。我环顾四周看旁边是否还有别人。"扎克，这究竟是什么地方？你告诉我事情就这么发生，没人知道为什么？决定一个个做出，但没人知道是谁做的决定？是不是没人做决定？是不是决定自己做的决定？"

"好吧，我想他们仅是想——"

"他们是谁？"我打断他说道。"你明白我什么意思了吧？他们是谁？我所知道的就是有人在背后暗算了我，而我不知道是谁。是你做的决定吧，然后你就是不想让我知道是你干的？是'僚机男'做的决定？是'大脑门'做的决定？你一直在说他们做了这个，他们想要那个，但说的是谁？他们为什么做出这样的决定？他们的理由是什么？为什么我没机会为这件事情辩解？这就跟某个声音从燃烧的灌木丛传来，并给我们下指示一样。[1]就像《绿野仙踪》[2]里有个人藏在帘子后面那样，是不是？我们就处在这种境地吗，扎克？我们是不是就在《绿野仙踪》的欢乐国度里？"

扎克保持着冷静。他毫无疑问预见到我会发火。他说谁知道呢，说不定某天他们就会让我创办那份在线杂志，但现在这是团队所需要的。在像 HubSpot 的这种地方团队精神是非常重要的。

扎克试着从另一个角度解释。他说在某种意义上，他得到了他想要的。我会有我自己的项目。在一行行文字中，我会有我自己的月度流量指标，一个我需要达到的数字。会由"僚机男"给我定下这个指标。

我几乎什么也做不了。我可以找"僚机男"和"大块头"对质，要求了解为什么他们会忽视他们老板的直接命令。我也可以回去再找哈里根和德哈迈实，让他们代表我去调解。但我也意识到哈里根和德哈迈实在这儿并没有什么实权。他们还有更严重的事情需要担心。正如"转转女"告诉我的，说不定哈里根一走出会议室就把所有事情忘得一干二净。

"转转女"说得对。我玩砸了。我以为我可以跳过"大脑门"和"僚机男"，结果他们跳出来挡了我的去路。我安慰自己至少已经尝试过

---

[1]　该典故出自《圣经》，耶和华的天使在燃烧着的荆棘丛中显现，嘱咐先知摩西解放在埃及的以色列人。
[2]　即 *Wizard of Oz*，是美国的一系列童话故事，讲述了一个名为桃乐斯的小女孩在奥兹国和狮子、机器人、稻草人追寻勇气、善心和智慧的历险故事。

了，而且我现在只需要再等一年就可以离开。到时候所有的都结束了。我再也不用做了。

我强挤出一丝微笑。我感谢扎克给我更新进度。我对自己的冒失感到抱歉。我已经等不及要开始着手新的项目了。

"哦，好的。"扎克说道。"还有一件事情。"

他告诉我"内容工厂"已经过度拥挤。所以为了能让我更好地写我自己的博客，我会被移到一个远离博客小组的新位置，位于电话营销中心。人们称之为蜘蛛猴之屋。扎克跟我保证这次搬动只是暂时的。HubSpot 的四楼正在装修，结束后我们整个组都会搬到那里。

我又一次展示出我"富有团队精神"的微笑，告诉他这听上去不错。

"你知道，"我说道，"在怎么创建这个博客上，我非常愿意倾听你的意见。你可以帮帮我么？我喜欢你的文笔。你愿意为博客写一写文章吗？我想我们可以把它做得很棒。"

扎克回答没问题。他非常乐意这么做。我告诉他我会根据他的日程表找个合适的时间开会，来讨论一下对此的想法。

几天之后，当我来到公司，我发现我的办公桌空了。博客组的女生窃笑着，说她们不知道我的东西去哪了。我跑到电话营销中心转了一圈，发现在一张对着墙的桌子上，我的物品被可怜地堆成一坨：我的笔记本电脑、我的屏幕、我的书以及我孩子们的照片。我的东西被丢在了一个纸箱子里，被搬到了这儿，然后就被这么扔到了桌子上。

"锅炉房" 的生活

嗨，是杰夫吗？……你好，杰夫。我是波士顿 HubSpot 的皮特。坦帕市的天气怎么样？……我猜也是！别说，我也想这里能沾点你那边的阳光，对吧？……这样吧，杰夫，我看你下载了我们其中的一本电子书，所以我想跟进一下，看你有没有问题我能回答的？……对，没错。好的。那，什么时间合适？……杰夫，你们今年市场营销的计划是什么？目标是什么？有没有想过怎么达成这些目标？……嗯，好的。那你看什么时间合适，我们能详谈？

　　皮特是个有姜黄色头发的大块头，他把自己想象成波士顿凯尔特人队[1]的啦啦队长。我给他起名叫高音皮特。他站在我 10 英尺（约 3 米）之外，戴着他的耳机，用高昂的声调重复引用着他手中不同的脚本，一

---

[1] 即 Boston Celtics，为一支位于美国马萨诸塞州波士顿的 NBA 篮球队。波士顿凯尔特人是 NBA 的创始球队之一，曾经获得过 17 次 NBA 总冠军，位居 NBA 列队之冠。

遍又一遍，一整天。他大笑着，嘶吼着，吹捧着自己。他向电话那头的人询问问题，然后被挂断，然后再打电话。整整一天，房间里跟他差不多的足足有 10 多个人。

这里就是电话营销中心。它让我想起电影中的锅炉房，人们排成几排，或立或坐，互相挤在一起，冲着电话吼着。想象一下《大亨游戏》[1] 的场景，跟其中只有 4 名销售人员相比，这里有 100 名员工，他们都刚 20 岁出头，全都在讲话，都在用一套说辞，一遍又一遍。可以肯定的是，在 HubSpot 的电话销售人员推销的不是廉价股票或者冒名地产。他们推销的是货真价实的东西。我反正没看出来他们在从事诈骗或者违法的事情。这仅是些技术含量低的小把戏。在 HubSpot，他们被称为商务拓展代表（Business Development Representative），简称 BDR。他们穿着短裤和 T 恤，反戴着棒球帽，在办公桌前喝着啤酒。

官方上，HubSpot 的产品理应跟电话营销划清界限，正如我们应跟垃圾邮件划清界限一样。我们推销的说辞是如果你买了我们的软件，你就可以免去聘请一支推广销售代表的军队，不用盲目地打电话，因为我们的软件会生成集客式的线索，吸引顾客光顾。

但在我们这里，依旧在运营着旧时的电话中心，里面一群低薪的小毛孩日复一日地给成千上万的人打电话。虽然 HubSpot 并没有把它作为秘密雪藏，但公司也并未刻意提及。这跟可爱的、神奇的、能让一加一等于三的那种地方毫不沾边。事实上，绝大多数的科技公司会做一些电话销售，原因很简单：便宜。甲骨文作为市值 400 亿美元的软件公司，也开始雇用上千的大学毕业生，并把他们

<1> 即电影 *Glengarry Glen Ross*，该片讲述了某个士气低落的房产经纪公司聘请了一位销售大师助其重振旗鼓的故事。

赶到电话中心，目的就是减少支出。

科技公司把这种运营方式称之为"内部销售"，听起来要比"电话营销"高大上一点。虽然大多数科技公司会通过电话推销产品，但我听到的是，HubSpot 更为有甚。但公司不得不如此。我们是面向小企业销售软件，而且产品也不贵。基础版本的花费为 200 美元一个月，而专业版本为每月 800 美元。我们的顾客平均每月花费 500 美元，也就是每年6 000 美元。这些都不是大客户。我们能负担得起的销售方式就是电话销售。我的一位 CMO 的朋友这么说道，"这种产业的最低端便是'锱铢必较'的部分。"

HubSpot 不是唯一一家利用这种低耗推销模式的软件公司。我的另一个朋友在一家跟 HubSpot 规模差不多大小的软件公司工作，他们表面也用着同样煽情的说辞，但背后运营着同样的电话中心。公司的投资人要求的是天文数字般的增长率，因此，虽然给成千上万的线索打电话是强人所难、杀鸡取卵的做法，但这也是他们能达到那个目标的唯一出路。

"当你工作在高压的销售环境下，还要试着赶上疯狂的增长率时，可悲旧时光里所宣扬的高尚节操不会在新经济体制下重蹈覆辙——所有说教都会被扔到窗子外面，取而代之的则是艾历克·鲍德温做的牛排刀演讲[1]。"我的朋友说道。"我们的招聘官到大学招聘，把一群长得如出一辙的懒散大学生赶到我们运送奴隶的船上。我们把他们放在一个兄弟会中，当他们完结一次交易，或者在篮球架街机投完篮球的时候，公司里的大铜钟就会敲响。他们一边在篮球投掷机前投着篮球，一边戴着耳机跟他们的受害者聊天。我们有整整一支由这种人组成的

---

[1] 即 Alec Baldwin，美国男演员。这里提及的便是他参演《大亨游戏》里的一幕。他在电影种所饰演的刻薄推销大师布莱克，为刺激其他房产经纪，做了一场赋有恐吓意味，但直达问题根源的演讲，为该电影经典桥段，也被奉为经典销售演讲之一。

军队。

HubSpot 也是如此，其他靠软件发家的公司也始终让销售人员保持着备战状态。我们的网站会在到访者的电脑里植入跟踪程序。如果有人回访网站，或者有人递交了表格，并提供了邮箱和电话，"蜘蛛猴"的屏幕就会弹出警报，他便会给这个人打电话，并开启他的长篇大论："你好，是谢丽尔吗？这里是 HubSpot 的艾迪。我看到你访问了我们的网站，有什么我可以帮到你的吗？"

这或许是接触顾客的技巧，然而这更有像是打扰或者惊吓他们的办法。这些销售哥们想必已经知道别人接到这样的电话是有多么毛骨悚然了，但他们能做些什么呢？他们不得不达标。"蜘蛛猴"靠打电话和微笑每年挣 35 000 美元和业绩奖金。这是销售楼梯中最低的一阶。这几乎是一种捉弄菜鸟的方式。如果你想成为高阶（并且高薪）的销售人员，你必须首先在电话销售的泥坑里摸爬滚打。

电话中心几乎跟橄榄球场一样大，有着红砖墙，高房顶，暴露的柱子，却没有隔音阻尼。噪音的水平十分惊人。我 19 岁的时候从大学退学在纺织厂工作了几年，这个房间就跟那个厂房一样吵。

HubSpot 的办公室是 19 世纪中期建造的旧家具厂改建而成。除了免费的啤酒，作为在 HubSpot 工作的一名 BDR 的看上去并没有比他的曾祖父 100 年前在同样地方的工作要好多少。旧时的血汗工厂变成了新式的血汗工厂。某种意义上，新式的要更差劲。你整天被拴在办公桌前，电脑里面装有追踪你所作所为的软件，记录着你打了多少电话，不断提醒你落后于指标，说不定下个月就会丢饭碗。

我的降噪耳机也不能隔绝噪音。我试着在耳机里垫海绵耳塞，但效果依旧不理想。我甚至把耳机插在电脑里，播放着古典音乐，依旧能听到高音皮特和他的战友对着耳机话筒狂吼，但至少声音小了很多。

　　电话中心如同但丁《地狱》^{〈1〉}中的一番景象，犹如地狱之环。是
"傻机男" 和 "大脑门" 因为我试图越过他们而把我送到这里接受惩罚
吗？他们是想让我难堪吗？如果是的话，他们的目的达到了。

　　另一方面，我在蜘蛛猴之屋的放逐也算是一种赏赐，因为我见识
到了 HubSpot 的另一面，并了解到公司真正是怎么运作的。结果是
HubSpot 拥有分裂人格。一方面是出自德哈买什的煽情手段，什么文化
准则，什么 HEART。另一方面，则是哈里根的地盘，就是这个房间，
唯一重要的事情就是达到指标，没有人关心什么狗屁 HEART。

　　蜘蛛猴之屋有一个简单的法则：达到目标，才能存活下去。未达
标，你就得拍屁股滚蛋。像高音皮特这种人在面对着这种悬殊的境地时
承受着巨大的压力，他们得全天打电话。这样平均下来，8 个人中会有
1 个人愿意瞅一眼软件的演示。

　　这就是所有蜘蛛猴需要做的，仅仅是让某人同意去看演示。从
这一刻起，线索就会交给其他人。这些人比电话推销员的薪资要好一
些，但依旧承受着大得离谱的压力。卖软件是份艰苦的工作，尤其是在
HubSpot，更是艰难。与其他公司季度或者年度指标不一样的是，这里
的销售代表被强加的是月度指标。

　　"你的生活每个月都要重启一遍，就跟仓鼠的转轮一样。" 一位高
阶的销售代表这样说道。"这就是为什么销售代表这么年轻。这里几乎
没有人能撑过 5 年。没人能做得持久。那些 40 多岁、有老婆孩子的人，
是不想这么生活下去的。"

〈1〉　即 Inferno，为但丁《神曲》的第一篇。《神曲》描述了但丁在地狱、炼狱所看到的景象，
并最后到达天堂。

哈里根曾是销售人员。他对于加在销售代表身上的压力深有体会。他知道没有人能长久地坚持这份工作而不被消耗殆尽的，而他对此却听之任之。这些蜘蛛猴到 HubSpot 工作并不是怀着在此长久立业的期待而来的。他们在这里工作上几年，之后再转战到别的地方。

我并不怀疑德哈迈实是真的关注于创建一个人人都热爱的公司，但我也可以肯定的是哈里根也只关心数字。当德哈迈实着迷于组成 HEART 的五条准则的时候，哈里根也有一套远大的算法称之为 VORP，也就是球员替代价值（Value Over Replacement Player）。这套说法来自于美国职棒大联盟[1]，是用来给球员定价的。在 HubSpot，VORP 代表着公司付你的薪水和公司另寻他人代替你的工作所花费的最低费用之间的差值。这是套恶毒算法仅有一个目的，那就是把人力成本压到最低。

所有围绕着德哈迈实的东西都变得可爱，投入到"悦客"中，富有 HEART 品质，创立文化准则，这都是在集客大会的主题演讲中的绝佳素材。这是我们给外界展示的脸面。但这个房间里却没怎么"悦客"。这里是一片绝望之谷，簇拥着一群爱喝啤酒的蠢蛋，他们试图达到自己的指标——而这一切，让我意识到，这才是 HubSpot 的真心与灵魂。这里才是赚钱的地方。VORP 看上去没什么人情味儿，但确实有效。哈里根对此从未松懈过。

同样，哈里根也承受着压力。他已经从风投公司拿走了 1 亿美元，风投们指望着他能拿出些回报。他的投资人包括红杉资本[2]，这家公司以把没有达到预期的创始人扫地出门而闻名。HubSpot 需要一场盛大的

---

[1] 即 Major League Baseball，为美国最著名的职业棒球联赛。

[2] 即 Sequoia Capital，为美国著名风险投资公司。

上市，为了达到目标，HubSpot 就不得不保证持续增长。根据泡沫经济的奇怪准则，公司上市前并不需要盈利，但他们得显示出收入增长。每个月，每个季度，HubSpot 的销售额必须一直增长。一家创业公司停止增长就如同一条鲨鱼停止游泳一样：就等着死在水里吧。

很不幸的是，2013 入秋之际，当我到蜘蛛猴之屋的时候，我们的增长率下跌了。没有人惊恐，但哈里根有些担忧。10 月的一天，哈里根召集了所有销售和市场营销的人员开了一场直面上帝的会议，在会上，他宣布了一项重要的事情——他打算拿掉负责运营销售部的卡尔，并准备开始寻找合适的替补。卡尔并没有被开除，他被移到了一个特殊的项目中去。然而，这仍旧是件大事。卡尔是哈里根最初雇佣的员工之一。他几乎算是名联合创始人。他也是 HubSpot 的几个高管之一。

哈里根要解决一系列的问题。其中最大的问题就是增长。在过去的两年里，HubSpot 每年的增长率都在 80% 以上，但在 2013 年的时候，增长率放缓至 50%。这个比率虽然很高，但显然不够。哈里根说，对手的增长速度远高于我们。我们刚刚完成第三季度，也就是说我们已经有了今年前 9 个月的结果，而管理层足以靠此来估算 2013 年一整年的业绩。我猜哈里根和董事会已经看到了业绩数字，却并不满意——于是董事会让哈里根就此做出行动。

然后就是第二件大事情：哈里根表示在他找到新的销售主管之前，他要亲自管理销售部门。这听起来感觉他准备杀个回马枪，好好整顿一番，以儆效尤。"我不想让在困难时期让大家措手不及，但我的确要亲自掌舵几个月。"他说道。"机器有点运作不良。"

增长放缓只是其中一个问题。我们的客户流失率过高，意味着太多的人没有更新订阅。我们的成交率过低，意味着我们生成了很多线索，但他们并没有转化成足够的顾客。而我们的高管刚参观过的一家名为

Zendesk[1]的位于西海岸的软件公司，他们的成交率远远高于我们。销售部门的士气一落千丈。

"我们要做出一些艰难的决定。"哈里根说道。"世上总有赢家和败者。人们不得不面对这个事实。我们会尽量地保持公正，但如果你表现逊色，我们不得不为你另做考量。"

为你另做考量是被开除的第一步。大多数人被另作考量后并没有官复原职。这实际上就是给你几周时间让你另寻下家。

对我来说，问题所在并不是销售人员工作不努力。问题在于HubSpot的软件不怎么样，并且销售方式也没有效率。抛开所有关于这个产品重新定义了商品销售方式的说辞，HubSpot本身依赖于老旧的商业模式，即基于强人所难的线索生成策略。我们工作异常努力，却毫无收获。

每个月生成数以万计的线索毫无道理可言，而这件事本身就是荒谬至极；实际上绝大多数的线索都是瞎扯，一文不值。销售部门竭尽全力筛出了其中最好的20%，并将推销的精力集中于此，但这依旧意味着销售部门要每个月追查上万条线索。"煮沸四海"是形容HubSpot这种猎寻新顾客方法的商业俗语，而这仅是其中一个问题。另一个问题则是软件本身并不直观，人们没法自己搞清楚如何使用软件。所以，我们不得不委派顾问去教新顾客如何使用我们的产品。

这就是令人难以置信的劳动密集型产业，而我们吸纳每一个顾客的成本，都反映在了这些工夫上。这个指数叫作顾客购置成本（Customer Acquisition Cost），也就是CAC，而这个指数在HubSpot越来越高，朝

---

[1]　为一款客服软件，该软件提供云端客户支持平台，旨在为顾客与商家能进行更快捷更便利的互动。

着错误的方向发展。

　　这件事情的讽刺之处在于，我们吹捧我们的软件为当代奇迹，能让公司在花费更少的前提下，更快地吸引到新顾客。我们的销售套路跟《杰克与豌豆》<1>基本一致：买我们的软件吧，你的业务会增长至云霄。你会在省钱的同时，吸引到更多的顾客。我们就是这么告诉其他人的。

　　但我们的确在用自己的软件。我们的业务是建立在我们的软件之上的。正如他们科技产业所说的，我们"吃自己做的狗粮"，而"大脑门"更喜欢说"我们喝自己酿的香槟"。如果我们的软件真的如同宣称的那样有效，为什么我们需要一支销售代表的军队，一支营销人员的军队和一支产品顾问的军队呢？这么说来，为什么HubSpot在开展业务的7年后仍未盈利呢？为什么在编写、销售和交付我们的软件上的支出会远高于顾客买这款软件的花费呢？HubSpot软件的终极考验难道不就是能否在自家公司运作良好么？为什么没有根据我们的财务表现提出对我们软件功效的质疑呢？

　　哈里根告知我们，他打算提高软件研究和发展的经费。他想给能帮助销售代表卖更多东西，并让他们的工作更有效率的科技工具投钱。但他并不打算创建一个新兴的商业模式，至少还没有到那个地步。没错，我们是花了不少钱在卖软件上，可这是哈里根一手建立的机器。对我而言，唯一的行动就是为这台机器换上更高级的零件。命令市场营销每个月生成更多的线索。鞭笞销售部门更玩命地工作。雇用更多的蜘蛛猴，打更多的推销电话，追逐更多的销售前景。拿下IPO。

────────────

<1> 即Jack and Beanstalk，为一则著名的英国童话。故事讲的是杰克意外换得了几颗"魔豆"，结果一夜之间豆茎长至云霄。杰克顺着豆茎来到了巨人的城堡，他趁着巨人睡觉之际偷走了其财宝。巨人发现后追来，却被因豆茎被砍断而摔死，而杰克拿到财宝过上了富裕的生活。

会议快结束时，哈里根讲述了他刚开始工作的时候在一家软件公司里的故事。这家公司叫作参数科技公司（Parametric Technology Corp.），简称为PTC。他加入PTC的时候公司还很小，但10年之后，当他离开的时候，公司每年的销售额已经达到了10亿美元。PTC里的许多人因此发家致富，挣钱之多足以改变他们的生活。哈里根告诉我们，他的个人目标就是比曾在PTC工作的所有人要挣得多。他知道他们一共挣了多少，他下决心要超越他们。他对此信心十足。

这对哈里根来讲倒是不错，但我看不出来这有什么可以激励我们的。他差不多就是在告诉我们应该努力工作，这样他就能挣得比他的朋友多。

但哈里根了解他的听众。销售代表非常吃这一套。他们就如同哈里根一样，全都激动地在会议上跳了起来。回到蜘蛛猴之屋，原先慵懒的销售们像打了鸡血一般，一个个喝起啤酒拿起电话工作起来。

对于我来说，我自己并没有那么受感染。在我加入HubSpot的时候，公司能成功IPO似乎是板上钉钉的事情。但是今天，在我听到哈里根透露的那些数字后，感觉这地方有一点不太稳当。

然而，我依旧希望他们能搞定。毕竟，我加入的时候被赋予了2万美元的期权。为了能拿到所有的期权，我得在这里待满4年。但即使我仅在这里工作一年，我仍能获得5 000美元的期权。如果IPO表现不俗的话，我手上的这些期权还是能值一些钱的。

10英尺之外（约3米），高音皮特正冲着耳机话筒嘶吼。这么久以来，我是第一次不介意这些噪音。吼叫吧，你这个疯狂的啦啦队男队长。打完这些电话，卖掉这些垃圾软件。完成你的指标，让你我都能挣到钱。

我的天啊，万圣节派对！

在 HubSpot 有两个盛大的派对。一个是五月五日节[1]，在那头，公司会拉一卡车的龙舌兰酒、多瑟瑰啤酒以及各式墨西哥小吃，一楼会议室届时会聚集 520 多个疯狂的美国佬。他们喝着玛格丽塔鸡尾酒，嚼着玉米片，而哈里根戴着巨大的草帽在人群中来回穿行着——就是人们在墨西哥戴的那种草帽，懂了吗？——如同现实版的"弗兰克·'坦克'"一样，就是威尔·法瑞尔在《单身男子俱乐部》[2]里面饰演的那位可以玩转啤酒和乒乓球游戏的角色。

而万圣节更是件大事，对于橙色邪教里面的人来说，这是一场神圣的传统活动。这一天，整个公司的人都会穿着万圣节服装来上班，他们

<1> 即 Cinco de Mayo，为一个墨西哥的地区性节日主要为纪念墨西哥军队在伊格纳西奥·萨拉戈萨将军的带领下，于 1862 年 5 月 5 日的普埃布拉战役中击败法国侵略军取得战役的胜利。虽然五月五日节在墨西哥国内并不是一个全国性的节日，但在美国及世界其他地区，人们都以五月五日节纪念墨西哥人为了维护传统和尊严所作出的英勇斗争。

<2> 即电影 *Old School*，该片讲述了大学 3 个好友在毕业后因生活工作的种种不顺又走到一起的故事。

像傻子一样在公司里四处跑动。下午的时候公司会招待食物和酒水，工作也随即中断。

　　HubSpot 的员工对这项传统特别引以为傲，他们视其为自身文化的一部分。德哈迈实甚至把一张万圣节的照片加到了文化准则之中，并附上一段话："我们敢为不同"。

　　万圣节狂欢的照片也会放在公司的网站上，这样我们潜在的顾客就能看到 HubSpot 是个多么酷多么有意思的地方了。这个想法大概是想吸引他人到 HubSpot 来工作，同时也想吸引顾客来买我们的软件。我不是很明白为什么潜在顾客会关心在 HubSpot 工作是不是有趣。如果我们的软件既不能为顾客省钱，又不能让他们挣钱，那这世上再稀奇古怪的万圣节派对我而言也没有什么意义。

　　正巧，在万圣节派对的这一天，我有一个朋友刚到我们城市。我的朋友萝丝一直从事市场营销工作。她在纽约生活，这次是来波士顿开会。萝丝 40 多岁，是一家大型体育品牌的市场部执行副总裁。我们在查尔斯河附近的一家酒店相约吃早餐。萝丝让我回想起来往日的旧时光，那时我身穿西装，在华盛顿特区主持各种会议，投身于真正的新闻业之中。

　　我告诉她我在 HubSpot 发生的一切，他们曾许诺给我的工作如何变卦成了另外一份截然不同的差事。萝丝并不感到意外，甚至没有流露出同情之心。萝丝是英国人，对抱怨者毫无耐心可言。

　　早饭后她还有些空闲时间，我便带着她到我们的办公室参观。萝丝早就听说过 HubSpot，也很想见识一下公司的软件。她在考虑她的公司或许可以采用这套软件。我给她安排了一位销售人员，并为她做了产品演示。当她看完之后，我带着萝丝围着办公室绕了一圈。我给她看了我在电话营销中心可怜的小办公桌，跟我曾在纽约可以俯瞰整个中央公园的办公室相比，有那么一小点儿退步。我也带她参观了休憩室和冲淋间，配有糖果墙的炫酷厨房和在二楼那块为人们即兴演奏音乐而摆放着乐器的小地方。

我曾听说过，在万圣节当天整个公司会变得很疯狂，然而，作为在这里已经工作了6个月的我，也没有对我们将要遇到的情况做好准备。除了我，所有人上班都是穿着万圣节的戏服。人们四处追逐，嬉闹着，叫嚷着，为自拍摆着姿势。他们打扮成蓝精灵和女巫，性感的海盗和白雪公主，调皮的魔鬼和《哈利波特》[1]里面的人物。他们竭尽全力地展示给所有人看：在这个好玩的公司里，满是有个性的员工，在这里工作是多么有意思。

但这一点儿也不酷。相反，这很可悲。而且很奇怪。

"我不得不说，"萝丝说道，"我从未听说过有一家公司的员工在万圣节是穿着戏服来上班的。"

听起来，她说的并不是什么好话。

"好吧。"我回答道，"我们敢为不同。"

我带她来到"内容工厂"，那里是博客小组工作的地方，也是我在被驱逐前上班的地方。我四处引见萝丝。博客小组的3个女人打扮得就像电影《贱女孩》[2]中的贱女孩。而HubSpot的贱女孩似乎没有意识到电影中的贱女孩就是笑柄。我们的贱女孩似乎相信电影中的贱女孩是一群英雄。

<1> 即系列小说 Harry Potter，英国作家J. K.·罗琳的奇幻文学系列小说，描写主角哈利·波特在霍格沃茨魔法学校7年学习生活中的冒险故事。该系列小说也改编成了同名系列电影。

<2> 即电影 Mean Girls，该电影讲述了生在非洲接受家庭教育的女主角凯蒂随父母来美国了一所高中就读，在学习生活中，跟同校的女同学由于学业、爱情所引发的一系列是是非非。

"我们甚至做了一本'麻辣书'[1]。"法媞玛告诉我。"看，你也在里面！"

果真，他们打印出了一本实实在在的'麻辣书'。电影里面的贱女孩会把她们不喜欢或者认为是失败者的人写在书里面来取笑他们。法媞玛翻到了有我的一页。"你看到没？"她说道。不出所料，我的确在上面。他们单独为我设计了一页内容，我的照片显得又老又蠢，上面还有文字。但我并没有读。

我陪着萝丝走到外面，并把她送上了去机场的出租车。

"你得赶快离开这儿。"她说。"这里会毁了你的灵魂。"

"我明白，我打算在这待够一年然后我就——"

"不，"她直接打断了我。"马上、立刻、就今天！走人。"

她随即关上了车门。出租车渐行渐远。她从未成为 HubSpot 的顾客。

萝丝说得对：我确实应该找个新工作。但现在已经 11 月了，各种节日即将接踵而至，没人会在一年当中的这个时候雇人。所以我打算利用未来几个月的时间钻钻空子偷个懒。我每周就抽几天去办公室，仅为了表面做做样子。冬天的时候我打算多去滑雪。我会去趟犹他州拜访我几个朋友。滑雪季一过差不多就 4 月底了，正好是我在公司工作一周年的时间，我就可以不声不响地溜出 HubSpot。

我提醒自己我仍有很多事情值得感激——即使我意识到只有那些山穷水尽的可怜人才会这么说。尽管如此，但我身体健康，还有工作、家庭也很幸福美满。我的儿子加入了足球队，这个赛季他的比赛我每场

---

[1] 即 *Burn Book*，《贱女孩》中女生用来记录八卦故事的自制书。

不漏。我的女儿参加了一场钢琴演出，还会在当地《胡桃夹子》[1] 的舞台剧中跳舞。今年她的这两项活动我都可以参加。去年我在旧金山的时候，萨沙的偏头疼就有所好转。她少了些压力多了几分快乐。所以我的工作不顺又如何？我依旧在上班，我也有薪水可以领。事情本有可能会更糟。

HubSpot 有一项规定就是任何人都可以在任何时候选择在家里工作。我打算充分利用这条规定。当我不得不到办公室上班的时候——通常是因为我有不能不参加的会议——我会来得晚走得早。在会上，我尽可能少说话。我盯着我的笔记本电脑，假装自己在记笔记，实际上我在浏览网页或者刷脸书。

在下个会议前的间歇，我会回到吵闹的蜘蛛猴之屋，戴上耳塞和耳机，聆听莫扎特，环视着周围那些已经毁灭的灵魂。中午，我穿过第一街到凯丹购物中心，在饮食区点份寿司吃，随后便回到我的桌子前，戴上耳机，把自己埋在自己的茧中。有时我会在各个办公室之间散步。我会去不同的楼层，仅是为了看看周围。我会找个厨房，取杯咖啡，独自一人坐在休息区的沙发上，浏览手机上的新闻。等到 4 点左右外面天色已暗，我便把笔记本电脑装进背包，拍屁股回家。当一整天过去，我没跟别人说一句话的时候，整个世界就变得都不真实了。

渐渐地，我陷入了抑郁之中，摇摆于永不停歇又忽停忽现的焦虑和令头脑麻木的昏睡之间。有些夜晚，我躺在床上却头脑清醒，无法入眠，思绪乱飞，直到我最后服用安必恩 [2] 才能让自己睡过去。剩下的时候，我除了睡就是睡。我晚上 8 点就上床，一直睡到第二天早上 7

---

[1]　即 Nutcracker，是柴可夫斯基编写的一个芭蕾舞剧。故事讲述的是作为礼物的胡桃夹子在夜晚活了过来，带着小女孩儿克拉拉经历了一系列的冒险故事。

[2]　原文作 Ambien，一种安眠药，可助失眠患者迅速入眠。

点，却依旧起不来。

萨沙和孩子们能看出来我有多可怜。之前我会跟他们侃侃而谈，讲在 HubSpot 里闹出的最新笑话，而现在我一回家就拖着脚上楼，换上我的睡衣。除了像士兵一样坚强起来，我别无选择。萨沙没有工作，赚钱的重担就落在了我的肩上。

我有一个记者朋友的第一份肥差在《纽约时报》，而第二份肥差则是在加州大学伯克利分校教书，他试着给我打气儿："男人就得挣钱养家。"某天他是这么写给我的。当时，我们在互相发消息，我跟他抱怨我现在的工作是有多么糟糕透顶。"这能让你对一般的公交司机和咖啡厅雇员多那么点儿尊重。"

我就给他回了一个词："哎哟。"

12 月份的时候，我有个朋友把我介绍给了波士顿一家技术公司的 CEO。托马斯是工程师出身，一个 40 多岁的书呆子。他的公司已经上市并开始盈利了。他的公司雇用了许多工程师，却并没怎么炒作。某种意义上，托马斯的公司是 HubSpot 的对立面。但他对哈里根和沙阿还是很友好，他也知道 HubSpot 的很多内幕及其公司文化。

我们在市郊的星巴克[3]见了面。结果发现我们有许多共同认识的人，我们的孩子也一般大。托马斯告诉我他是"假史蒂夫·乔布斯博客"的粉丝，他那时听到我打算在 HubSpot 工作的时候也很吃惊。"感觉是很奇怪的组合。"他说道。

我承认事情并没有发展得很好，我在加入 HubSpot 前并没有对它有足够的了解。"我以为我会在一家由一群来自 MIT 的聪明人管理的软件

<3> 即 Starbucks，为发源于美国西雅图的全球最大连锁咖啡店。

公司就职。"我解释道。

他发现这非常滑稽。托马斯似乎对 HubSpot 的企业文化并不怎么关心，对它的软件尤甚。他开了一个关于德哈迈实的玩笑。这位名义上是公司的首席技术师，然而自己却并不怎么上班的人。"我是我们公司的CEO，我每天工作起早贪黑，"他说道。"而之后冒出了个德哈迈实。我也想要他的工作。"

他随即又加了句他喜欢德哈迈实，认为德哈迈实人还不错。他表示他还是很敬佩哈里根和沙阿，他们可能不是世界一流的软件开发员，但他们确实对市场和推销很在行。

"他们做得相当出色，"他说道。"我从没想到他们能走得这么远。"

我问托马斯关于一件困扰我很久的问题。HubSpot 在大把赔钱，这对我而言再清楚不过了，然而，哈里根和沙阿却一直在很扯淡的事情上挥金如土——派对、啤酒、休息室、免费按摩和花哨的办公室。HubSpot 在一楼有一个巨大的厨房，在楼层其他地方还有一些卫星般的小厨房，而现在哈里根正在重新装修二楼，将会配备另一间厨房，这间会有啤酒龙头和高酒精度的苹果酒。HubSpot 也准备建一个英式红色电话亭的复制品，人们在那里可以更自由地打电话，而这仅仅是为了看上去稀奇而已。

如果你管理的公司像是谷歌一样，大可每月扔出 10 亿美元的盈利来这么做——我指的不是收入，而是盈利。但 HubSpot 是家相对很小的公司，况且还在赔钱。HubSpot 难道不应该省着钱花，试着让风投给的钱撑得越久越好吗？他们难道不应该把钱花在软件开发上，而不是啤酒大联欢吗？为什么风投们不强加一些财务管理措施吗？

"那这些风投们会不会来拜访公司，到公司里面参观呢？他们知道事情有多失控吗？"

"他们可能知道也可能不知道。"托马斯回答道。

他解释道，董事会不可能知道公司里面的所有事情。他们仅知道管理层告诉他们的，有时候这些往往不够。

"我尽可能少跟我的董事会打交道，"他说道。"我对待董事会就像养蘑菇一样。我把他们放在暗处，并给他们喂屎。我可不想他们插手我的业务，对我的工作指手画脚。"

因为这件事，董事会的成员也不愿意过多参与日常的公司运营。有些人有自己的公司需要管理，其他人要么就已经退休，把在董事会占有一席之地纯当作一种爱好。身处于 HubSpot 董事会的风投们在这场游戏里是有牵连，但他们并没有兴趣干预公司太多。

"你并不想跟公司创始人们打架。这是最后的筹码。如果创始人离职或者被赶走，投资人就会变得紧张起来。这是给外界发出的不利讯息。"托马斯说道。

创始人和投资人彼此需要对方，但又对彼此保持着警惕。这是个并不简单的合作关系。创始人把风投们视为必要之恶，他们是一群诓骗创始人甚至会从创始人手中偷走他们公司的骗子。而风投们对待创始人如音乐品牌见到了乐队，或如好莱坞工作室看待电影一般——他们有才也可以生财。你在其中很多人身上下注，并希望其中一两个能高中。

至于挥霍，投资人们或许并不喜欢，但他们真正关心的是游戏的最后。如果哈里根和沙阿能给予投资人们丰盈的回报，只要他们愿意，他们尽可以享受免费啤酒、英式电话亭以及"无畏星期五"。

另外，他们花在装潢酷炫办公室和兄弟会派对上的钱，跟其他事情相比有如九牛一毛。"想象一下他们对此的回报是多少，"他说道。"他们得到的是这群廉价的年轻小毛孩，他们并不会逗留很久到期权行权，即使他们等到期权行权的那个时候，他们也没有多少可以执行的资本。

如果你要这么看，之前那些优惠条件看上去还是很便宜的。"

你可以反驳 HubSpot 应该把钱花在软件开发，而不是花钱搞每年的大会，邀请辛蒂・罗波[1]和阿里安娜・赫芬顿来娱乐观众。

"另一方面来看。"托马斯说道。"他们的办法似乎是有起到作用。"

我有些吃惊。托马斯是个铁杆工程师，也是个节俭的经理人。他的公司要比 HubSpot 大太多，但他也没有四处挥霍。即使如此，他还很敬佩他们。他对于商业的思考方法跟我想象中的政治人物思考候选人的一样，最重要的事情就是他们发表正确的言论，然后成功当选。

"你看，我对你有个建议。"他说道。

他告诉我，我应该把想成为一名市场营销员这件事抛在脑后，并竭尽所能留地在 HubSpot。"想象自己是一名人类学家。"他说。"就像你自己被丢在了某个奇怪的文明中，你要做的就是来研究他们的仪式。你或许可以写点儿什么。这感觉还挺有意思的。"

我们喝完咖啡后彼此道别。当我钻入车中，他让我当人类学家的评论一直萦绕在我脑海里。湿湿的雪飘下，厚重的雪花落在我的挡风玻璃上。商场中已挂上圣诞节的装饰。人们拎着大大小小的购物包，比肩接踵，顶着寒风，匆匆地经过人行道。

对于 HubSpot 的员工，托马斯说的一点儿也没错。他们确实像一个奇怪的部落。而且，像这样的部落纷纷在各地涌现。这是一种全新的工作环境，混杂着文化准则，各种兄弟会派对，以及让世界变得更美好的说辞。

但现实的故事并不只是关于免费啤酒，桌上足球桌以及身负使命的言论——现实的故事是关于为什么这样的事会存在。现实的故事是关于

---

[1] 即 Cyndi Lauper，为活跃于 1980 年代的美国女歌手，她亦是格莱美奖最佳新人奖得主。

两位创始人和一群投资人将如何成功地从公开市场上抽取超过 10 亿美元并实现上市。

对于我来说，HubSpot 并不是家软件公司，而更像是一家金融机构，是一架操纵金钱转手的马车。哈里根和沙阿组建了一股靠炒作挣钱的廉价劳动力。HubSpot 并不会盈利，但这不要紧。哈里根和沙阿所需要做的就是让销售额持续增长，继续用"悦客"、"瓦解"和"转型"之类的话语编造美好的童话，尽量让业务维持到投资者能从中兑现。

新工作模式：员工如插件

结果天真的人反而是我。我在过去25年里撰写了无数有关科技公司的文稿，我自认为了解这个领域。但在 HubSpot，我逐渐发现我曾相信的许多事情都是错误的。

比如说，我以为科技公司都是以伟大的发明开始——一件了不起的小玩意，一款杰出的软件。在苹果，史蒂夫·乔布斯和史蒂夫·沃兹尼亚克组装了个人电脑；在微软，比尔·盖茨和保罗·艾伦[1]开发了编程语言和之后的操作系统；谢尔盖·布林和拉里·佩奇创建了谷歌搜索引擎。工程技术优先，销售其次——我以为这才是科技公司的运作模式。

但是 HubSpot 却与之相反。HubSpot 最先雇用的是销售主管和市场营销主管。即使哈里根和德哈迈实没有产品可卖，甚至不知道要做什么样的产品的时候，他们就雇用了这些人。HubSpot 起始于寻找产品的销售运营之中。

<1> 即 Paul Allen，美国著名发明家、投资者和慈善家，微软的两位创始人之一。

我从新工作中学到的另一件事情是，虽然人们一直把这种商业形式称为"科技产业"，但实际上跟科技毫不沾边。"你不会因为创造出了新科技而获得奖赏，再也不会了。"我的一位在 20 世纪 80 年代就在科技行业工作的朋友如是说。他曾是投资银行家，而现在为创业公司做咨询。"所有一切都是关乎于商业模式。市场投资让你在短时间内扩大企业规模。所有一切亦关乎快速扩张。不用盈利，变大就行。"

这就是 HubSpot 的所作所为。它的科技并不怎么出众，但看看它收入的增长水平！这就是为什么风投家们向 HubSpot 砸了这么多钱，这就是为什么人们相信 HubSpot 一定会成功上市。这也是为什么 HubSpot 雇用了这么多年轻人。这是投资者们想看到的：一群年轻人，欢闹一堂，讨论着如何改变世界。别人吃这套。

他们雇用年轻人的第二个原因就是因为他们很便宜。HubSpot 虽然赔钱运营，但它是劳动力密集型的。你如何用尽可能低的工资雇到上百名在市场营销和销售的员工？一种方法是聘用那些刚毕业的人，并想尽办法让他们的工作变得有趣。你可以给他们免费的啤酒和桌上足球。你可以把工作地点装饰成既像幼儿园又像兄弟会的样子。你可以时常举办派对。这么做的话，这些年轻人便会源源不断地送上门来。他们愿为一年仅 35 000 美元的酬劳工作，承受持续又巨大的心理压力，在蜘蛛猴之屋打拼。把这些人塞进洞穴般的房间，让他们肩膀挨着肩膀，密度能多大有多大，你甚至可以因此省下更多的钱。你告诉他们，你这么做不是因为你想在办公空间上省钱，而是因为他们这一代人就喜欢这么工作。

最有趣的是，你为了让这样的工作看上去有意义而创造了一个神话。按理说，千禧世代的人并不关心钱，但他们会被使命感所深深鼓动。因此，你赋予他们一个使命。你告诉你的员工他们有多特别，他们能来这里有多幸运。你告诉他们能在这里工作要比被哈佛录取还难，他们因为自己的超能力而被选入在这里工作，身负改变世界的重要任务。你把公司塑造成一个拥有独特颜色和标志的小队。你给所有人一顶帽子和一件 T 恤。你东拼西凑出一份文化准则，宣扬要创建一家人人都爱的公司。你以他们会因此致富的前景吊足他们的胃口。

但硅谷有它的黑暗面。没错，那里有很多阳光快乐的人工作在科技产业。但这里也有另一个世界，那里财富分配不均，财富多在创始人和投资者中累计。他们按照自己的意愿操纵着游戏。这是一个摒弃年长雇员的世界，在那里，人们一到 40 岁就会被丢在一旁。这是一个凭借种族和性别来歧视雇员的世界，在那里，创始人有时候是反社会的怪兽，在那里没怎么接受过训练（或者完全没接受过训练）的经理人谩骂并解雇员工却不受惩罚，在那里员工几乎没有追索权，也没有任何就业保障。

2014 年 12 月，尼古拉斯·雷曼[1] 在《纽约客》[2] 上发表了一篇文章，对比了通用汽车[3] 传奇 CEO 艾尔弗雷德·P. 斯隆[4] 在 1964 年的回忆录《我在通用汽车的岁月》[5] 中描述的就业设想与多位谷歌高管在一系列出版物中所描绘的展望。

在 20 世纪的模式即斯隆管理通用汽车的模式之下，公司"深度工会化，为他们的白领员工提供事实上的终身雇用制。员工在工作年限内可以获得稳定的工资提升和退休后的养老金。"雷曼这样写道。情况由于互

---

[1]　即 Nicholas Lemann，美国记者、作家，普利策奖获得者。
[2]　即 New Yorker，是一份美国知识、文艺类的综合杂志，内容覆盖新闻报道、文艺评论、散文、漫画、诗歌、小说，以及纽约文化生活动向等。
[3]　即 General Motor，为美国著名汽车制造公司，旗下拥有雪福来、别克、凯迪拉克等品牌。
[4]　即 Alfred P. Sloan，曾长期担任通用汽车公司的总裁、执行长及董事长。
[5]　即 *My Years with General Motors*，该书对通用诸如计划和战略、持续经营、财务成长以及领导等企业基本的管理政策和战略概念的早期创新和发展进行了详细描述。

联网的出现而发生改变，尤其是谷歌，作为第一家拥有大量员工的成功的互联网公司。谷歌的成功，雷曼是这么写的："是通过打破了商业运营规则。"

最大的分歧产生于公司与员工之间，公司与社会之间曾广泛存在社会契约。就在不久之前，那时公司对于关照员工和成为优秀企业公民仍有抱有责任感。如今，社会契约已经被摒弃。在新的工作模式之下，雇主或许期待着员工能对其忠诚，反之，雇主对其员工并无情义可言。跟提供终身保障的工作不同的是，人们被当作可以被替换的插件，插在公司一两年后，就被拔掉打包送走。在这种模式下，我们基本上就是自由职业者，以短期合约的形式卖我们自己的服务。我们可能在职业生涯上有过数 10 份的工作。

"你的公司并不是你的家人。"这是领英联合创始人及主席、百万富翁雷德·霍夫曼[1]在他的书《联盟：互联网时代的人才变革》[2]里所描述的。霍夫曼讲雇员应该把工作当作"任期"，并不指望在某个地方待得太久。除了在领英的工作外，霍夫曼还在一家名为格林洛克资本[3]的风投公司担任合伙人。《福布斯》称他为"硅谷人脉最广的人"。他广受尊敬，甚至被敬仰。他关于雇主和员工关系的观点，影响了一代企业家，他们把霍夫曼的言论视为福音书。

霍夫曼关于公司并不是家人的论调可以追溯到硅谷视频订阅公司

<1> 即 Reid Hoffman，为领英的联合创始人，曾经担任过 PayPal 高级副总裁。是硅谷最有名的天使投资者之一。

<2> *The Alliance: Managing Talent in the Networked Age*，该书提供了一种使雇主与员工之间从商业交易转变为互惠关系的框架，创建了一种鼓励公司和个人相互投资的工作模式。打造任期制，将非终身雇用的员工变为公司的长期人脉，并吸收员工的高效人脉情报。

<3> 即 Greylock Capital，为美国一家专注另相投资的资产管理公司。

Netflix[1] 在 2009 年发布的"文化准则"中，其著名的宣言是"我们是一队人，不是一家人"。Netflix 的准则启发了一代科技创业企业。"或许是流传到硅谷外最重要的文件"，脸书 COO 雪莉·桑德伯格曾经这样评价。沙阿将 Netflix 的准则作为 HubSpot 文化准则的模板，而删去了原本 Netflix 的句子"我们是一队人，不是一家人"。

　　针对"我们不是一家人"的说法，Netflix 反驳道，科技公司应该像是一组专业的运动队，需要"每个位置都是明星"。如果你是专业的运动员，每年可以挣数百万美元，然后在 30 或者 35 岁退役，那么这种说法还算合情合理，但如果是放在普通的工人身上，就稍微显得有一些残忍了。其结果，正如来自《财富》《新共和》《彭博商业周刊》和《纽约杂志》等报刊杂志中无数文章所提到的，硅谷变成了一个让人们活在恐惧中的地方。一旦有人比你好或者比你便宜，那么你的公司就会辞掉你。如果你到了 50，40，甚至 35 岁；如果你要求加薪，变得更贵；如果新的一批大学刚毕业的员工能做你的工作，拿钱又比你少——你就滚蛋吧。所以，别过得太滋润。

　　这种员工与雇主间的新式模式是由硅谷公司发明的，而且与硅谷出名的芯片和软件同等重要。如今，这种思想远播硅谷之外。我们生活在巨大的经济转型期间，整个行业——零售、银行、医疗、媒体、制造——都因科技而被重塑。这些产业模式变化了，他们对待员工的方式也跟着变化。

　　但有人真的想在 40 年的从业生涯中，拥有 20~25 份不同的工作吗？很难看出这种模式对于员工有什么有利影响。年轻的时候跳来跳去

―――――――――

[1]　为一家在世界多国提供网络随选串流影片的公司，并同时在美国经营单一费率邮寄 DVD 出租服务。

是一方面，在某一点上，人总要结婚生子，稳定下来。稳定性就变得至关重要。根据霍夫曼的世界观，你会花你生命中一半的时间来找工作，去面试，接受培训，稳定下来，签新的保险（如果你有保险的话），填写报税文件，转移你的 401(k) 计划[1]。你几乎还没有弄清楚桌上足球的球台在哪里，就要开始寻找下一份工作了。

以严酷的工作环境闻名的亚马逊为霍夫曼所提出的短期的"任期"学说添加了一条残酷的转折。根据 2013 年一家名为 PayScale 的追踪薪资数据追踪公司所发布的研究——一般员工在亚马逊工作的时间仅有一年。亚马逊会分 4 年为员工奖励限制性股票——然而，跟其他科技公司会每年平均发放股票不同，亚马逊会后载奖励，也就是在第三年和第四年发放大部分的股票。仅待一年的员工据说只会拿到奖励的 5%。

尽管科技公司对他们的员工很差，但他们依旧期待员工能对其忠诚，希望他们对待雇主如球迷支持球队那般热情。HubSpot 会告诉员工公司的需求要大于个人的需求。"团队 > 个人"是德哈迈实在文化准则之中所宣扬的，而它的副标题则为"创造我们热爱的公司"。谁会热爱这种公司？特别是这种告诉你"我们不是一家人"的公司。

但是，对于那些穿着橙色衣服和橙色鞋子在 HubSpot 的办公室里面跑来跑去的千禧世代而言，他们不仅是喜欢 HubSpot，他们是热爱 HubSpot。这是他们的团队。他们也不会因为团队对他们没有任何情义而烦恼。

某天在"内容工厂"，当我试着引起我同事注意的时候，我经历了

---

[1] 即 401（k）退休福利计划，是美国于 1981 年创立一种延后课税的退休金账户计划。计划是自愿性质，劳工可依其个人需求自由选择政府核准过的的个人退休金计划。内容为要求雇主定期拨金钱至个人的退休计划，同时公司将拨部分资金至每位雇员的 401（k），直到雇员离职。而雇员可自行决定拨钱的数目多少。

某种《诺玛·蕾》<1>时刻的感觉。具体一点来说，当时我们在讨论糖果墙。人们在谈论能有这么多糖果可以吃是多么赞的一件事。而我试着说服他们糖果墙只不过是整个骗局的一小部分。

"你瞧。"我说道。"你们这些人是第一代愿意为免费糖果工作的人。我们这代人不会上这个当。我们的工资要的是真钱。"

我承认这不是个开启话题的最好方式。

"我们有工资。"其中一个人说道，听上去是在辩解。

"我知道。"我解释道。"我就是想说为什么公司会这么做。"

"因为公司想创造出一个酷酷的企业文化。他们想让员工开心。"

我不知道这些人的工资是多少，但大部分人刚走出校园。我怀疑"大脑门"哄骗他们用低薪来换取在 HubSpot 的美好经历和好玩的东西，比方说派对和出游，以及免费的啤酒和糖果。

"我们又不是领糖果当工资。"又一个人这么说道。

"是的，我知道。"

其他人也加入了讨论。他们喜欢糖果。他们每天都会吃糖果。而现在，我变卦了，我试着解释——我真正想说的是满是糖果罐子的墙是没法激励像我这样的人去工作的。

"如果我能决定的话，如果我有选择，我不会要一面糖果墙，我仅想能多给我些工资。你们明白我什么意思了吗？"

他们不明白。

"因为我有孩子，没错吧？我不能每天带着一大袋糖果回家，然后

<1>　即电影 Norma Rae，该片剧情改编自真人真事，描写诺玛·蕾一家都在南部小镇中的棉织厂工作，环境十分恶劣。后来总工会派来一名组织者协助当地组织工会，受到工人们冷嘲热讽和老板无理阻拦。但是对不合理事物具有挑战勇气的诺玛受到组织者的影响而站了出来，终于在工厂成立了第一个工会。

晚上喂它们吃糖果。我也没法把糖果卖掉，然后用这些钱给我的孩子买吃的买穿的。这就是我想说的。"

他们望着我，就像听到了"疯老头儿警报！为啥他会跟糖果过不去？千万别突然移动，否则会吓到他！慢慢地退后，并请求支援！"

有个很喜欢糖果的女员工说她不认为公司会花很多钱在糖果上。另外，如果公司把糖果撤掉，也不意味着他们会多付我们工资。

"我明白。"我说道。

"但这就是你所说的啊。"她洋洋得意地盯着我。

我也不太确定该拿这件事怎么办。诺玛·蕾在纺织厂的时候有没有为了对抗这种想法而离开？那里有没有 20 多岁的人喜欢咖啡机里的咖啡又不想组织工会呢？

"你看，你说的没错。"我说道。"我很抱歉提起这茬儿。糖果真的是太赞了。"

如果我是哈里根，或是德哈迈实，或是"大脑门"，我也会做他们做的事情：我会雇上像这群人一样的数百人，他们胃里能塞多少糖果和啤酒就给他们塞多少，并且不断地告诉他们从事的工作是多么重要，是多么富有意义。

我明白人们为什么没有理解我关于糖果墙的论点。但我不能理解的是他们如何忽视旁人被公司残忍地对待。是什么样的公司可以就这样毫无预警地让员工"毕业"，叫他们收拾好桌子后立即消失，并再也不提及他们？尽管"悦客"和"创造一个我们都热爱的公司"的言论满天飞，但是 HubSpot 是迄今为止我工作过的最残忍的地方。

一次又一次，我目睹了聪颖睿智、富有经验又学识渊博的女性在30 多岁的时候（在 HubSpot，他们是老人）被 HubSpot 开除，几乎没有、甚至完全没有提前通知。每次这些被开除的女员工得知消息的时候先是震惊，之后是绝望和无助，最终将这一切化为了泪水。

34 岁的伊莎贝拉在 HubSpot 工作了 3 年半，家中有个 1 岁的孩子。当她从 1 个月的病假中回来工作的时候，她 20 多岁的老板告诉她，她的工作没有达到预期标准，所以她可以滚蛋了。35 岁的丹妮丝，在 HubSpot 已经 4 年半了，结果某天被 28 岁的乔丹告知她的岗位没有了，虽然她的部门仍在积极地雇人。丹妮丝被允许在公司多待两周。在此期间，"大脑门"忽视她。他从未把她叫到一旁感谢她对公司的服务，或者对她表示因为事情没有解决而感到抱歉。"大脑门"就这么走过她的桌子。他能看见她——她就坐在那里——然而"大脑门"什么话也没说。他表现得跟什么事儿也没发生一样。与此同时，丹妮丝再也忍不住了。她躲在她的车里大哭了一场。她对上班变得害怕不已。她感觉受到了侮辱。丹妮丝一点儿也不明白她哪里做错了或者为什么辞退她。

35 岁的佩琪是在周五的早上被辞退的。距她工作一周年的纪念还有几个星期的时间，也就是她的第一部分的期权可以行权的时间。讽刺的是，扎克是在"无畏星期五"把她开掉的，而这天正是我们的女权主义实践活动。当一群大学刚毕业的女生在楼下会议室的地板上画画的时候，佩琪，这位前《华尔街日报》的分析师，因为缺少工作效率这种莫须有的罪名在二楼被解雇。扎克让她清理好桌子，然后自行离开。她就这么被开除了。她没有任何遣散费。她走出公司，强忍着泪水，在停车场的车里给我发了以下短信：说来你可能不信，我刚被开除了。当我给她电话的时候，她已哭了起来。

一位市场部的同事告诉我，远在我来公司之前的 2011 年，有位 30 多岁的女员工在工作了 4 个月后被解职。她当时怀着双胞胎。"公司想干什么就干什么。"一位经理这么跟我讲，听得我下巴都要掉下来了。

这就是新的工作模式，但实际上就是资本剥削劳动力老故事的翻版。区别就是这一次剥削是靠着一张笑脸进行的。关于新工作模式的一切，从疯狂的装饰到改变世界的说辞，再到英雄旅程的神话和不是真正福利的福利——所有事物的存在只有一个原因，就是拉低人力成本，使得投资者可以最大化他们的收益。

"我们是一队人，不是一家人"。正像美国职棒大联盟的球员一样，说不定在某天，你就被毫无征兆地裁员了。不过别忘了，你还有可口的糖果可以享用呢。

这种资本主义跟诺玛·蕾遇到的那种资本主义之间的区别，就在于科技公司知道如何把劣势翻转或把优势展现出来。HubSpot 提供无限制的休假，并把其当作福利来推销。而实际上这条政策为 HubSpot 省下了不少钱。当一个公司有传统的休假计划时，法律会要求公司建立现金储蓄金来弥补亏欠员工因休假所产生的花销。如果员工辞职或者被开除，公司必须出钱来赔付员工所累积的休假。但如果公司没有休假计划，公司就没有必要建立现金储蓄金。更妙的是，公司可以开除员工而不用赔付他们所累积的休假时间。佩琪在入职后 11 周就被炒了鱿鱼，期间只用了 5 天的假期。在传统公司，公司理应亏欠她 1~2 周带薪假期的赔付金，但在 HubSpot，她啥也得不到。想象一下像在 HubSpot 这样上百人被录用又被解雇，你就能知道因此省下的钱叠加起来会是多少了。

另一种压低人力成本的方法就是在一开始否认员工的雇佣状态。行程分享公司优步，通过把司机们归类为独立合同工而不是正式员工来省钱。优步坚持说司机们更喜欢这样，因为他们能享受到更多自由。优步和其他"分享经济"中的公司创建了一种新型的农奴制，它由一群来自下层阶级的准员工组成，他们收入极低又毫无福利保障。正如前劳工部长罗伯特·莱齐 [1] 在 6 月份发布的脸书里面写道："'分享经济'就是胡说八道；它正变成"分享垃圾的经济"。

科技公司也同时敦促美国政府增加可通过 H-1B 签证来美国工作的经验劳工的数量。莱齐表示这也是一种压低劳动力成本的方式。在 2015 年的一则脸书的状态中，莱齐回忆道在 20 世纪 90 年代当他在职的那段期间里，硅谷的员工声称他们在美国找不到经验丰富的劳工，"当现实情况是他们不愿意多花钱来聘请美国人的时候"，外国劳工却"更容易受到恐吓，因为他们丢了工作的话就要被迫离开美国。"莱齐这么说道。

为什么科技公司这么执着于削减开支？看看他们的财务报表。他们许多公司都没有盈利。如今的科技公司跟像微软和莲花软件公司 [2] 这样的企业之间最大的区别就是这些前互联网时代的"远古守卫者"从一开始就产生巨大的利润，而当今的许多科技公司多年以来持续巨额亏损，甚至在上市后亦是如此。他们需要不断地压低支出，例如通过哈里根的 VORP 算法。

另一个更有意思的问题就是为什么这么多公司在亏钱的同时还能保持业务运营。这看起来像是个很特殊的商业模式。成立公司的目的就是要盈利——至少之前是这样子的。情况在 20 世纪 90 年代发生了变化。在第一次网络泡沫中，硅谷创造了这种新型的公司：公司可以亏损多年，实际上有可能永远不会盈利，但仍能让它的创始人和投资者变得无比富有。

<1> 即 Robert Reich，美国克林顿时期的劳工部部长。

<2> 即 Lotus Development，为一家美国软件公司。1995 年被 IBM 以 35 亿美元并购。

分水岭发生在 1995 年 8 月 9 日，当第一款浏览器的开发商网景通讯上市的时候，它的股票在第一个交易日就翻了 3 番。直到那时，公司在上市卖股票之前，一般都需要盈利。然而网景赤字井喷。摩根史丹利[1]曾承销网景的 IPO，作为摩根史丹利的投资银行家，玛丽·米克尔[2]之后在接受《财富》杂志采访时回忆道：

网景是不是过早的上市了？没错。上市的一条重要经验法则就是公司有连续 3 个季度明显强劲的收入增长。并且，传统意义上，对于新进公司，你也希望看到有 3 个季度的盈利——是不断提高的盈利。网景那个时候并没有盈利，所以这样上市确实是个全新的想法。但是市场已经为新一轮科技创新做好了准备，而网景正是在正确的时间出现在正确的地点有着正确队伍的正确公司。

在网景存在的短暂时间内，公司亏损了很多钱，但不乏有人从中渔翁得利。在 1999 年，正值网络泡沫的顶峰时期，美国在线[3]以 100 亿美元的最终价格收购了网景。从此之后网景差不多就消失了。但是，网景的联合创始人之一，马克·安德森[4]据称拿走了价值将近 1 亿美元的股票。另一位联合创始人，吉姆·克拉克，据称赚到了 20 亿美元。"在互联网，没人知道你是条狗。"这是来自 1993 年《纽约客》卡通里一句经典的话。而网景的童话在此之上又加入了新的反转：在互联网

<1> 即 Morgan Stanley，为一家成立于美国纽约的国际金融服务公司，提供包括证券、资产管理、企业合并重组和信用卡等金融服务。
<2> 即 Mary Meeker，美国风险投资家、前华尔街债券分析师。
<3> 即 AOL，著名的互联网服务提供公司。
<4> 即 Marc Andreessen，为美国的企业家、投资者、软件工程师。他是网景通讯公司的创始人，他也是脸书、eBay、惠普以及其他公司的董事会成员。

上，至少到了投资方面，没人在意你是条狗。

网景的 IPO 点燃了互联网的狂热。就像某人在硅谷开启了某个开关一样。一夜之间，新的商业模式出现了：快速增长，不怕亏钱，赶快上市。这种商业模式持续到今天是一个很简单的骗局。风投把数百万美元注入一家公司。然而，这家公司花费一部分钱来编出一个"最小可行性产品"或者简称为 MVP（Minimum Viable Product）。这个名称是《精益创业》[1] 的作者埃里克·莱斯[2] 所提出的，这本书被奉为新科技公司的创业圣经。随后，公司花大钱来吸纳顾客——通过雇用销售代表、市场营销员和公关人员来为公司博得关注，参加花哨的大会，制造炒作噱头——正如 HubSpot 所谓的"品牌和舆论"。亏损不断积累，但是收入也在增长。基本上，公司是买了 1 美元的账单，然后再以 75 美分卖出去，但这没关系，因为散户投资人只看收入增长率。他们所接受的理论是公司只要规模变得够大，增长变得够快，盈利是早晚的事情。只是有时候现实并非如此而已。Zynga、Groupon 和推特就是几个强有力的例子。从 2010-2014 年这 5 年间，Zynga 总共损失了 8 亿美元；Groupon 损失将近 10 亿；根据为证监会填写的 10-K 表格[3]，而推特每年的亏损总额加起来超过 15 亿美元。

那些远古守卫者般的科技公司对于这些科技创业公司赤字运营多年的现象甚是迷惑。"他们压根不挣钱！在我的世界里面，挣到钱之前都

<1> 即 *The Lean Startup*，该书提出我们创业的第一步是把想法变为产品，当极简功能的产品得到用户认可后，创业者需要在不断的反馈和循环中测试产品，快速调整和改变，迭代优化产品，挖掘用户需求，达到爆发式增长。新企业必须在消耗完启动资金之前，以最小的成本、在最短时间里找到有价值的认知。
<2> 即 Eric Ries，美国硅谷企业家、作家。
<3> 即 Form 10-K，为美国证券交易委员会要求企业每年所提供的公司财报总结。

不算真正的商业。"前微软 CEO 史蒂夫·鲍尔默[1]在 2014 年对于亚马逊发表了如上看法。亚马逊当时亏损了 2.41 亿美元，而市值却攀升至 1 600 亿美元。另外一个远古守卫者式的人物，甲骨文的 CEO 马克·赫德[2]对于 Salesforce.com[3]也表达了类似的震惊。2015 年 4 月，他是对于这家公司是这么说的："公司没有现金流。他们公司价值现在是多少？ 350 亿美元？ ……这简直太疯狂了，就只剩疯狂了。"而这不值一提，因为几个月之后，Salesforce 的价值已超过了 500 亿美元。

毫无利润的一个结果就导致公司都坚持不了多久。1960 年，在标准普尔 500 指数[4]中的公司平均寿命刚过 60 年，而根据一家名为 Innosight 的研究咨询公司所得出的结论，如今的公司平均寿命都不超过 20 年。另一个结果就是导致分配跟之前相比还要不均。从 1965 年起，CEO 的收入和普通员工的收入差距就一直在扩大。而根据经济政策研究所[5]称，巨大的差距出现在互联网时期。1965 年，CEO 的工资是普通员工的 20 倍。到了 1989 年，这个比例扩大至 80 倍。但在 1995 年的时候，事情变得疯狂且不可理喻。一般 CEO 的工资是普通员工的 122 倍。到 2000 年，根据 EPI，CEO 与员工工资的比率达到 383。目前这个比率维持在 300 左右。

顶端的人们可分享的财富变得更大。这已经够让人恶心了，但当你意识到其中的一些创始人已经挣了这么多钱还这样做，然而运营的

<1> 即 Steve Ballmer，微软前 CEO。

<2> 即 Mark Hurd，甲骨文公司现 CEO，前惠普 CEO。

<3> 即企业云计算公司，为一个提供按需定制客户关系管理服务的网络公司。

<4> 即 S&P 500 Index，是一个由 1957 年起记录美国股市的平均记录，观察范围达美国的 500 家上市公司。

<5> 即 Economic Policy Institute，简称 EPI，美国一所非营利组织的智囊团，研究经济发展及政策对经济的影响。

公司却毫不赚钱，还用 20 年前想都想不到的方式对待员工的时候，你会觉得更恶心。

"我们最重要的财富每天晚上都会下班离开。"这是我在 20 世纪 80～90 年代报道科技产业的时候，最常听到科技公司的 CEO 们挂在嘴边的口头禅。在微软，"每个人，包括秘书都在挣钱。"我的朋友麦克身为微软前员工回忆道。"微软创造了数以万计的百万富翁。当员工遇到个人问题的时候，公司会特别关照。如果你不幸身患绝症，公司依旧会给你发工资，他们也没有指望你能回公司，同时还替你支付全部的医药费。"

在那个时期，科技公司的 CEO 们执迷于如何留住人才。没有公司会告诉他们的员工应该把他们的工作当成短暂的"任期"，或者告诉他们"我们不是一家人。"

怪不得身兼创始人和风投的雷德·霍夫曼会拥护"我们不是一家人"的说法。他是"快速增长，不怕亏钱，赶快上市"商业模式的最大受益人之一。霍夫曼投中的第一家大公司 PayPal 在上市的时候还在赔钱。2012 年，霍夫曼与他人共同创立了领英。在运营至今的 13 年里只有 3 年曾经盈利。在剩下的 10 年里，都是在赔钱。最近领英亏损额更是大得惊人——领英在 2015 年头 9 个月里面就损失了超过 1.5 亿美元。而霍夫曼的总价值将近 50 亿美元。在线经销商亚马逊上线 21 年从来没有赚到大钱，但它的创始人杰夫·贝索斯 [6] 现身价 600 亿美元。软件公司 Salesforce.com 据报告从 2011~2014 年总共损失了 7.5 亿美元，但它的创始人马克·本尼奥夫 [7] 身价为 40 亿美元。

<6>　即 Jeff Bezos，美国互联网巨头亚马逊公司创始人及现任董事长兼 CEO。

<7>　即 Marc Benioff，美国互联网企业家，Salesforce 的创始人兼 CEO。

　　总得有人在后面兜着。2015 年夏天，我跟帕特这位知名的硅谷创业家聊天，他是一家私企的 CEO，并且还是位天使投资人。我们在谈论关于私企估值飙升的问题。突然间硅谷遍地都是所谓的独角兽公司，意味着私营企业的估值达到 10 亿美元，甚至超过 10 亿美元。《财富》杂志统计目前有 145 家独角兽公司，是 7 个月前数目的两倍之多。

　　"你知道是谁最后倒霉吗？"帕特问道。

　　"我不知道，是风投吗？"我追问道。

　　"不是！投资人被保护得很好。"

　　帕特解释道：在创业公司后期的资金注入和支付巨额估值的时候，需要并会收到一种名为棘轮条款的许可。如果你上市时的估值要比私人投资者付出的低，公司会通过这项保证来补偿给他们足够的股票，以让他们得到收益。有些投资者被许诺至少 20% 的投资回报率。除非有毁灭性的崩盘，投资者一般都不会亏钱。他们几乎毫不承担任何风险。

　　创始人同时也要拿股票变现。Groupon 在上市前最后一轮的私人风投融资募集到 11 亿美元，但只有相对一小部分前流入到公司中。大部分——9.46 亿美元——据说通过向风投变卖个人股份流入内部人士的口袋之中。

　　"所以创始人也是安全的。他们通过在私人融资把自己的股份以高估值的价位卖掉。"帕特解释道。"与其等到上市的时候，他们会提前把钱从桌面上拿走。那剩下的谁会倒霉呢？"

　　我表示我也不清楚。

　　"天啊，笨蛋。是员工啊！"

　　帕特继续解释道：员工的工资一部分是用股票期权来抵。期权的行权价是根据股票授予之日的公司估值来计算的。如果你晚些时候加入公司，那么行权价可能就很高。如果公司上市的时候估值贬低——如果公司遭受所谓的崩盘——那么你的期权可能就会变成水下期权[1]。

帕特表示这种事情肯定会发生在许多独角兽公司身上。每当一个晚来的投资人在一个更疯狂的估值下横插一脚做了投资，崩盘更有可能发生。"员工玩完的可能性非常大。"帕特这样说道。

公司要上市，风投们大赚一笔，创始人将上百万美元放入自己的口袋。但员工几乎什么得不到。2015年12月《彭博商业周刊》将会发表文章讨论这个现象，文章标题名为《巨大IPO下，许多员工仅收获微薄的回报》。

对于科技企业员工抱怨公司上市而自己没法成为百万富翁，我们似乎很难报以同情。这取决于你看待此事的角度，取决于你是否把期权当作一种奖励——作为一种潜在的横财——还是你工资的一部分。创业公司的员工常常放弃一部分工资来换取期权，并把自己的期权当作他们收入的一部分。如今他们许多人发现他们的这部分工资其实是垄断之财。愤世嫉俗之人可能说这是他们自己的过失；他们自愿承担在创业公司工作的风险，结果发现这并不行得通。然而这种风险并不是共享的，公司顶端的人迎合自己的利益，通过操作这种游戏而谋取利益。

另外，创始人和风投们知道他们在做什么，而且他们对此完全无所谓。"我不认为有创始人会真的坐下来思考怎么去骗自己的员工。"帕特说道。"但另一方面，你的朋友这么做，同行的CEO这么做，所以你也得这么做。"

"这些人不会内疚吗？"我问道。"他们得去上班，然后会两眼看到他们的员工，不是吗？他们怎么能做得出来？"

帕特深吸一口气。"我在硅谷已经待了很长一段时间了。目前来看，

---

[1] 即期权的执行价高于股票市价。

我能说的就是没有人会为他们做的任何事而感到内疚。从我对于这群人的观察看，他们有一种自己身为道德标杆的强烈情感。他们对自己以诚信行事而深信不疑。他们相信他们是地球上最有道德感的一群人。然而，可惜他们并不是。"

他们就是那群声称自己把世界变得更美好的那群人。他们确实如此，不过全是为了自己。

科技业的花花公子[1]

第十三章
Chapter
13

想象一下给约尔·欧斯汀[2]注射人类生长的荷尔蒙。想象一下有一个机密的政府实验室，在那里，科学家把托尼·罗宾斯的 DNA 和《欢乐音乐妙无穷》[3]里的害羞多变的推销员哈罗德·希尔[4]的 DNA 混在一起。想象一下一头身穿条纹西服的灰熊，用他的后脚站着，并谈论着通过"破坏性的创新和转型"来改变世界。

如果你能想象出这些，你就差不多能想象目睹亿万富翁马克·本尼奥夫——这位 Salesforce.com 的创始人及 CEO 站在他们公司年会"梦想

<1> 原文为 The Ron Burgundy of Tech。Ron Burgundy，即朗·勃艮第，为电影《王牌播音员》（*Anchorman*）中男主角的名字。片中男主角事业有成，但风流成性。喜剧《王牌播音员》正是围绕朗·勃艮第及其跟班所发生的种种遭遇。

<2> 即 Joel Osteen，美国的传教士、电视布道家和作家。

<3> 即电影 *Music Man*，该片讲述骗子哈罗德四处以自己为"教授"的名义，通过筹建管乐队骗钱。有一次他行骗到了爱荷华小镇，那里人们却不怎么爱音乐。他因种种巧合误打误撞，靠着图书管理员阿玛丽丝的帮助组建了一支乐队，激发了小镇对音乐的热情，自己同时也收获了爱情。

<4> 即 Harod Hill，电影《欢乐音乐妙无穷》中男主角的名字。

力量"[1]的台上的可怕景象了。

2013 年 11 月，我就在那里，跟"大脑门"和"转转女"及其他一帮 HubSpot 的员工在大会开幕日时坐在台下听着本尼奥夫 3 个小时的主题会议。当"大脑门"跟我说让我去参加"梦想力量"大会的时候，我激动坏了，只是为了能有机会在旧金山待这么几天。自从我离开了读写网，我再也没有回去过。我有一票的朋友想见，一串的餐馆想去。

然而旧金山是个烂摊子。14 万人挤在只有 1 平方英里的市中心内。"梦想力量"大会要召开 4 天，还会有相应的音乐会和一帮喜剧演员以及励志演说家。基本上就是销售员和市场营销员的胡士托音乐节[2]，或者，正如本尼奥夫所宣称的"在企业科技历史上最大最具变革的活动"。

整个街区已关闭通车。市中心被堵得水泄不通。餐厅和酒店都被订满了。我住在万怡酒店，当我困在读写网做编辑的时候，这里就是我第二个家。去年我在酒店里住了太久了，当我走进酒店大厅的时候，前台都会认出我，还能记住我的名字。去年，每晚的房费是 129 美元。而这周因为"梦想力量"大会，我得付将近 700 美元一晚。至于想叫辆出租车在城区里面转转——门都没有，所有的出租车都被预订了。对了，天气预报还说会有雨。简直就是如噩梦一般。

而这一切都比不过本尼奥夫本人糟糕。他身高 6 英尺 5 英寸（大约 1.95 米），体重有 300 多磅[3]（大约 136 公斤）。他有着闪亮的白牙和被发胶抹得锃亮的黑色卷发。他曾是推销员，现在在卖能让别的推销员卖更多东西的软件。它被称为客户关系管理（Customer Relationship

---

[1] 英文作 Dreamforce。

[2] 即 The Woodstock Festival，为一场 1969 年的音乐节，吸引了 400 000 人次。它被广泛认为是流行音乐史上非常重要的事件。

[3] 1 磅约为 0.45 公斤。

Management，简称 CRM 软件）。本尼奥夫也是全世界最富有的人之一，跻身《福布斯》亿万富豪榜之列。就在莫斯康中心的主会场，成千上万的互联网卖家起身为他喝彩，就如同他是某位超级英雄。

他的一切让我很是郁闷。部分原因是因为本尼奥夫就是个小丑，一个拙劣的艺术家，一个失去控制的自大狂，连听他讲话都是一种受罪。他住在夏威夷，他邮件的签名是"阿罗哈"[1]。他是佛教徒，跟来自日本的禅僧一道打发时间，并给他在公司的金毛犬赋予"首席爱意官"的职称。他是科技业的花花公子。他和他的大会是科技业发展偏轨的精华所在。"你有按照自己所开辟的**创新**之法而**改变**吗？"这是本尼奥夫在2012年"梦想力量"大会上的重点。你会发现，如果你把句子中那两个流行词互换，虽然听起来也没错，但依旧毫无意义可言。"有意之于无意"本不是个词语，但在这种情形下却说得通。如果讲胡话也是门艺术的话，那么本尼奥夫就是精通这门艺术的米开朗琪罗。

更让人郁闷的是，本尼奥夫向 HubSpot 发起了威胁。虽然他可能荒唐透顶，但他并不是你要树立的敌人。Salesforce 曾是 HubSpot 的最大盟友，它投资过 HubSpot，甚至向自己的顾客推销 HubSpot 的软件。哈里根十分喜爱本尼奥夫，他甚至把公司最大的办公室以本尼奥夫的名字命名。当 Salesforce 在 6 个月前吞并了 HubSpot 的对手之一 ExactTarget[2] 的时候，这段幸福的关系也就此终结。想来本尼奥夫原本打算买下 HubSpot，结果哈里根却拒绝了他的提议。

在主题会议上，我紧挨着我们其中的一位销售代表。他告诉我 Salesforce 已经开始鼓动我们的顾客，敦促他们放弃 HubSpot，转投被重

---

[1]　即 Aloha，夏威夷语"你好"的意思。
[2]　为数字营销自动化软件的供应商，后被 Salesforce 收购。

命名为 Salesforce 市场云（Marketing Cloud）的 ExactTarget。Salesforce 声称它的市场营销软件要比 HubSpot 的好，并且可以跟 Salesforce 核心 CRM 软件进行无缝对接工作。

这些说法可能是真的也可能不是真的，但 Salesforce 确实制定了一个引人侧目的推销方案。我们许多消费者使用 Salesforce.com。他们买 HubSpot 的软件是把其当作他们 CRM 软件的添加功能。现在当他们可以购买的市场营销软件是来自构建他们 CRM 软件的公司的时候，为什么还要再花额外的钱去买 HubSpot 呢？如果你要打包购买，毫无疑问 Salesforce 会提供一个极具吸引力的价格。

"所以，当你的顾客告诉你 Salesforce.com 正试着把他们挖走，你打算怎么回应？"我问那位销售代表，"你会跟我们的顾客讲什么样的故事来对抗他们从 Salesforce 那里听到的故事呢？"

这位销售代表只是耸了耸肩。

哈里根决定如果 Saleforce.com 进入我们的市场，那我们也侵入他们的。私下里，HubSpot 的工程师已经开始研发 CRM 软件来跟 Salesforce.com 来抗衡，只是我们还没有正式公布而已。

"大脑门"对于跟 Salesforce.com 的对抗已经到了执迷不悟的境地。他恨透了那伙人。他恨不得把他们赶尽杀绝！他就跟亚哈追踪白鲸[1]一样。在 ExactTarget 的交易之前，"大脑门"可喜欢 Salesforce.com 了。他曾经花大钱在"梦想力量"大会上买展位。2011 年，他让 40 名员工穿上橙色啦啦队的运动服在会场四周散发小独角兽的填充玩偶。他至今还觉得这是一次精明的市场营销策划。当我看到当时的照片，我阿谀奉

---

[1] 出自《白鲸记》（The Wale），该书被认为是美国最伟大的长篇小说之一，讲述了船长亚哈追杀白抹香鲸莫比·迪克的故事。

承了几句。我试想如果有人拒绝穿啦啦队的运动服，那个人会怎么样。谢天谢地，今年我们就只需要穿平常的服装就可以，我也不用费心思考虑不穿运动服的后果了。

我们到这儿是来偷点子的——我们是来参考一下他们是如何布置会场，到时候我们会依样画葫芦，把相同的模式照搬到我们波士顿的"集客大会"中。我们来这儿也是为了收集对手的情报，看看本尼奥夫是怎么谈论他的新市场营销软件的，以及观众是否买他的帐。我们打算摸清我们将要面对的是什么。

根据我的观察，我们有麻烦了。本尼奥夫满嘴胡言是没错，但我们也差不多，况且本尼奥夫比我们更会忽悠。另外，Salesforce.com 的销售业绩是我们的 50 倍。对于炒作而言，差距更是明显。仅在两个月前，"集客大会"拉来了 5 000 名参与者，跟"梦想力量"大会的观众相比可谓冰山一角——即便这还是在我们又送票又打折卖票的前提下。

"这下我们玩完了。"我不断这么想着。我们彻彻底底地玩砸了。不是因为 ExactTarget 的产品比我们好，而是因为没人知道也没人关心这个。拥有更好的产品跟谁赢是两回事！重要的是谁能为产品搞出大名堂，谁能办最大的展会，谁能看上去来势汹汹、势不可挡又不可一世，谁最会借势炒作。

当涉及到这一类事情的时候，没人能比得过本尼奥夫。没人能跟他一样能在这样的经济泡沫中牟利。2012 年，Salesforce.com 损失超过 7.5 亿美元，2013 年的时候也会损失这么多。2013 年，公司已然成立了 14 年，但仍未盈利。然而公司的收入却以每年超过 30% 的速度增长，这正是投资人想要看到的。即使 Salesforce.com 年年赤字，它的股票在过去一年里还是翻了一番，而本尼奥夫的个人总资产也飞增到 26 亿美元。

如今，在莫斯康中心，科技产业的 P. T. 巴纳姆[1]正在传授关于这场游戏该怎么玩的大师级课程。这是马克·本尼奥夫为你带来的《马克·本尼奥夫秀》，特别嘉宾为马克·本尼奥夫。15 000 人坐在这个会堂中，更有上千人挤在临场加座，一副开摇滚演唱会的架势。事实上，这就是场摇滚演唱会。在本尼奥夫上场前，灯光下移并汇聚在一起，"休伊·路易斯与新闻乐队"[2]突然出现，开始表演《爱的力量》。这是早晨9 点。从我们遥远的座位上，几乎看不到乐队，但我们能从现场直播的大屏幕上看到他们，就是用在橄榄球赛场的那种。

接着就是本尼奥夫。他以一种特别高能的方式出场，就像某位花哨的脱口秀主持人，从过道一路信步走来，可谓群人之人。他身着蓝色西装，脚穿一双拼色鞋，名为"云行者"，由 Christian Louboutin[3]专门为其订制。他表示之所以选择休伊·路易斯的歌曲开场，是因为《爱的力量》涵盖了 Salesforce.com 的全部。他不想谈业务，他想谈一谈他自己和Salesforce.com 捐赠的上亿美元。他说，"我吃过最好的药，就是慈善。"

我怀疑开场请著名乐队也是另一种臭显摆的方式。本尼奥夫想说的就是："我刚花了 30 万美元请了个乐队表演了一支曲子。你知道为啥吗？因为老子可以。"他所谓的慈善也是一样。本尼奥夫说他在要求其他亿万富翁跟他捐出一样的财产。事实上，许多科技大佬都会捐出很多钱；只不过他们并不是到处吹嘘这个。本尼奥夫的要求是一种自我扩张的形式，他想表现的是，虽然别人也捐钱，但我捐的要更多。他如同一只四脚公鸡，挥舞着所谓的慈善，甩了我们整整一脸。

<1> 即 P. T. Barnum，为美国 19 世纪的马戏团经纪人兼演出者。

<2> 即 Huey Lewis and the News，美国著名摇滚乐队。休伊·路易斯，美国摇滚歌手。

<3> 以法国设计师克里斯提·鲁布托本人命名的设计师品牌，其招牌红底高跟鞋极受各地名流所推崇。

本尼奥夫谈到了加州大学旧金山分校的本尼奥夫儿童医院。它曾经叫加州大学旧金山分校儿童医院，直到本尼奥夫捐了1亿美元，并让他们把自己的名字加了上去。之后，他展示了一部关于海地地震及其受难者的影片，讲到了 Salesforce.com 捐钱来帮助当地人重建家园。随着影片结束，他介绍了海地总理洛朗·拉莫特[1]上台，随行的还有"超模转慈善家"的佩特拉·内姆科娃[2]以及"演员兼混蛋"的西恩·潘[3]。众人变得疯狂起来。而我觉得，我就要吐了。

这个创意本来是让本尼奥夫"采访"这些人，而"采访"却变成了拉莫特表示他本人以及其国家的贫民们对于本尼奥夫的感激，以及紧接着本尼奥夫再对他的回应。场面简直令人痛苦万分。在这里，一位主权国家的总理不远万里空降到一场由一位穿成这样的亿万富翁组织的科技大会上，为的就是能当众亲吻亿万富翁的戒指。所有人竟然都吃这一套，他们爱本尼奥夫啊！他们全都站起来喝彩。本尼奥夫迈步走下舞台，像位电视布道家一样穿过过道，沐浴着众人的敬仰，嘴里一遍遍重复着"牛逼"和"不凡"。那，"牛逼"，究竟，是啥？就是所有这一切啊！我们所有人！就只是站在这儿，就只是关注这些，我们就都"牛逼"了！就即注定不凡！

我瞄了一眼"大脑门"。我想他是不是在想跟我想的一样，就是我们即使买了一堆能从双袖同时发射激光的核动力橙色运动服，我们也比不上这家伙。当消费者可以从本尼奥夫那里买软件的话，凭什么他们还会从像我们这样的小贩手里买软件。我被本尼奥夫的表演吓到了，而且我对他是彻头彻尾地反感，但这样我仍想买他的软件。"大脑门"看上

<1>　即 Laurent Lamothe，海地前总理。

<2>　即 Petra Nemcova，为捷克超级名模，除了担任模特儿之外，也热衷参与慈善事业。

<3>　即 Sean Penn，美国著名男演员、奥斯卡影帝，主演过《神秘河》《米尔克》等电影。

去气得不轻。

最后，演讲进入到产品发布阶段。休伊·路易斯重回舞台并演奏了一曲《时光倒流》，接着，伴随着巨大的假雷鸣声，制干冰机将舞台以烟雾笼罩，随即 Salesforce.com 的联合创始人帕克·哈里斯[1]把一辆白色特斯拉[2]开上舞台，他从车中跳出来，身穿白色的实验室大褂，头戴着蓬乱的雪白色假发，打扮得跟电影《回到未来》[3]里面的艾米特·布朗"教授"[4]如出一辙。

哈里斯和本尼奥夫表演了一出拙劣的小品，讲的是哈里斯刚从 2019 年回来，并把他在那个时候找到的软件带了回来，而那款软件正是 Salesforce.com 今天要发布的软件。实际上 Salesforce.com 没什么新东西介绍给大家。所有关于医院、海地还有休伊·路易斯的东西都是为了分散我们的注意力，干扰我们注意到除了回炉升级的旧产品，本尼奥夫其实没什么可讲的。这种误导很奏效。人们欢呼鼓掌。他们连连点头，就跟他们能完全听得懂那些短语一样，什么"顾客的互联网"，那里人们"以超人的速度作出决定"，公司是以"当下之速"亦或"推销之速"来运营。某人强烈建议我们：推销和市场营销人员所需要做的就是跟未来赛跑，想要比顾客"快那么一点点"，这样"能预达未来，并为迎接他们做好准备。"

在你想弄明白这些是什么意思之前，"梦想力量"大会早就翻篇继续了。接下去的几天里，活动涵括了诸多科技界的大牌，像是 Dropbox

---

<1> 即 Parker Harris，美国商人。
<2> 即 Tesla，美国特斯拉电动车（Tesla Motor）所生产的电动车。
<3> 即电影 *Back to the Future*，为经典美国系列科幻喜剧电影。该系列电影讲述的是男主角马蒂和布朗博士穿越时空所发生的种种历险经历。
<4> 即 Emmett "Doc" Brown，为《回到未来》系列电影中怪博士的名字。

的 CEO 德鲁·休斯顿 [1]，惠普的 CEO 梅格·惠特曼，雅虎的 CEO 玛丽莎·梅耶尔 [2]，以及脸书的 COO 雪莉·桑德伯。本尼奥夫锁定了"女性在科技业"运动并把其变为自己的炒作话题。"强大女性"是本次大会的主题——但奇怪的是本尼奥夫的 22 名管理层中只有 4 名是女性，而董事会成员仅有 1 名女性。Salesforce.com 几乎全由白人男性主宰运营。但看那儿！那是海地的总理哎！等等，等一下——那是雷鸣和闪电吗？在室内？那是特斯拉电动车吗？来自未来？就在舞台上？

"绿日乐队" [3] 在旧金山巨人队的主场 AT&T 球场开了场演唱会。之后，艾历克·鲍德温做了演讲。托尼·班尼特 [4] 和杰瑞·赛恩菲尔德 [5] 出席了活动。这一切正如 Safesforce.com 所表述的"动态规划带动了整个'梦想力量'社区"。山洞般的大厅排满了无数软件设计师租下的展位，他们兜售跟 Salesforce 配合工作的软件：各类插件和手机应用。这里有"连接设备游乐园"和"黑客马拉松"。这里有数千个分组会议和可以学习怎么卖东西的"成功诊所"。还有两个穿成海绵球的人——他们是 Salesforce.com 的吉祥物——软务君和话唠君 [6]——在大会中蹦来蹦去，在几乎都是白人的军团之中跳着尴舞。

最后一天的演讲人是狄巴克·乔布拉 [7]。此人乃是骗子和江湖游医。他和本尼奥夫是朋友。乔布拉对于快乐、意义、互联以及爱已侃侃

[1] 即 Drew Houston，美国互联网企业家，Dropbox 的联合创始人之一。
[2] 即 Marissa Mayer，美国企业家，曾任谷歌发言人与副首席执行官，现任雅虎首席执行官。
[3] 即 Green Day，为美国著名庞克乐队，是 90 年代后期美国庞克音乐时期的重要乐队之一。
[4] 即 Tony Bennett，著名美国歌手，擅长音乐剧和爵士乐。
[5] 即 Jerry Seinfeld，为美国著名喜剧演员、剧作家、电视与电影制片人，代表作品是电视情景喜剧《宋飞传》。
[6] 英文作 SaaSy 和 Chatty。
[7] 即 Deepak Chopra，印度裔美国作家、演说家。

而谈。W. C. 菲尔兹[1]的老话"如果你无法用你的才华说服别人，就用你的胡话迷惑别人！"好像不仅是为乔布拉准备的箴言，更是整个大会的座右铭。本尼奥夫和他的慈善、干冰和制雾机、演唱会和喜剧演员：这所有的一切都跟软件或者科技没有半毛钱的关系。这就是一出表演，为了娱乐大众，提高销售，吹高股价。

我漫步于会场，凝视着一群穿着笔挺西装坐在豆形沙袋椅盯着手机的中年销售员们，以及几位身穿 T 恤头箍发簪，玩着乒乓球的技术员。我坐在展示在大厅外的特斯拉电动车里面，想象着我手中的 HubSpot 期权有一天会值这么多钱，也能让我买得起一辆像这样的轿车。

我盘算着"大脑门"会跟 HubSpot 团一起吃晚饭。但……什么也没有。"大脑门"没有发任何邮件，也没有任何聚会邀请。就如同我刚到 HubSpot 的第一天，我大老远飞到这里观赏了这次表演，之后却丢下我一个人，没有任何指示，也没有任何社交活动。

简而言之，一到晚上我就跟旧金山的朋友聊天叙旧。我在联合广场买了点东西。跟一位来自东海岸的科技业的 CMO 吃了早餐，之后跟一名硅谷公司的公关经理共进了午餐。暴雨袭击了绿日乐队的夜晚音乐会，不过这上千人早晚要走。很多人甚至待到了音响系统坏掉之后，随后绿日乐队的比利·乔·阿姆斯特朗[2]试着在没有话筒的情况下来清唱表演。

我待在酒店，凝望着窗户，看着雨水自上而下模糊了室外的灯光，惊叹着金钱与罪恶竟交织混沌于此。14 000 名销售员抵达旧金山，身负报销账本，决心见证人生的重要时刻。他们会睡客户，会睡同事。妓女

<1> 即 W. C. Fields，美国喜剧演员。
<2> 即 Billie Joe Armstrong，为美国著名朋克乐队绿日乐队的主唱。

们从全国各地赶来。Tinder[1] 和 Grindr[2] 以及 Craigslist[3] 上 "偶遇" 一栏满是外乡人约会的信息。脱衣舞俱乐部和性虐俱乐部生意火爆。"梦想力量" 大会变成了一场为期 4 天的卡里古拉[4] 式狂欢，一场庸俗和挥霍的胜利大会，有着免费畅饮和无尽的鲜虾鸡尾酒，以及可以媲美舰队周[5] 的性病传染率。

审视着这团乱象就如同望穿了魔多[6] 的泥潭。有太多迷失的灵魂游荡于此！这些卖豪车的销售员，就是这群靠胁迫和操纵过活的人，他们的生活围绕着达到指标。每月、每季度、每年都是：卖！卖！卖！这些人利用互联网，用广告玷污着这个有史以来最神奇和最深刻的发明之一，把它变成了买卖的工具。怪不得这些僵尸们每年要抽出一周的时间到旧金山来，他们需要一点狄巴克·乔布拉，或许再加上 8 份可卡因（大约 3.5 克）和一位加拿大妓女才能让所有的一切看上去物有所值。

"梦想力量" 大会仅是本尼奥夫疯狂自我扩张运动的一部分。从现在起的 5 个月之后，也就是在 2014 年 4 月，本尼奥夫将会宣布 Salesforce.com 成为一栋旧金山在建摩天大楼主租户的计划，Salesforce.com 将会出资 5.6 亿美元来助其建成这栋高 1 000 英尺（约 300 米），以钢筋玻璃为主的摩天大楼，该栋建筑将会成为 Salesforce.com 的总部，并会命名为 Salesforce 塔。当它于 2018 年建成之时，将会成为旧金山市最高的建筑，可以一览众楼小。或许本尼奥夫对于其阳具象征的意味浑然不知，或许

<1> 为一款在线交友移动应用。
<2> 为一款专门为同性恋交友的社交移动应用。
<3> 为一个网上大型免费分类广告网站。
<4> 即 Caligula，为古罗马出名好色荒淫的暴君。
<5> 即 Fleet Week，为美国海军停靠其主要海外港口一周，作为传统，军人可以下船到当地参观旅游，而民众也可在规定时间参观军舰。
<6> 出自托尔金小说《魔戒》系列，为中土世界中是黑暗魔君索伦的领地。

他毫不关心，亦或许——这是我的想法——他深知自己的所作所为，而且他热衷于此。

对于 P. T. 本尼奥夫而言，夸张的花销没有尽头。在 2015 年的"梦想力量"大会上，他把一艘 1 000 英尺（约 300 米）长的豪华邮轮停靠在了37 号港口用作酒店和派对场所——他称之为"梦想之船"。Salesforce.com至今尚未盈利，但多亏了本尼奥夫的又吹又擂，Salesforce.com 的市值突破 500 亿美元，而本尼奥夫的总身价也膨胀至 40 亿美元。本尼奥夫发明了一种新的金融炼金术，他可以通过赔钱来挣钱。他在派对上挥霍越多，他就变得越富有。

2013 年 11 月，我从窗外望去，意识到事情正如我的投资银行家朋友泰德一年前跟我在 Anchor & Hope 餐厅喝酒时所说的那样发展。这就是 1 兆亿美元资产如何转手的方式。在国家的另一头——纽约的华尔街——人们所领到的奖金数额将是 2007 年金融危机发生前以来最高的。根据一家名为复兴资本<1>的追踪 IPO 市场的公司预计，2013 年公司IPO 的数量将会比自 2000 年网络泡沫巅峰以来任何一年都要多。

当大批赔钱的公司争先抢后地进入大众市场，当之前仅限于私人投资家的风险转移到公众身上，其结果可想而知。尽管如此，美联储依旧不断印钱，股票市场也一直在攀升。鸭子也一直在呱呱叫，而风投们争着退身自保，以最快的速度进行 IPO。

不知何故，我发现自己正处于这漩涡之中。一方面我觉得这一切甚是耸人听闻，而另一方面我仍想从中获利。

<1> 即 Renaissance Capital，为一家提供机构研究、资金管理和为新上市公司提供指数设计的公司。

当我收到"僚机男"让我赶快给他打电话的紧急消息时，我仍在旧金山。他告诉我有件重大的新闻。公司打算宣布一位重要的新员工——一个名为"托洛茨基"的家伙。"托洛茨基"将会监管 HubSpot 的内容运营，因此他将取代"僚机男"而成为我的新领导。

在电话里，"僚机男"一直在跟我聊"托洛茨基"，就跟他是位名人一样。最后我跟"僚机男"坦白说我并不认识"托洛茨基"。承认这件事让我有些难堪，但他究竟是何方神圣？为什么他加入 HubSpot 就让人这么大惊小怪？

"僚机男"似乎吃了一惊。

"他曾是 2012 年年度内容市场营销员。"

"哦，对。"我回答道，就跟我听过那个奖项似的。甚至对于发生这种事情，我也是感到一丝悲伤的痛楚。

"公司能请到他对我们而言算是件大事儿。""僚机男"说道。

"我能想象。"我回答道。"这太棒了，我已经等不及想见到他了。"

　　我挂了电话之后，就用谷歌搜索"年度内容市场营销员"奖。结果是这个奖项是在俄亥俄州克利夫兰市某个家伙经营的名为"内容市场营销协会"（Content Marketing Insitute，简称CMI）每年所颁出的40个奖项的其中之一。"托洛茨基"确实荣获了CMI这一令人垂涎的奖项。销售雄狮布兰登，就是我们从HubSpot的培训课上学到的那个由泳池安装工变为市场营销巨星的家伙，在"远见家"类别中，也拿了一座奖杯回家。

　　对我来说，能有个新领导只会是件好事。我已经跟"大脑门"和"僚机男"结了不少梁子。而现在我有机会可以重新开始。我在写给"托洛茨基"的邮件中祝贺他拿到了新工作，同时，我告诉他，能为他工作我感到非常兴奋。"托洛茨基"住在郊区，与我相隔几个小镇。他未来几周还不会到HubSpot上班，但我问他可否在此之前一起吃个晚饭，因为我已经等不及要为以后的工作开始想点子了。

　　差不多一周之后，我们在温切斯特的一家小酒馆相约见面。让我长舒一口气的是，我们还挺合得来。"托洛茨基"40岁出头，有着深色卷发，留着浓密如樵夫般的胡子，双臂健壮有力，臂上布满纹身，跟嘉年华里面的员工一样。他跟我说，他原来练过拳击，并且有只杜宾犬。他已婚，有个年龄还小的孩子。跟我一样，他也曾考虑过搬到硅谷，但是他选择留在了波士顿，因为他认为他的家人会在这边更开心。

　　"托洛茨基"已经在科技业有段日子了，结果发现我们有许多共同的朋友。他起先在公关公司工作，之后6年在5家公司之间来回跳槽。随后他开始在软件公司工作，希望能碰上一个大型的IPO。至今他都没能成功。曾有一家名为Eloqua[1]的公司，他在公司上市之后，被收购之前就脱身了，这份交易本可以让他衣食无忧。他的下一个雇主就是他刚离开

---

[1]　为一家制造市场营销自动化软件公司，后被甲骨文收购。

的那家公司，那是一家波士顿的小创业公司，不过现在也快不行了。

现在，他来到了 HubSpot，虽然他来的有点晚，但他选择了少要些薪水，多换些股权。他并不想变得大富大贵。他仅想有足够的钱能付清他的房贷，买栋度假别墅，再"把足够可以让他不用看别人脸色行事的钱存到银行"，他这么说道。

"托洛茨基"是只野猫。雇了他，他会在你的油田工作，看看能不能靠它发家致富。如果不能，他便会离开继续找下一家。硅谷满是这等人，他们穷尽自己的事业生涯从一家运作不良的小公司跳到另一家，追逐着那桶金子。"当我在硅谷招聘的时候，我都吓坏了。"一位前软件主管回忆道。"每个人都是雇用兵。你看到的简历全都是一年在这儿，下一年在那儿。就跟他们在这年中不了大奖，他们就会找别的地方下注一样。"

我认为这就是一种神经错乱的疾病——"创业公司症"。我了解其症状，因为我自己也深受其苦。但"托洛茨基"的情况更为严重，他备受其折磨的时间更久。"托洛茨基"说留给他自己和他事业的时间不多了，对在科技行业工作而言他已经太老了。如果他没法在 HubSpot 中发财，他还有一次或者两次机会。到那个时候他就 50 岁了，没人会再雇他。

他告诉我，他对 HubSpot 的第一印象是公司让他想起了电影《我不能死》[1]，这是一部反乌托邦式的科幻电影，讲的是为了阻止人口过多，人们一到 30 岁就会被处死。即使是"托洛茨基"也没有在有着这么多年轻员工的公司工作过。他告诉我，公司前台那位 23 岁但看上去才 17 岁的佩妮，在她第一次见到他的时候是怎么跟他说的："我觉得我们现在开始雇用些老人还蛮酷的"。"托洛茨基"因涌上的情绪和她的口无遮拦惊愕不已。出于疑惑，他问佩妮多大年纪会让她认为他是老人，年轻

<1> 即电影 *Logan's Run*，讲述了男女主人公为了防止自己在 30 岁就被杀死而逃亡的故事。

人和老年人之间的分界线在哪里？"我想大概 30 岁吧。"她回答道。

我告诉"托洛茨基"，如果他认为 HubSpot 让他感觉奇怪，想象一下我这个年龄还在这里工作的情景吧。几个月之前我过了 53 岁的生日。当我 52 岁的时候，我还能搞定 HubSpot，因为员工的平均年龄是 26 岁，我正好是平均值的两倍。而现在，我竟然超过了平均值的两倍，某种意义上我觉得更糟了。"这感觉是一条你永远也不想跨过的线。"我回答道。

我跟他讲扎克和他用大写字母拼写的关于"征服世界"的疯狂备忘录。我抱怨"大脑门"最新的管理创新：一项由"小小心跳"[1]所提供的每周快乐度调查服务搞得我们措不及防。"小小心跳"还包括一项叫作"为同事欢呼"的功能，让人们给他们的同事发送一些"赞高潮"。你称赞我，我称赞你，我们靠互相提醒彼此有多"牛逼"而变得很开心。我们超级爱欢呼的啦啦队长们滥用这项功能，什么事都要欢呼。在前排球队长"转转女"的心里，有一个特殊的位置留给了爱什丽，她是博客小组最年轻的成员。"爱什丽来当总统！"是她最喜欢的一句话之一。当爱什丽代替简的位置，并管理博客小组几天后，"转转女"称赞爱什丽"冷静又富有协作精神"。

可怜的是，我并没有收到任何同事发来的欢呼。博客小组的女同事们差不多已经不跟我说话了。他们也不承认我的子博客带来了许多流量。就阅读量而言，过去 90 天浏览量最多的 5 篇博客都是我写的。其中一篇博客一天就吸引了 19 万的阅读量。在公司整整 7 年的历史中仅有两篇博客的阅读量比我多，而他们是用了几个月的时间才达到我 24 小时内所产生的阅读量。另一方面，我的文章的转化率并不怎么好。我得到了很多流量，但我的读者却不点击电子书或者填写表格。

[1] 即 TINYpulse，为一家名为 TINYhr 的 SaaS 软件公司所提供的员工调查服务。

尽管如此，"大脑门"注意到了流量的激增。在某一周的市场营销部门的例会上，他授予我"金独角兽"奖，作为该周出色市场营销员的奖励。这真的是一个小独角兽的雕像，还是金色的。我把它放在办公桌上还给它拍了照。或许这还不错！或许我还有在学习怎么做市场营销。

然而，我依旧在锅炉房中工作，远离其他的博主们。我从玛莎和简那里什么也没有听到。也没有"冲啊姑娘！！！"这种邮件在部门里传来传去。管理邮件推广活动和社交网络的女员工也不会把我的文章推销给订阅者。我们刚雇来为市场营销博客工作的文字编辑麦克也不被准许来编辑我的文章；玛莎和简离不开他。

"托洛茨基"跟我保证情况肯定会有改变。他告诉我其中最大的原因之一就是他想跟我一起工作。有那么一秒钟我并不相信他，但是"托洛茨基"在公关行业摸爬滚打了这么久，这教会了他如何与记者共事：一点点马屁就能让他们上天。

"他们在浪费你的才华。"他说道。"你应该做些比搞搞博客更有意义的事情。我对此有些想法，我觉得你应该做些更高级的事情。"

晚餐道别后，我对"托洛茨基"的计划抱有希望，但又不敢过多。或许事情真的有所转，也机会变得更好。或许我能做我真的喜欢做的事情。或许，等到了 4 月我就不想走了。

但不久，事情真的有变化。在跟"托洛茨基"共进晚餐的 10 天之后，就在他来公司工作之前，我搬起石头砸自己的脚——且这一次我是在一个隆重的公开场合之下。

"舆论爷爷"

在 12 月的第一周,"转转女"给大家发了封邮件,通知我们《纽约时报》为哈里根撰写一篇很"牛逼"的文章。她想我们所有人在我们自己的社交媒体状态上做推广来为该文章吸引些流量。"转转女"几个月前告诉我,一位名叫亚当·布莱恩特的《纽约时报》记者要为"转角办公室"专栏采访哈里根。这个专栏经常是些"马屁文",受访的 CEO 会被问一些不痛不痒的问题,但"转转女"却很紧张,因为按她的说法,哈里根在记者面前会有些口不择言地说出一些很蠢的话来。

我提出可以帮哈里根准备一下,跟他做一些受采访的练习。我已经采访过上千人,表现得最好的就是那些做过演练的。布莱恩特不会问一些很难的问题,但哈里根需要给出他想表达的两三个要点,而不是打马虎眼糊弄过去。科技公司经常会聘请记者作为应对媒体训练的咨询师,来帮助他们的高管学习如何接受采访,然而 HubSpot 内部已经有我了,为啥不好好利用一下呢?

我同时也被邀请跟着哈里根和"转转女"一道前往纽约接受采访。

我认识亚当·布莱恩特，我也觉得哈里根日后能有个不错的媒体联系人也无伤大雅。"转转女"却不想让我来帮忙。也许她把这次采访视为冠上之羽，所以并不想分享这份功劳。

最后"转转女"自己单干，哈里根也没接受任何媒体受访训练。现在，文章发表出来了，正如预计的那样，哈里根搞砸了。哈里根这篇文章的主旨就是哈里根喜欢打盹儿。标题是《布莱恩·哈里根，HubSpot之首的打盹儿之道》。哈里根认为打盹儿非常重要，所以他在HubSpot特地设了有吊床的打盹儿室。到目前为止还算过得去。毕竟打盹儿这类事就是"转角办公室"追寻的古怪事。

这就是让哈里根开启正题的切入点。现在他有机会告诉人们——这里的"人们"我是指投资人——HubSpot是干什么的。大多数人们没有听说过HubSpot。甚至有些听说过HubSpot的人还认为这是一家市场营销公司或者咨询公司。

哈里根应该做一个非常简单的总结：HubSpot是家云软件公司，销售营销自动化软件，公司由从MIT毕业的人管理。在这个火热的市场空间里，HubSpot是业界领军，公司增长飞速。他就只需要讲这些就可以了。聊一下打盹儿，然后宣传一下公司。

但是在访谈中，哈里根开始大聊特聊HubSpot是如何喜欢录用非常年轻的雇员。或许他把这次采访当作一次招聘机会，一种可以接触到千禧世代的方式。如果真的是这样，那他就错了。《时代》的媒体部门表示《时代》订阅用户年龄的中位数为50岁。根据皮尤研究中心（Pew Research Center）[1]的报告称，30岁以下的订阅者只占报纸阅读人数的三分之一。哈里根想雇用的大学生是在脸书和

---

[1] 是美国的一间独立性民调机构和智库机构。

BuzzFeed 上读新闻。那里才是你应该谈论你所谓热爱欢乐，并且以年轻人为导向的公司文化的地方。

哈里根告诉《时代》，HubSpot 试着"建立专门为吸引和留住 Y 世代[1] 人群的企业文化"。哎呦喂！我明白他想表达的，但这么说也太容易说明他宁愿雇用年轻人也不愿要老年人了吧。这肯定不是你可以当众发表的言论，即便这是真的。

然而，如果他就说到这里，其实也可以。我继续往下读。之后，哈里根解释在科技产业，年轻人可以成为更好的员工，这里事情变化太快，老年人跟不上改变的步伐。

接着就是他的金言："在科技世界，花白的头发和丰富的经验都是被高估的。"

只有智障才会这么说。哈里根实质上就是承认 HubSpot 存在基于年龄的歧视。年龄歧视成为硅谷一项重大问题。哈里根并不是第一个偏爱雇用年轻人的 CEO；但他就是那个蠢到承认这件事的人。哈里根并不仅仅是口无遮拦——他是将口之遮拦搭到了雷区上。

我并不清楚亚当·布莱恩特是不是知道这些评论有多过火才故意加入他们的。哈里根确实在采访的时候漫天乱侃，而布莱恩特也是根据喜好选择发布哪些评论。这就是为什么受访总是有风险，这也是为什么 CEO 需要接受应对媒体的训练。

对我而言，哈里根的言论挑动着我的神经。我就是这样的人，年纪50 多岁，有着花白的头发和丰富的经验，被哈里根公司里 20 多岁的员工当作屎一样对待。而哈里根却给予他们祝福。

我准备在我的脸书发布这篇文章的链接，并附上自作聪明的评论。

---

[1] 即 Y Generation，专指 1981-2000 年出生的人

但之后我想了想还是算了，删掉了状态，不打算发表它。我又转去做别的事情。然而，这件事一直困扰着我。我又重回脸书，从不同角度又写了条状态。我想写得好听些但仍有些尖锐。我走下楼，冲了杯咖啡。我站在厨房，想着有什么文字能让我放声笑出来。随机，我登上脸书写下了评论。我就坐在那儿盯着评论看了好一会儿。我在想如果我点击 "发布" 会发生什么事情。聪明的办法就是删了评论，关上电脑，出去走一走。在丛林中爬爬山，冲着树木大喊几声就算过去了。在私下发发牢骚，切忌不可当众发表意见，这才是明智之举。

　　相反，我说去他的，并发表了评论。我在这段评论后附上了《时代》文章的链接：

　　"在科技世界，花白的头发和丰富的经验都是被高估的。" 这就是我该死的公司所说的话。"我们试着建立专门为吸引和留住 Y 世代人群的企业文化。" 我觉得自己好特别啊。

　　这不是什么大问题。这就是那种我常会在 "假史蒂夫" 博客中会留下的小小的尖酸刻薄之言。但我并不知道 HubSpot 收到这样的话会怎么样。邪教里面一般没有开得起玩笑的人。

　　跟其他人相比，我有一票还算庞大的脸书听众，大约有 10 万人关注我的账户。不到 1 分钟，各种抱怨科技业年龄歧视的留言就涌入这条评论。有些人是我的朋友，而很多人我也不认识。我的状态被分享，像病毒一样传播，扩散至整个世界。有个来自法国的家伙说在他的国家，"这会被认为是歧视，而且会让 CEO 身陷很严重的问题。" 有人写了篇文章批评哈里根，并把文章的链接放在了这条状态的留言里。

　　我的状态这么火，部分原因是因为人们喜欢看到 "假史蒂夫" 的疯狂博主当众开他老板的玩笑。"你今天是被开除了吗？"有个人这么问道。

但是我被拉下了一个我从未知其存在的愤怒之井。很明显，在科技行业，许多人在到了某个年龄的时候被晾在了一边。哈里根大声讲出来的正好印证了那群被轰出大门的员工所怀疑的，他们认为老板们当时就是抱有同样的想法而开除他们。表面上，没人是因为年龄问题或者部门重心转移而被开除。但私下里人人都知道这个事实。他们年龄大，领的工资又多。正如我当时在《新闻周刊》的编辑跟我讲的："他们能用你的工资去雇用 5 个大学刚毕业的小毛孩。"如今这有个愚蠢的科技公司的 CEO 在采访的时候把这层窗户纸捅破了。

在脸书上，"转转女"在我的状态下面插了一杠。她的评论中指责我不是富有团队精神的员工："我们都应该为 EV 着想。"EV 的意思是企业价值（Enterprise Value），而"为 EV 着想"的意思是我们都应该做能凸显企业价值的事情。随后"大脑门"加入了争吵。他并没有为哈里根的言论道歉，反而加注为其反击。"我信任哈里根的透彻与诚实，""大脑门"这么写道。"许多 CEO 难以捉摸且弄虚作假。但跟布莱恩在一起的时候，你知道他的所思所想，我认为这挺牛逼的。"

是哦，"牛逼"就对了。这时人们才真正参与进来。这变成了一场脸书闹剧，愤怒的长者们开始疯狂反扑。一位 50 多岁的前 IBM 市场营销高管斥责"大脑门"是个跳梁小丑和马屁精，他说 HubSpot 应该立刻召开董事大会替换掉哈里根："一个公司的 CEO 竟在《纽约时报》上侮辱潜在客户、员工和股东。你还是个市场营销公司吗？你们的风投明天就应该开始找接班人了。"

这条状态得到了上百个赞，几十条转发，和将近 100 条评论。我无法阻止这波网络攻势。我考虑过删掉我的状态，这样就可以删除下面所有的评论，但这会给别人留下是 HubSpot 胁迫我这么做的印象，反而会让公司更难堪。此外，哈里根的言论确实很蠢，所以我对自己指出这点毫不后悔。

我就把这条状态摆在那里，等着 HubSpot 给我打电话通知我被开除了。但是我的电话一直没有响。

我的朋友们却怀着施虐的快感来欣赏我的一败涂地。其中一个在公关公司的朋友说，我应该把头发染成红色。"明天上班你就是个红头妞儿"。我另外一个朋友是前《华尔街日报》记者，他建议我换张年轻的照片当作脸书的头像。我扫描了一张我第一次受洗进圣餐的照片当作我的头像。这就是我——年仅 8 岁，穿着我的受洗袍，对着面前的祈祷者双手合十，看上去就跟天使一般。"我想在 HubSpot 升职，"我写道。"8 岁的我有许许多多多的想法，一面想着能探索更多的地方，另一方面想进入企业来提高自己的 MRR[1]。"我那位前《华尔街日报》的记者朋友笑称 HubSpot 那些 12 岁的员工要注意这个满头灰发的老家伙。"你误会 HubSpot 了，"我告诉他。"这帮 12 岁的员工们才是管理者，他们懂得最多了。"

这是正宗的切腹自尽，所谓仪式性的以死谢罪。但是我也意识到无论怎么做，自己都无法挽回这个局面，所以如果要死，也要死得有个性。

而我的一些 HubSpot 同事是由衷地不明白我在抱怨什么。其中一位 20 多岁的白人男子给我发了封邮件，问我为什么这么生气。我告诉他在我反思后，我没那么生气了，反而变得失望，甚至有些疑惑。哈里根犯了一个经典的"金斯利失言"。这个短语以记者迈克·金斯利[2]命名，他将"失言"定义为政客们不小心说漏嘴，却把他们的真心话讲出来的

<1> 为 Monthly Recurring Revenue 的缩写，即每月定期收入。
<2> 即 Michael Kinsley，为美国知名政治评论员、专栏作家、编辑和电视节目主持人。

时刻："政客说实话谓之失言。"

哈里根发自内心地相信创建一家科技公司的最佳办法就是雇用上百名毫无经验的年轻人，给他们提供许多的免费啤酒和派对来让他们放松。他有他自己的想法。他甚至有可能是对的。但是这么当众讲出来并不是什么明智之举。

我让我的年轻白人男同事想象一下，如果哈里根不是说年长的人（灰色头发又富有经验）被高估，而是说同性恋、女性、非裔美国人，或者犹太人被高估了，情况会是怎么样。试想哈里根发表说："我们试着建立专门为吸引和留住白人的企业文化，因为在科技行业中，白人做得就是比黑人好。"

"但他没这么说啊！"我的同事反驳道。"他没说关于同性恋、女性，或者黑人的任何事情！"

正如《圣经》所言：耶稣垂泪了。

在某种程度上，我如释重负。我已经厌恶了 HubSpot。我也疲于融入公司的尝试。如今，至少一切都能结束了。现在已是 12 月初，我可以好好享受假期，等到来年 1 月再去找新的工作。

但是随着时间的推移、脸书上的疯狂烟消云散，我也没接到 HubSpot 的电话或者收到它的邮件。"僚机男"和"大脑门"什么话也没说，哈里根和人事也没有任何表示。第二天是周五，我还会待在家，同样，我也没收到任何人的消息。

整个周末我弄明白了一件事：他们不会开除我——因为他们不能开除我。

毫无疑问，他们想开掉我。但结果会怎么样呢？一家公司的 CEO 在报纸上发表疑似他个人和他的公司对年龄歧视的言论。之后一位年长的员工批评 CEO 的评论，却因为他表达自己的观点而被辞退。

那下一步会是怎样呢？或许这位年长的员工会公开搞臭公司。或许这位年长的员工会起诉公司。或许审理这个案件的法官也有灰色头发。虽然我关于法律的知识都是我在看《法律与秩序》<1> 时学到的，但我的感觉是这位灰色头发的原告也许会赢。

即使他赢不了，公司也冒着在准备上市前卷入负面新闻的风险之中。

他们不会开除我。他们知道他们不能。

讽刺的是，我发表的厌恶言论竟能让我无所畏惧。他们怎么既能开除我，却不让别人以为是因为惩罚我的言论而辞退我呢？

"我想做什么就做什么。"我告诉萨莎，她显然非常担心。"我可以周一大摇大摆地走进办公室，爬到哈里根的办公桌上，拉下裤子，在他的苹果笔记本电脑上面拉大便。即使是这样，他们仍不能把我开除。"

"恕我直言哦，"萨沙说道，"我认为这并不可能。"

当然她说的没错。除了在男厕所的马桶里，在其他地方大便的话肯定会被开除，更不必提还会被拘留，并送去做精神评估。按理来讲确实会这样。

"我并不是说我会打算在办公室里做出随地大便的不适宜举动。"我对她说道。

她看着我。

"或者在家。"我补充道。

"谢谢你啊。"

所以好消息就是——他们没办法开掉我。坏消息是他们会做出跟其他公司甩掉累赘一样的事情——他们会虐待我，让我生不如死，为了让我能自己滚蛋。

<1>　为一部长达 15 季的关于纽约警察与检察官之间故事的美剧。

他们不会立即下手。他们得巧妙行事。让员工苦不堪言是门艺术。然而在即将冲我袭来的处置面前，我却被愚蠢蒙蔽了双眼。

我不能肯定我的年龄跟我在 HubSpot 受到的糟糕对待有无直接关系。但这样的待遇确实让我站出来发声，也确实让我意识到问题的存在，并一直引发我思考。对我来说，这是个新状况。之前我同各个年龄的人工作，我也从来没有想过他们或者我的年龄。而在 HubSpot，我自己会一直意识到这个问题。我觉得自己是个老古董。有一次我注意到其中一位近 50 岁的高管，染黑了他的头发。使得我也在想是不是也应该要开始染头发了。作为折中，我买了瓶护发素，据说可以加深我仍未变灰的头发，能让我看起来不那么灰。产品一点儿也不奏效，也让我更讨厌自己了，于是我便将其丢在一边。

目前为止，我所知道的是只有一位比我还老的 HubSpot 员工。他的名字叫马克思，他有 60 多岁了。他曾拥有一家公司，也为退休存好了足够的钱。但他在 2001 年第一次网络泡沫破灭时破产了。他从来没想过在这个年龄还要工作，但世事难料，他现在负责给小企业业主传授集客营销的相关知识。我和马克思会偶尔到商场里的餐区一起吃午饭。我俩互聊彼此作为陌生之人发生在这陌生之地的故事，两个头发花白的老家伙被年龄只有他们一半岁数的人团团围住，而且这些人并不把我们当回事儿。我们一起抱怨了许多大大小小的羞辱，还有我们所因此承受的痛苦。某天，我意识到那些看到我们俩一起坐在餐区吃饭的 HubSpot 员工应该是这么看待我们的：对于他们来讲，我俩就跟我在唐恩都乐[1] 见到的那帮穿着 VFW[2] 风衣的老混蛋一样，抱怨着现在这

<1> 即 Dunkin' Donuts，为世界上著名的甜甜圈连锁店之一。
<2> 为 Veterans of Foreign Wars 的缩写，即对外战老兵组织，为美国联邦注册组织，旨在为参加过美国对外战争的退伍老兵提供融入社区、经济支持和福利保障等服务。

帮年轻人。我决定我俩不要一起吃午饭了，或者在我俩都在家工作的时候见面，到市郊去吃午餐，这样 HubSpot 的人就碰不到我俩了。

对于任何歧视，最令人抓狂的一点就是：即使可行的话，证明存在歧视也非常困难。偏见往往难以察觉，甚至是出自下意识。HubSpot 的员工几乎不会谈论到年龄歧视，即使他们会谈到，也不会聊到年长员工的糟糕待遇。他们会谈论到仅仅因为年轻，他们在 20 多岁的时候却没法赋予更多责任是多么的不公平。

然而，在工作的时候，人们却常常提及到我的年龄。他们会很委婉的讲起我的经验，眨眨眼。有人还问我会不会用脸书。

前台佩妮告诉我她想辞职去做些别的事情，但是她却不知道别的事情是什么。我的意见呢？我提议了几种职位——公关、人事、招聘——但她一个也不喜欢。

"还有什么？"她问道。

我告诉他我不知道。

"好吧，那我有个年长却又没法给我提供意见的朋友有什么意义？"

有一次"转转女"想到了一个吸引公众的主意。"我们应该搞一个关于你在 HubSpot 工作的故事，讲一下你是如何接受学习新知识的。"她说道。"我们可以叫它'老家狗，新把戏'。"

我用"你这是开玩笑吧"的表情望着她。她试着反悔，说她并不是想羞辱我。她认为我能加入这么有年轻气息的公司，并且做了这么多"牛逼"的事情来融入进去是件非常酷的事情。

我也想相信她是出于好意。我告诉她我会考虑一下的。

某天，博客小组的女员工们看到了一篇在 BuzzFeed 工作的"老家伙"（马克·杜飞，53 岁）写的文章。题目是《成为 BuzzFeed 年龄最大的员工是怎样的体验》。杜飞把他自己描绘成了一个无知的傻子，并在文中添加了本杰明·巴顿、辛普森爷爷和六旗<1>广告里面疯老头的图片，就是那个穿着燕尾服、戴着巨大眼镜，像个白痴一样跳舞的老秃子。

博客小组的女员工认为这篇 BuzzFeed 的文章非常滑稽。

"丹，你应该为我们写篇类似的东西。"简说道。

"对啊！"爱什莉说道。"像是《成为 HubSpot 老家伙的象征是怎样的体验》。你肯定'牛逼'翻啦！"

"我希望你会因为过胖 100 磅身亡，然后一群猫围着你大啃你的尸体。"——这不是我说的。

我说的是："哇哦，好酷的点子。这个可以考虑一下。"

我回以微笑。我也顺着笑点大笑。我老了！我天啊，太老了！我真应该写点儿有意思的东西，就是关于这么老是什么感觉。

有一次，我在舆论和品牌部门做一个项目，结果，其中一个 20 多岁的哥们给我起了个新外号："我打算叫你'舆论爷爷'"，他说道。每个人都被逗乐了。我也笑了，为什么不呢？舆论爷爷！这太好笑了！给我起名字的哥们叫吉米，他压根不知道我来 HubSpot 前是做什么的，即使他知道，他也不会关心。他有可能听说过《新闻周刊》，但我怀疑他连看都没看过。这本杂志对他而言毫无意义。他刚从新罕布什维尔州立教育系统毕业，虽然他从事媒体制作行业，但他从来没听说过《卓奇报道》<2>；当我将乔治·马丁<3>称之为"披头士<4>第五人"的时候，吉

<1> 即 Six Flags，美国著名过山车主题公园。
<2> 即 Drudge Report，为美国一家政治保守派新闻媒体网站，主要报道美国即国际主流政治、娱乐及事实新闻。
<3> 即 George Martin，为英国著名唱片制作人、编曲人、作曲人。他广泛参与了披头士乐队每张原版专辑，被认为是史上最伟大的唱片制作人之一。
<4> 即 Beatles，也成为"甲壳虫乐队"，为 1960 年成立的英国摇滚乐队，被广泛地承认为史上最伟大、最有影响力的摇滚乐队。

米说道，"哦，他是马卡特尼[1]死了之后加入的那位吗？"唉！

听起来，我或许有些过于敏感。这毕竟就是些玩笑而已。他们都不是坏人。更多的时候，他们谈论我的年龄并不是有意的。或许他们从未意识到这些话语会伤害到我。

当然，我不会跟人事部提起这些。这只会让别人以为我小题大做，而且最要命的是，我是最不想变"老"的。怪不得年长的员工不愿抱怨年龄歧视。谁想成为一个抱怨鬼。我猜那些受到种族和性别歧视的人也拥有相同的感受。你怎么证明你没有被升职是因为你是女性，或者你是黑人？而且一旦你去投诉抱怨，你就会被贴上"捣蛋鬼"标签。

但我知道我的感受。我知道，当我环顾四周时，没几个人跟我一样。当然，没人针对我，也没有人起诉我。而且如果把这些轻微的蔑视和随意的言论单拿出来看，其实也并不严重。但你把这些凑到一起，他们则叠加变成了……某种值得关注的事情。

比其他人年长最大的影响就是导致我无法融入公司。像在 HubSpot 的这种科技企业，融入公司并不只是件你乐意去做的事情——这关乎到你的成功。也许这是最重要的一件事了。创业公司的人特别会强调"文化匹配"的重要性。"僚机男"在我们第一次见面的时候就提出来了，就在我们一起吃午餐的泰国餐馆里，他告诉我，他想录取的就是那些下班了还想一起喝酒的人。在科技行业，文化匹配的概念被赋予积极的意义。很可惜的是文化匹配的含义更多是指一群年轻的白种男人偏好雇用另外一批年轻白种男人，其结果是多样性少得可怜。

<1> 吉米所指的即是保罗·马卡特尼（Paul McCartney），为英国摇滚音乐家及作曲家，为披头士乐队的成员之一。这里吉米首先误以为保罗·马卡特尼去世了，而其实他现在仍活跃在舞台；其次，他把乔治·马丁误以为是顶替某个去世的披头士乐队成员，而事实是乔治·马丁仅仅是披头士乐队的音乐制作人，而且在披头士乐队解散前也没人去世。

HubSpot 的问题远不止年龄。公司还有性别和种族的问题。这里有很多女性员工，但公司的顶端是清一色的男性，绝大多数还是白人。16 人的管理层只有两名女性。8 名总监里，也只有两名女性，除了德哈迈实，其余全是白人。

在整个普通雇员中，我目前一个黑人也没看到。我第一次参加全体职工大会的时候有些吓到：简直就是白人的海洋，一个个都是年轻人。虽然他们不全是白人，但是他们是同一类的白人。甚至连三 K 党[1] 里面都能找到更多种类的高加索白人[2]。来到这里就像跌入了某个奇怪的优生实验室，那里的人们穿着 J.Crew[3]、Banana Republic[4] 和 North Face[5]。女员工都梳着齐肩的头发。当遇到下雨的时候，都会穿着高筒的 Hunter[6] 雨靴。而男员工们不是前运动员就是前兄弟会成员，留着平头，穿着三文鱼色的短裤，反戴着棒球帽，穿着船鞋。这看起来就像新英格兰地区某个大学里兄弟会和姐妹会的聚会。也如同马萨诸塞州的的鳕鱼角把 30 岁以下的夏季居民全都吐了出来，恰好落在了位于肯德尔广场中的同一栋楼中，而这些家伙还穿着他们当地酒馆派发的 T 恤。

就我观察，HubSpot 有少数 50 多岁的员工，40 多岁的员工稍微多一点，几十位 30 岁的员工，以及一支 20 多岁的员工大军。之后有位 30 多岁的 HubSpot 前员工告诉我，在他离开 HubSpot 的时候，公司有 700

---

[1] 文中为 Klan，全称为 Ku Klux Klan，为美国历史上和现代 3 个不同时期奉行白人至上主义运动和基督教恐怖主义的民间仇恨团体，也是美国种族主义的代表性组织。

[2] 即 Caucasian，当高加索人种的概念的定义范围限定于欧洲裔的时候，就与白种人的概念相重合。

[3] 为美国商务休闲服饰品牌。

[4] 可译为香蕉共和国，为美国简约休闲服饰品牌。

[5] 可译为北脸，为美国户外运动服饰及用品牌。

[6] 为英国主营橡胶雨靴的品牌。

名员工，而其中仅有 75 个人年龄在 35 岁以上。

　　"年轻人就是聪明些。"脸书的创始人和 CEO 马克·扎克伯格在他 22 岁的时候曾这么说过。毫无疑问，之后有人教育他以后不能这么说了。但是这并没有改变他雇用的倾向。根据 PayScale，2013 年脸书员工的平均年龄是 28 岁。在 PayScale 所调查的 32 家科技公司之中，8 家公司员工的年龄中位数小于 30 岁，仅有 6 家公司的年龄中位数大于 35 岁，《纽约时报》据此报道，文章标题为《科技行业的员工年轻化（是真年轻）》。

　　"硅谷已变成了美国年龄歧视最盛行的地区之一。"诺姆·施奈伯[1] 在 2014 年 3 月刊的《新共和》撰文表示道，巧妙地以《科技业残酷的年龄歧视》为题。文章介绍了一家旧金山的整容医生声称自己是"全球第二大的肉毒杆菌药剂师"，并描述了一群 40 多岁的男人为了保住工作而寻求整容。"我们希望我们的员工最佳的成就是在他们的未来，而非他们的过去。"施奈伯引用的一份科技招聘广告这么写道。

　　科技产业的年龄歧视明目张胆且毫无歉意。广播于创业公司的神话已将其纳入之中。这些公司几乎被默认为应由年轻人创建和管理。年轻人才是改变世界的那批人。他们充满热情，富有创意。风投公司公开承认他们偏爱投资创始人是 20 多岁的公司。"风投脑海里年龄的上限是 32 岁。"保罗·格雷厄姆[2] 这么说道，他负责管理一家名为"Y 组合器"[3] 的孵化器公司。他还补充道："我还会被像马克·扎克伯格的人吸引到。"

<1>　即 Noam Scheiber，《纽约时报》作家，前《新共和》资深编辑。
<2>　即 Paul Graham，英国电脑科学家及风险投资家。
<3>　即 Y Combinator，为美国一家以投资、培育种子阶段创业公司为业务的创投公司。

传奇风险投资家及凯鹏华盈^{＜1＞}的合伙人约翰·杜尔^{＜2＞}曾表示他喜欢投资
"从哈佛或者斯坦福辍学，且完全没有社交生活的白人书呆子。当我看到
有这个特质的时候，决定投资的意向就会（变得）很容易。"

这些公司也喜欢这种特质。先别管你 50 岁的时候被踢掉。在硅谷，
这种事情你 40 岁的时候就会发生。一位名叫詹妮弗·杨格的单亲妈妈，
以 41 岁的"高龄"起诉她的前雇主———一家名为 Zillow^{＜3＞}的科技公司，
起诉理由是年龄歧视。

在她的申诉中，杨格描述道 Zillow 保持着"兄弟会"文化，充斥
着酗酒和猥亵。她忍受来自于她年轻男同事的骚扰已多时，他们的讽刺
言论有"年轻做事就是快一点"，"你是不是太老了没法完成交易了？"，
"你究竟会不会用电脑？"以及"你赶不上我们其他人了。"根据她的申
诉，她之前在销售行业小有成就，之后被"Zillow 与众不同的工作环境
所诱惑。"但当她在公司上班的时候，她发现"经理会告知雇员们，其
中包括杨格小姐，如果你不喝下'Zillow 的迷药'，那么你毫无职业提
升的机会，而这在 Zillow 确实是家常便饭。"杨格的申诉状是这样写道。

杨格声称 Zillow 的销售运营承受着巨大的压力，这听起来有点像
HubSpot 的"锅炉房"。工作的重压一度让她的腰伤复发。她自称当她
在医院的时候，公司以"放弃工作"为名开除了她。

另一名 Zillow 员工，瑞秋·克莫雷以在这家"成人兄弟会"中遭受
"性虐待"起诉 Zillow，她表示公司有着"歧视女性的普遍文化"。克
莫雷说她曾收到许多骚扰短信，例如："打给我。马特在洗澡哦。想着

<1> 即 Kleiner Perkins，全称为 Kleiner Perkins Caufield & Byers，为美国硅谷的一家风险投资公
司，被称为"最大的风投公司"。
<2> 即 John Doerr，美国风险投资家。
<3> 为美国一家在线房产数据公司。

你 333[1]。晚餐喝什么，还有你光溜溜的'小妹妹'。"在另一则短信聊天中，克莫雷问她的同事："想不想下班晚上一起去健身？"同事回复道："想给我个口活，然后晚上爱爱吗？"她告诉他：不，谢了。

克莫雷的起诉律师表示，骚扰是因为男性员工"被这种企业文化洗脑。"律师还说道，那种文化就是兄弟会文化。Zillow 的 CEO 名叫斯宾塞·拉斯科夫[2]是个 30 多岁的前高盛[3]投资银行家。公司 9 名管理层人员中，其中 7 名是白人男性，另外两名是白人女性。其董事会由 10 名白人男性组成。如果你认为兄弟会文化可以作为管理公司的模范的话，看一看 Zillow 在 2011 年上市的状况。公司在 2011 年和 2012 年盈利一般，而在之后的 2013-2015 年与前 9 个月都是亏损。尽管如此，Zillow 的市值仍有 40 亿美元，它的创始人、投资人和 CEO 却狠赚了一笔。

快速增长，不怕亏钱，立马上市，发家致富——就是这种模式。

我理解了为什么风投喜欢给年轻创始人们投资。成立一家公司是项艰苦的任务，而你需要做的就是做到越省钱越好。而且，毫无经验的创始人有时会被骗，而签订对投资人有利的协议。这种挂羊头卖狗肉的风投故事比比皆是。另一个投资年轻人的原因是这些科技公司其实并没有做科技相关的事情。他们做的往往是社交媒体、游戏或者娱乐行业的业务。如果你运营一家唱片公司，你会另外投资一个 55 岁的饶舌歌手吗？你会拍一部讲述一位年已花甲的超级英雄的电影吗？

娱乐业就是建立于流行个两年就消失不见的流行歌手和只拍 5 季的电视剧之上。这场游戏会在短时间内将利益最大化，然后当这件事情冷

<1> 意思为亲亲、喜欢。

<2> 即 Spencer Rascoff，为 Zillow 的 CEO，并监管所投资的其他在线房产公司。

<3> 即 Goldman Sachs，为跨国银行控股公司集团，其业务涵盖投资银行、证券交易和财富管理。

下去时立刻转身投入到下一件事情上。当今科技业的投资人亦是如此。"我们做的就是追赶潮流的生意。"安德森·霍洛维茨公司[1]的合伙人克里斯·迪克森[2]如是说。

"拍电影"是我一位风投朋友运用到建立创业公司过程的词语。在我朋友"科技公司如电影"的类比中,风投们是制片人,而 CEO 则是男主角。如果可能的话,你想请一位像马克·扎克伯格的明星——年轻,最好是中途辍学,或许还有点阿斯佩格综合症[3]。由你来编写剧本——所谓的"企业描述"。你尽可以编造神话的起源、高潮的时刻以及英雄的征程,其中掺杂着需要克服的种种困难,不得不被屠杀的恶龙,以及将要瓦解和转型的市场。你为建立公司投资了上百万美元——就如同拍电影一样——之后再花上几百万美元来做宣传,并吸纳顾客。

"等到你要 IPO 的时候,我想看到的是在开幕之夜,人们在街口排成长龙,等着进入电影院看电影。这就是第一个交易日应该有的样子。就如同是电影首映的周末一般。如果你处理得好,把影院的座位都塞满,接着你就能折现了。"我的朋友让他和他的合伙人大赚了一笔。他就像一位电影制片人,一直重复做同样的电影,一遍又一遍,然后不断地从票房中揽钱。

风投们会坚持说他们并没有做任何"特性匹配",也不会只是找像马克·扎克伯格的人。然而,事实却与他们所描述的相反,他们这么做非常合情合理,因为这就是那群散户投资人想买股票的公司。公开市场的投资人都想在下一个可能的脸书中取得有利地位。所以,这就是硅谷

<1> 即 Andreessen Horowitz,为美国私人风险投资公司。

<2> 即 Chris Dixon,为美国互联网企业家及投资人。

<3> 即 Asperger Syndrome,为一种泛自闭症障碍,其重要特征是社交困难,伴随着兴趣狭隘及重复特定行为。

的风投们想为他们打造的，去选择那些"有疯狂想法的大学辍学生，他们追求的是细分市场，却不知道如何将其想法转化成金钱"，正如来自安德森·霍洛维茨公司的风投家本·霍洛维茨[1]所说。

对于由年轻创始人成立的科技创业公司，曾经投资过此类公司的风投们一度坚持要为公司带来"成人监管"，即聘请一位所谓的富有经验的高管来帮助建立商业运营。如今，风投们的普遍看法则是把公司全权交给年轻的创始人负责会更好，并给他（而且总是"他"不是"她"）完全的自由。

使问题复杂化的原因是硅谷现在吸引着一群不同的人，他们是一群道德败坏的年轻男性。这群人或许并没有《美国精神病人》[2]里面那位名叫帕特里克·贝特曼[3]那么可怕——一个反英雄主义式的投资银行家兼连环杀手，但也八九不离十。那群曾想在华尔街工作，梦想一夜暴富的家伙，现在都来到了旧金山，在那里，风投们将数百万美元托付给他们，并且告诉他们做得越差越好。科技博客 Pando 的编辑莎拉·蕾西[4]曾于 2014 年在硅谷广为流传的一篇文章里指出："有太多的例子来证明，风投们投资的都是一群混蛋。"

将数百万美元交给一群年轻有名的混蛋，在没有任何成人监管的情况下，之后发生的事情可想而知。有家名叫 RadiumOne[5]的创业公司，在其 CEO 古尔巴克斯·查哈尔[6]被以家庭暴力起诉后关停，原因是据

<1>　即 Ben Horowitz，为美国投资家及作家。

<2>　即电影 *American Psycho*，该片以 1980 年代的纽约为背景，描述男主角作为一名年轻有为的华尔街投资银行家，私底下原来是连环杀手的故事。

<3>　即 Patrick Bateman，电影《美国精神病人》的男主角的名字。

<4>　即 Sarah Lacy，美国科技记者及作家。

<5>　为一家在线广告平台。

<6>　即 Gurbaksh Chahal，为印度裔美国互联网企业家。

说他殴打他的女友（查哈尔表示清白，但在两项轻罪中承认有罪）。查哈尔之前出现在电视真人秀《百万富翁的秘密》。在他的床头，装饰着带有金色花边和金色皇冠，以及金色首字母 G 的床头板。

还有 Rap Genius[1] 的联合创始人马博德·莫哈丹姆[2]，他因为发布了一则关于加州大学圣芭拉分校杀人狂魔的无品笑话而被踢出自己的公司。还有 Tinder 的女性联合创始人惠特尼·沃尔夫[3] 以性骚扰起诉自己的公司，声称她忍受了数月骚扰，而其根源来自兄弟会文化，使她蒙受到种族主义、性别歧视、仇视同性恋、厌恶女性以及侮辱性的短信言论，包括一则称沃尔夫为"荡妇"的短信（该起诉已经结案）。

最后还有一家名为 GitHub[4] 小创业企业，它募集 1 亿美元来建造了一间椭圆形总统办公室的复制品。而它的主席汤姆·普莱斯顿沃纳[5] 在被一名女员工以性骚扰和报复为由申诉后引咎辞职。还有 Snapchat 23 岁的创始人伊万·斯皮格，虽然他为公司募集了 8.5 亿美元，但仍需要向公众解释在他发给他兄弟会哥们的邮件称让他们赶快"把 Kappa Sigma[6] 的阴茎塞到姑娘们的喉咙里"这件事。

在这里，不仅有个人行为的不检点，还有对企业品行不端的指责。脸书以入侵个人隐私而受到指控，随后与 FTC[7] 达成和解协议。Path[8]

---

[1] 为一家在线媒体知识平台。

[2] 即 Mahbod Moghadam，为美国互联网企业家。

[3] 即 Whitney Wolfe，为美国互联网企业家。

[4] 为一个通过 Git 进行版本控制的软件源代码托管服务，现已经成为了世界上最大的代码存放网站和开源社区。

[5] 即 Tom Preston-Werner，为美国软件编程师及互联网企业家。

[6] 美国最大的兄弟会组织。

[7] 为 Federal Trade Commission 的缩写，即美国联邦贸易委员会，为是一个美国政府独立机构，其主要任务是保护消费者及消除强迫性垄断的等反竞争性商业行为。

[8] 为一款私密社交移动应用。

被逮到在没有用户的许可下擅用其个人信息，之后，公司为此道歉。Zynga 强迫某些员工在 IPO 前交还股权。苹果因在美国使用复杂的会计税法逃税，在中国剥削廉价劳工，以及跟谷歌互相勾结禁止向对方公司挖人而饱受指责；针对于互相勾结的这个案子，两家公司已经为失去涨薪机会的工人达成了和解协议。某个优步高管据说曾威胁记者会对其进行跟踪。Groupon 最初 IPO 的文件运用了被《华尔街日报》成为"金融巫毒"的误导性金融算法，随后 SEC 强制要求其撤换。2012 年，Groupon 不得不在漏报损失后，重新发布其财务表现，并将其错误归为"在其控制的重大缺陷"。一个名为 Secret 的手机应用制造商的两位创始人在募集了一轮 2 500 万美元的资金后，将其中 600 万美元收入自己囊中，并在 9 个月之后关掉了公司。"这简直就是抢银行。"其中一位恼羞成怒的投资人这么说道（这位投资人随后提及此番评论为"用词不当"）。

　　创业公司似乎认为更改一下规则没什么大不了的。有些公司像是优步和 Airbnb 就是在违背规则的基础上建立起的业务。再者，如果法律制定得很愚蠢，为什么还要遵守呢？根据创业公司的世界，在更大的利益面前，科技公司才会投机取巧。这些创业公司才不是被贪婪驱使的戈登·盖柯[1]或者伯尼·麦道夫[2]；他们是参与民权反抗的罗莎·帕克斯[3]和马丁·路德·金[4]。在创业公司中还有种说法，便是

---

[1]　即 Gordon Gekko，为电影《华尔街》(*Wall Street*) 中虚构的人物，是华尔街叱咤风云的大鳄，其毫不掩饰自己对金钱的贪婪，后因股票欺诈锒铛入狱。

[2]　即 Bernie Madoff，原名为 Bernard Madoff，为前纳斯达克主席，后开了自己的对冲基金——麦道夫对冲避险基金，作为投资骗局的挂牌公司。因为设计一种庞氏骗局，令投资者损失 500 亿美元以上，其中包括众多大型金融机构。

[3]　即 Rosa Parkers，为美国黑人民权行动主义者。美国国会后来称她为"现代民权运动之母"。

[4]　即 Martin Luther King,，为社会运动者、人权主义者和非裔美国人民权运动领袖，也是 1964 年诺贝尔和平奖得主。他主张以非暴力的公民抗命方法争取非裔美国人的基本权利，成为美国渐进主义的象征。

在跟大公司对手的较量中，他们是弱势的一方，不按套路出牌是理所应当的；他们是用机弦朝着戈利亚[1]射石子的大卫王。另一种说法是大公司们打破的规矩其实跟小公司们一样多。每个人都在耍阴招，只有蠢蛋才会守规矩。

假设硅谷的风投家们知道在这帮年轻又毫无经验的创始人身上投资的结果，然而他们就是毫不关心。处理性骚扰丑闻很简单：处罚创始人，开除创始人，发布道歉信，平息诉讼。从投资人的角度来看，这种办法仍为万全之策。如果你仅仅想快速创建公司，然后尽快兑现，这一切似乎都说得通了。

对于风投家们是好事，对剩下的人而言，并不一定是什么好事，特别是对于那些要打算进入公开市场的公司而言。上一次泡沫破灭造成的灾难摧毁了整个股票市场。而这一次更甚。在互联网的疯狂顶峰，当美国在线将100亿美元付给网景的时候，在那一刻，世界似乎失去了理智。然而，优步通过私募资金融资超过80亿美元，且市值超过了600亿美元。2015年底，脸书的市值在3 000亿美元，超过了沃尔玛[2]、强生[3]和富国银行[4]，跟通用电器[5]的市值差不多。尚未盈利过的推特，市值也有160亿美元，几乎跟通过实打实靠卖车赚钱的菲亚特克莱斯

<1> 即 Goliath，圣经人物，为非利士勇士，在与年轻的大卫王的交战中被割下头颅。
<2> 即 Walmart，为美国跨国零售企业，是世界最大的零售商。
<3> 即 Johnson & Johnson，为美国一家医疗保健产品、医疗器材及药厂的制造商。
<4> 即 Wells Fargo，为一家以零售银行业务为主的多元化金融集团。
<5> 即 General Electronic，为美国一家提供综合技术与服务的跨国公司，经营产业包括电子工业、能源、运输工业、航空航天、医疗与金融服务。

勒[1] 并驾齐驱，超过了美国铝业[2] 和惠而浦公司[3] 这样的巨头。

就跟上次一样，硅谷的那群聪明人始终坚持这一切都是合情合理，没什么可担心的。然而这回与以往不同，这一次牵扯到的是实实在在做业务的真实公司。

---

[1] 即 Fiat Chrysler，为菲亚特集团与克莱斯勒集团宣布重组后而成立的控股公司，是世界第七大汽车制造商。

[2] 即 Alcoa，为世界第三铝材生产商。

[3] 即 Whirlpool，为全球最大的电器制造商。

受辱后才能再融入教派

我因为哈里根说灰发和经验都是被高估的而在脸书上跟他翻脸，在闯完祸的两周后，我也不得不面对现实。现在是 12 月中旬，距离圣诞节还有一周的时间。"托洛茨基"跟我安排了一个会议，就在四楼的会议室。我认为这就是到头了。因为"大脑门"从来不喜欢亲自开除别人。等"托洛茨基"到岗，然后由他来开除我正是"大脑门"的风格。但"托洛茨基"跟我保证之前那事儿不是个问题，而且我也不会被开除。我有些难以相信。

"我敢肯定他们巴不得让我走人。"我说道。"或许他们没法开除我，但我猜他们想让你跟我谈谈，然后为我离开这里铺路。可悲的是，我曾真的想离开这里。而且我也曾真的期待跟你一同工作。也罢，终归错误在我。我本就该对哈里根的那些事儿只字不提的。"

"为什么你总用过去时？""托洛茨基"说道。"你说话的口气就跟已经不会在这里工作了一样。"

我一直在读劳伦斯·怀特[1]所著的《拨开迷雾》[2]，这是一本关于山达基的书。一个邪教的首条要求就是你不能评判这个邪教。你可以一次又一次地搞砸，也可以一次又一次地犯错。你可以搞出个差到家的搞笑模仿视频，也可以发明像是博客标题生成器这种东西。只要你热情且忠诚，这一切都无关紧要。

一旦你不忠，你的才华和能力都于事无补，况且对于这份工作，我也没有什么过人的特殊能力。我压根不会成为年度内容市场营销员。我也不能为"市场营销员史玛丽"、"业主叶奥利"或者"企业职员齐艾琳"写文章。

"托洛茨基"可不想听这些。事实上他要给我一个大项目。他想创办一套围绕我"个人品牌"所创作的系列电子书，在其中，我可以为高端用户撰写文章。他还打算把我从锅炉房里弄出来，然后安排我到刚刚翻修好的四楼，我会有自己的办公桌，安静的房间里阳光充裕。

"我只需要你做一件事情。"他说道。"托洛茨基"停顿了片刻，关上了笔记本电脑，然后看着我。"我需要你跟'转转女'道歉。"

自从脸书的事件之后，"转转女"就对我施以"静默对待"的惩罚。如果我走过她的桌子跟她打招呼，她就会扭头不回应。如果有人要开会且我在会议名单里，她便会拒绝参加。

"我已经跟她说清楚了。""托洛茨基"说道。他让我通过谷歌日历给"转转女"发个会议邀请，只要她知道这个会议是我跟她道歉，她便会接受同意。"托洛茨基"告诉我，如果我能这么做，他就能搞定这件事。

"我跟'转转女'没什么过节。"我说道。

"那太好了，"他回答道。"那么道歉就可以了。"

---

[1] 即 Lawrence Wright，美国作家、普利策奖获得者。
[2] 即 Going Clear，本书通过采访的形式，揭露了山达基及其创始人 L. 罗恩·贺伯特的真实面目。

"为什么道歉？我没说她什么啊。我能明白哈里根需要我去道歉，但为啥是'转转女'呢？"

奇怪的是，哈里根倒是没怎么生我的气。我在走廊上碰到过他，我俩就跟什么事情都没发生一样互相问好。

"托洛茨基"告诉我，我应该了解公关是怎么看待这个世界的。"'转转女'刚把他的老板引荐到了《纽约时报》。这对于像我们这样的公司算得上是件大事。这或许是'转转女'接手过最重要的事情。然而，你却毁了它。你就这么过来搅了局，尿了她一鞋子。"

我以前的世界，编辑是不会在公关面前卑躬屈膝的。向安排采访的公关道歉，就跟向哈里根的行政助理道歉一样。那哈里根的行政生气没？她也需要我道歉吗？

"那把哈里根从拉瓜迪亚机场[1]拉到《纽约时报》大楼的优步司机呢？他也很失望吗？他大老远的跑过去又跑回来，然后我毁了一切。我是不是应该给他打个电话，然后向他也道歉？"

"托洛茨基"叹了口气。"瞧，"他说道。"我明白你什么意思。但相信我。你应该去道歉。这是明智之举。"

诚然。"托洛茨基"是我的新老板。我想让他开心，我想让他知道我是富有团队精神的员工。如果他让我这么做，我就这么做。如果他认为我这么做是明智之举，那么我相信他的判断。他在这样的公司工作过许多年。他比我更懂得办公室政治。

"好吧，"我说道，"让我去看看她的日程表。"

如果我非得卑躬屈膝地去认错，那我至少得花点心思显示出自己的诚意。等大家 1 月份从节日假期后回来的时候，我在网上订了一打美味

<1> 即 LaGuardia Airport，为美国纽约三大机场之一。

的布朗尼蛋糕，然后直接送到"转转女"的手上，还附有一张卡片，上面写着："我们还能再做朋友吗？如果你现在仍想冲我大吼大嚷，我也理解。我结过婚，所以我早就习惯了。"

她可喜欢了。组里所有人都看到她收到了礼盒，并且打开了那盒布朗尼蛋糕，然后每个人都想知道是什么人出于什么理由送给她这盒蛋糕，这也就意味着"转转女"要跟所有人讲，是我为自己无理的行为而道歉。她把布朗尼蛋糕就放在自己的桌子上，这样每个经过她桌子的人都能看到，也都能一起分享。

当我俩如约坐在一起的时候，我先表示我真的非常抱歉，但在我开始讲之前，我想听她说说她的想法。我们坐在一个小会议室，刚好能容纳两个人。会议室有一面是玻璃墙，这样所有经过的人都能看到我俩在里面。

她开始发表看法。言语从她的嘴中说出，但我对此却毫无头绪。我读过的育儿书建议大人哄孩子要先从倾听开始。正如我所做的一样。等她说完，我便引咎自责。我告诉她，我个人很尊重、很崇拜她，而且她是位出色的公关和不可多得的人才。我最为后悔的是我所做的蠢事有可能影响到我们彼此，因为，老天啊，如果没有别的事情，我希望会有"转转女"这样的人做我余生的知己。我告诉她，我真的很看重我们之间的友谊。

我一边说，她一边点头，她用震颤沙哑的声音回应道："没错。真的。绝对的。一样的。绝对的。真的。"

整件事就花了几分钟的时间。我们聊天的内容无足轻重。这一切的关键是态度。关乎的是"转转女"让我跟她道歉，并且有"大脑门"和"托洛茨基"为她撑腰。

事到如今，她得逞了，我们可以冰释前嫌。至少我是这么认为的。在散会的时候，我诧异这种略带歌舞伎表演性质的谈话竟能让我俩重归于好。之后我才知道，"转转女"仍对我留了一手。

第十七章
Chapter
17

闹剧中的闹剧

我跟"转转女"的矛盾并不是那个冬天唯一的烦心事。"托洛茨基"的到来打破了很多人的平衡，这其中包括"僚机男"。"僚机男"一半的工作是关于监管内容小组。但是如今这是"托洛茨基"的工作。突然间，"僚机男"失去了他一半的直接汇报和一半的职责。

更麻烦的是，"僚机男"是总监，而"托洛茨基"是副总裁，头衔压过了"僚机男"。为什么"僚机男"的头衔会比一个新来的家伙低？当然了，这个新来的家伙年纪比"僚机男"大十岁，经验也比他多，而且前两个工作也都是副总裁。但是"僚机男"在这里的经验更多。他已经在 HubSpot 工作超过了 3 年了！他是"大脑门"值得信赖的小跟班！

"大脑门"的解决办法很简单：他把"僚机男"也提成了副总裁。在发给部门的备忘录中，"大脑门"解释道"僚机男"被升职的原因是因为他是个"老好人"；接着他补充道，他并不是说"僚机男"是个马屁精。他的意思是每当他问"僚机男"某件事是否可行时，"僚机男"的回答都是"是的"。我们能不能把每月生成的线索翻一倍？ HubSpot

能不能造个火箭，然后成为第一家在月球建立基地的营销自动化软件公司？ HubSpot是不是有史以来最伟大的公司？ "是的"，"是的"，更多的"是的"！

"大脑门"表示"僚机男"把公司放于自己利益之前，甘愿为新来的同事放弃一半的职责。"僚机男"让我想起了《富贵逼人来》[1]中彼得·塞斯勒[2]所饰演的傻子英雄"老园丁"畅斯[3]，在电影中，他一跃成为美国总统的顾问，而在电影结束时，他竟亲自领导椭圆形办公室。"僚机男"并不是傻瓜，但他也没有聪明到哪去。他只是在对的时间出现在对的地点。他现在是一家即将上市交易公司的副总裁，究竟是为了什么？仅仅是"富贵逼人来"而已。

然而，扎克就没有那么幸运了。他工作的所有内容就是管理内容小组。但是"托洛茨基"现在负责这项任务，扎克实质上毫无工作可做。尽管如此，发给我们备忘录，则表示扎克是安全的，他不会离开公司，他会被委派新的职责，并仍作为关键成员待在小组里。

但这都是瞎扯。

"他玩完了。""托洛茨基"在我们某个最初的会议上曾告诉我，"他得走。"

"托洛茨基"跟我解释道他不可能在加入新公司、拿走某人的工作后，还让那个家伙无所事事地留在公司。这不是私人恩怨，但扎克必须走。

"你打算怎么甩掉他？"我问道。我发现这事真是相当迷人。我对

<1> 即电影 *Being There*，该片讲述了头脑简单的老园丁畅斯整天以看电视度日，在长期累积之下，他的整个思想行为和世界观已完全电视化。偶然间他在别人面前"秀"了一下他的广博知识，竟然技惊四座，甚至还因此当上了政客倚重的智囊。

<2> 即 Peter Sellers，为英国籍著名影星、喜剧演员。

<3> 原文作 Chauncey Gardiner。

办公室政治一无所知。

"托洛茨基"向后靠在了他的豆形沙袋椅上。"我打算帮扎克了解到他在别的地方会更开心。"他说道。

他微笑着。他喜欢这套，我也意识到他很擅长这个。果然，两个月后，在3月的某一天，我们收到来自"大脑门"的邮件——扎克为了追寻下段冒险而"毕业"了。整件事情通过微笑和拥抱解决。而"托洛茨基"却未留下蛛丝马迹。

"托洛茨基"的任命还对运营博客的玛莎和简带来了麻烦。多年以来，他们在自己的封地上自娱自乐、排挤他人、无视命令、徇私偏袒。她们威逼"僚机男"，忽视扎克。"托洛茨基"清楚地表示他要改变她们做事的方式。跟扎克不同，他拥有实权而且不畏惧她们。其中一个改变就是针对电子书。博客作者应该跟电子书作者协作。如果电子书小组撰写一份电子书，比方说，是如何用 Snapchat 来卖宠物食品，博客小组就应该写一篇关于 Snapchat 和宠物食品的博客文章，然后通过这些文章来宣传电子书。

与之相反，玛莎和简为所欲为。他们可能会写关于 Snapchat 和宠物食品的文章，也可能不会。有些电子书能被确定采用取决于她们是否喜欢写电子书的人，有些待定是取决于她们觉得电子书的作者对她们是否有礼貌或者是否留给她们足够的时间通知。如果玛莎和简拒绝宣传这份电子书，这份电子书就会消失，除非它在博客中被提及，否则没人找得到。一遍又一遍，电子书的作者费劲撰写电子书，却只看到了它们消失在电子书架上，原因是玛莎和简拒绝宣传。

"托洛茨基"表示，这种烂摊子到头了。博客组的女同事可能不会喜欢他的决定，但"大脑门"把他介绍进公司就是为打破阻塞和整治混乱，做出一些"僚机男"没法做出的改变。"托洛茨基"并不会因冲突退却。

他实际上热衷于此。博客小组的女同事们立即推掉"托洛茨基"所建议的所有事情，并指出这样或那样行不通的原因。她们坐在一起开会，一个个面带戾色。

"我没法相信这个地方会是这样。""托洛茨基"在我俩每两周一对一的会上如是说。这理应是某种更新进度的会议，但通常变成了我俩靠在豆形沙袋椅上互相吐槽的大会。

跟这里其他人不一样，"托洛茨基"是在除了 HubSpot 以外的其他公司工作过的。他现在有些难以适应。

"你能想象负责管理邮件活动的女生竟然拒绝我告诉她要做的事情吗？"他说道。"她刚 22 岁，才从大学毕业。我是副总裁。我没法给她下命令，我能做的只有请求。当然她可以说不。而她真的就这么做了！她告诉我她太忙了！"

我告诉他，欢迎来到我的梦魇之中。"我以为所有公司都像这样。"我说道。

"额，好吧，其实并不是。"他回答道。

"托洛茨基"并未对 HubSpot 有过多好感。他认为这儿的企业文化荒谬至极，而员工甚是娇贵。"大脑门"一点儿也不愿意沟通，并且完全忽略"托洛茨基"，丝毫不给他任何指导。"僚机男"是个蠢蛋外加没有安全感的苦工。而"转转女"则是个毫无幽默感的讨厌公关。博客组的女员工们个个都是顽固不化、自以为是。HubSpot 让员工在几个类别中给自己打分，从 1~5。我给我自己都打了 3 分。"托洛茨基"告诉我有位博客小组的女员工——他没告诉我是哪一位——给自己打了全是 5 分。他觉得这一切不可理喻。"这些人还真觉得自己是个人物哦。"他说道。

他能这么吐槽，我也舒了口气。这么久以来，我在 HubSpot 一直觉得这是个疯狂的地方，因为别人貌似都没有什么问题，我甚至开始怀疑自己的理智。现在"托洛茨基"来了，他看事物的角度跟我一样——也许至少从我俩的谈话中我能感觉得到。

从 2014 年第一季度开始，人们开始一个个消失。在公司，特别是销售部和市场部 2013 年大规模雇人的狂欢后，现在公司却做着完全相反的事情。我怀疑这跟公司新雇来的首席财务官有关，这家伙有管理过上市公司的经验。我的老朋友马克思告诉我，他听到了 IPO 的风声。或许新来的 CFO（Chief Financial Officer）为了 HubSpot 能上市，所以想削减开支，让账面好看些。

不论什么原因，员工是一个接一个地被赶走。这就像身处上个世纪 70 年代的阿根廷[1]。每周都有人不再出现在他们的办公桌前，我们也会接到"大脑门"的邮件，告诉我们某某人毕业了，哦，别忘了，一起祝他们诸事顺利。有个曾跟"托洛茨基"在他上一家公司一起工作的同事，之后被"托洛茨基"招到 HubSpot，却在他上岗后几周就被辞退，仅因为某人决定不再需要他。

许多员工都被请走，这让某个同事在一次每周市场部会议给"大脑门"递交了一个匿名问题："在过去的两个月里，我们每周至少会失去一名男员工。所以剩下的男员工安全吗？"

"大脑门"试着就此编个笑话。他向众人保证 HubSpot 并没有削减开支，而是公司一直在做调整。他表示他正在积极录人，公司也在扩张，所有事情都很"牛逼"。

之后，在我跟"托洛茨基"的一对一的豆形沙袋椅闲谈会议上，我

[1]　作者所指为发生在阿根廷 1976 年到 1983 年间的"肮脏战争"，即阿根廷右翼军政府国家恐怖主义时期，针对异议人士与游击队所发动的镇压行动。

告诉他我觉得公司在尽可能的减少支出。我意识到我的工资可能比我们部门绝大多数年轻人还要多很多，如果把我开掉了我也理解。"我唯一的请求，"我说道，"就是能提前跟我说一声。我提出这个请求不是作为一名员工，而是作为一位朋友。给我留一点时间，我好去找下一份工作。我到时候肯定麻利离开。""托洛茨基"跟我保证没人向他施压让他缩减开支，但如果有变化，他也会让我知道。

在2014年上半年的几个月中，情况的确有所好转。我现在在4楼刚装修过的房间工作，一个远离电话营销地狱的世外桃源。我在为风投们和首席营销官们编写电子书，虽然比不上在《新闻周刊》写专栏一样有趣，但总比向"市场营销员史玛丽"解释HTML好得多。而且我也在为哈里根和德哈迈于2009年出版的《集客营销》一书撰写更新内容。

业余之时，我也开始做一些私活，为《新闻周刊》日本版写写关于机器人和人工智能一类的文章。当然，总会有我回家跟萨莎抱怨某个蠢货做了某件令人咋舌的蠢事的时候，但更多的时候我会把这些事抛在脑后。

最棒的事情就是我再也不用跟博客小组里的玛莎、简和爱什丽或者"傻机男"一道工作了。我唯一需要一起工作的人就是"托洛茨基"，而且我俩快成了好哥们。我很喜欢"托洛茨基"，有个周末我甚至请他和他的家人到我的住所野餐。我准备了牛排，我们的孩子们玩闹在一团。在工作上，"托洛茨基"有时会为了跟我聊天而溜到我的办公桌前。

显然，博客小组的女同事注意到"托洛茨基"跟我逐渐熟络起来，这让她们很是困扰。她们不喜欢"托洛茨基"。"转转女"也不喜欢。"转转女"还跟"大脑门"抱怨说我跟"托洛茨基"跟我走得太近。"大脑门"告诉"托洛茨基"不应该在工作的时候找我闲聊。反正这就是"托洛茨基"讲给我听的。

"博客小组的女同事不喜欢我们这样。"他说道。

我无法相信自己的耳朵。"这是什么意思，还是在初中吗？"我说道。

"好吧，不是这么简单。"他回答道。

"转转女"向"大脑门"投诉我跟"托洛茨基"之间的某些笑话让坐在旁边的女员工不舒服。有个女同事不小心听到我们的谈话，觉得我们的聊天内容有些不妥。"托洛茨基"并没有跟我讲是哪个女员工告的状，但他告诉我是我们哪次聊天所引起的。是关于我们聊的育儿话题。他们曾尝试过日托中心，不过现在打算请一位保姆。我们家当时也遇到过一样的问题。我们一开始请了保姆，之后求助于家庭互惠生，她跟我们吃住，帮我们照顾孩子。结果发现房子里面多了一个 18 岁的德国小姑娘并不是最好的办法。我告诉"托洛茨基"，家里没有什么不妥的事情发生，但我老婆变得很神经质。他告诉我他老婆肯定不会让一个家庭互惠生跟他们住在一起。

这个聊天让某人听着不舒服。然后这个人向"转转女"打小报告，然后把我们告发到"大脑门"那里去。

我觉得这整件事看起来很愚蠢，但"托洛茨基"对此却严肃得很。"你可以被几乎任何理由解雇，然后活下来，"他说道。"但只有一个被开除理由是让你之后没办法全身而退的，那就是性骚扰。如果这事发生了，你就别想再工作了。"

从此之后，我对"转转女"和博客组的女同事都毕恭毕敬。之后，差不多每天上班我都会向她们问早，下班的时候我会向她们道别。

"托洛茨基"跟"转转女"的麻烦才刚刚开始。不知道处于何种原因，"转转女"决定要跟他过不去，她等着抓到"托洛茨基"下一个把柄。某个晚上，"托洛茨基"很愚蠢地给了她这个机会。

这一切开始于"托洛茨基"写条脸书消息，这条消息是关于脸书COO 雪莉·桑德伯格所推动的"停止娇横"的活动。桑德伯格希望人们停止用"娇横"来形容女生。"托洛茨基"表示桑德伯格不应该用她至上的话语权来追求像"娇横"一词用法这种细枝末节的事情，她应该投身一些更重要的事情中，比方说救助濒临灭绝的非洲象。

"托洛茨基"可喜欢大象了。他经常对为获取象牙而进行杀戮的可恶偷猎者们愤愤不已。我不知道为什么他这么在乎大象，或者他的脑子是怎么越过如此不合逻辑的鸿沟，能从桑德伯格女权卫士的行动跳跃到大象偷猎问题上的。不过我也不在乎这些。

"转转女"却特别在乎。她的质疑如枪林弹雨般袭来。她没有把这个问题在工作的时候提出来跟"托洛茨基"私下讨论，而是跑到"托洛茨基"的脸书上，在他的状态下面留言，抨击他并没有把女权当回事儿。她提到"托洛茨基"应该想想他给在 HubSpot 为他工作的杰出女性们发出了什么样的讯息。她们读到这则消息是怎么想的？她们会觉得被忽视了。她们会觉得"托洛茨基"更关心大象而不是她们。

这很疯狂。对于一个公关来说，这么做有点奇怪。我们都应该"为企业价值出谋划策"，并且不惜一切代价保护品牌。那为什么你去攻击一个新来的副总裁？人家在组织图表里比你高两个等级。而且还是公开在脸书上对质？她怎么想的？

我开始怀疑"转转女"是否有点精神失常。我敢肯定"托洛茨基"绝对是疯了。他在脸书上应了战，而且就这么一直打了下去，就跟狗追着骨头一样。而且更棒的是，跟"托洛茨基"一样，"转转女"也喜欢争强好胜又从不退缩。

他们在脸书上来来回回互相羞辱了对方整整两天。这就像围观两只猴子朝对方扔屎，战况惨不忍睹且愚蠢之极，却又无比精彩。"转转女"训斥"托洛茨基"不懂女权主义，而"托洛茨基"责骂"转转女"对大象无知。很快其他人——有的是 HubSpot 的员工，有的是"托洛茨基"和"转转女"

各自的朋友——也纷纷加入战局，选好阵营，然后朝对方扔鸡蛋。

　　争论沦落到跟一群初中生在校园里互骂的水平一样。谁也不肯放弃。每次你以为差不多要结束了，结果又有人扔了颗手榴弹。"托洛茨基"给我发了封邮件告诉我他不玩了，他说他肯定不再中计。但我估计他说不定待在家中，抽着烟或者喝着酒，最后还是决定要反击回去。但"转转女"也不会让他来最终收尾，所以她也会再顶回去。

　　最终，"大脑门"不得不出面干预——并不是在脸书上，而是在现实中，就在办公室里。他叫上两人一起开会，告诉他们得马上收手，因为他们影响了公司形象。

　　但我却很是喜欢。我觉得这场闹剧可谓精彩纷呈。我希望他们俩天天打。有一次我梦见"托洛茨基"和"转转女"穿上墨西哥摔角[1]的衣服，一同站上MMA[2]的八角格斗台上，同时博客组的女同事一边嘲笑他们，一边向他们扔糖果。

<1>　原文为 Lucha Libre，是发源于墨西哥的一种职业摔角运动。墨西哥摔角的特色在于选手脸部带着面具比赛。
<2>　为 Mixed Martial Arts 的缩写，译为综合格斗，是一种允许运用多种不同格斗术的搏击运动。

《纸牌屋》^{＜ 1 ＞}

2014 年 4 月第一个星期的周四，"托洛茨基"把我拉到一边的走廊上，跟我讲了一个秘密：HubSpot 正在准备 IPO 的文件。"这件事还没有公布，我也不能跟别人说。"他几乎用耳语大小的声音跟我说道。我们正准备开会，在等会议室里面的人结束后出来。"但他们想 6 月份就开始交易。"

在过去几个月中，我一直怀疑 HubSpot 是否真的能实现 IPO。自从哈里根 10 月份召开直面上帝会议，并告诉我们他开掉了销售总监，我就开始担心。"机器有点运作不良"这句话一直萦绕在我的脑海之中。

但我们还是走到这一步，买卖即将开始。HubSpot 即将公开交易股票，我们也都能兑现。这一切的的确确要成真了。

然而这都不会发生。问题就在于 HubSpot 是在另一家科技创业公司

＜ 1 ＞　即 *House of Cards*，为政治题材的美剧，讲述了众议院多数党党鞭弗兰西斯·安德伍德如何通过政治手段及背后各种肮脏的手段一步步成为美国总统。

Box[1] 宣布自己上市计划之后才准备上市的材料的。Box 是一家高调的硅谷公司。它被视为包括 HubSpot 等其他云计算公司的领头羊。

Box 的 20 多岁的 CEO 亚伦·莱维既迷人又富有领导气质，所有人都认为他的公司做得风生水起。公司如今发布了财务结果，各项指标均未达标。销售是在增长，但是 Box 在推销和市场上花费的金额过于巨大，导致公司亏损严重。可以肯定的是，几乎所有云软件公司都有这样的问题。即使对于第二次科技泡沫的宽松标准而言，Box 的结果也是不尽人意。

与此同时，不知出于何种原因，云计算公司和"软件即服务"公司的股票走势开始低迷。一个代表 37 家公开交易且与云计算相关公司的指数仅在两个月内就损失了 580 亿美元的市值。我们的对手，同时也是行业模范 Salesforce.com 的股票下跌了 25%。另一家跟 HubSpot 差不多的公司 Workday[2] 则下跌了 40%。

5 月 1 日，《华尔街日报》报道 Box 决定推迟 IPO，因为"投资人与云软件的情愫渴求于最坏的时间。"

对于 HubSpot 来说是个严峻的消息。"托洛茨基"又偷偷地告诉我，管理层已经决定搁置股票发行的计划，希望入秋的时候市场能重振旗鼓。好消息是跟："Box 不一样，HubSpot 对其 IPO 计划保密。没有人知道我们半途中止，所以等到时机成熟，我们又可以重新整装上阵。"

HubSpot 可以这么做要多亏在 2012 年颁布的 JOBS 法案中的一项条款，该条款允许年销售额在 10 亿美元以下的"新兴发展"公司可以对其 IPO 的文件保密到最后一刻，即到他们准备好向投资人推荐他们的股

---

[1]　为一家在线文件共享以及云内容管理服务平台。
[2]　为一家提供金融管理和人力资源管理软件的云计算公司。

票之时。该条款旨在通过让公司上市变得更容易，从而在理论上创造更多的工作，使经济在衰退后能复苏。

这种做法所导致的意料之外情理之中的结果，便是公司可以侥幸溜进公开市场，而不会成为被严格检查的目标。有些人担心这会造成可怕的后果，正如 2014 年 9 月份的某篇《华尔街日报》文章所描述的："这是一个日渐普遍的现象：在上市之前，公司减少自身信息的披露，并只留给投资者极少的时间消化信息。股票在前几个星期的交易中涨势喜人，可之后一年内便败势尽显。"

风投和创投家们热衷一切可以将他们的股票以更便捷的方式兜售给大众的办法。他们可以在牛市的时候卖掉股票，在熊市前便逃之夭夭。散户或许应该更加小心，如果我还是记者，我肯定会警告他们小心这种向公众招股，却岌岌可危、连年亏损的企业。然而我现在并不是记者了。我现在跟风投和创投家们是一队的，跟他们一样，我也希望有机会能把我的股份骗售出去。我们会使出浑身解数寻求一切可能的办法。

我很好奇等到 HubSpot 的财务信息最终公之于众的时候我们会发现些什么。在 10 月份的会议上，哈里根跟我们大谈收入、反复买卖、顾客购置成本，但是，他对于利润或者利润缺失却只字不提。所以，我假定我们是在赔钱，但具体是多少我并不知道。当你在私营公司工作的时候，你所知道的仅是管理层告诉你的。至少从官方而言，"大脑门"给出的一个词就是所有事都很"牛逼"。

但我大体了解到 HubSpot 的财务状况并不是很好。两个月之前，即 2014 年 3 月份，我曾跟风投家高登共进早餐。高登认识 HubSpot 的一些投资人，但他并不是 HubSpot 的粉丝。他告诉我，他在哈里根和沙阿刚组建好公司并打算募资的时候就见过他俩。"我回去告诉我的合伙人，

'我一分钱也不会投他们。他们卖的是狗皮膏药。'不过在那之后我不得不收回之前所说的话，因为他们做得还不错。"

高登有着工科背景。在他成为风投家前，他一手建立并卖掉了一家科技公司。他问我是否相信 HubSpot 软件的功能跟公司吹嘘的一样。"你真的相信那些小本生意的业主，比方说通水管工，他们在结束一天工作后回到家会写博客？你真相信这事能发生？"

"我不知道。"我耸了耸肩。

"即使这些人用了这款软件，你相信它真的有用吗？"

我也曾有同样的疑惑。我们中的一个顾问告诉我这得分情况。有些顾客买了软件却不用，因为他们太忙了，所以没时间写博客。他们就像那些买了健身中心会员却从不去锻炼的人。那些用了软件的人，结果也各不相同。那位顾问告诉我，有些地方我们的策略就是行不通。"然后有10% 的顾客的的确确收获到了不凡的效果，"他说道。"这就跟你给了他们寻水杆，他们挖了口井，然后整个村庄都得救了一样。就是这么神奇。"

高登说哈里根和沙阿很会讲故事，擅长炒作，但他却看不上工程小组，尤其不认可沙阿。"他不再是位工程师了，"高登说道。"他是个博主。他就写写博客，做做 PPT 演讲稿。

高登也同样瞧不起"大脑门"：每个人都跟我说他是个市场营销的天才，但我却看不出来。我好几次让他给我解释一下他们产品的功能，他却做不到。我至今仍不知道他们的产品是做什么的。我见过了很多在 HubSpot 工作的人，没有一个人能让我眼前一亮。谁都没有很聪明。"

早饭后，我们走到室外。现在是康桥市清冷的早晨，寒风席卷过查尔斯河。高登告诉我应该坚持过 IPO，然后再另寻高处。"这地方就跟《纸牌屋》一样，"他告诉我。"我仅是希望他们能成功上市，让投资者在公司垮掉前能尽快兑现走人。"

这番话在我这位前商务记者面前字字掷地有声。我认为高登并不是说 HubSpot 是桩骗人买卖。很明显 HubSpot 有真正的业务，向真实的顾客卖货真价实的产品，并产生真实的收入。我觉得高登的意思是他不认为这种商业模式可以持续发展，早晚会有某股强风袭来会把整片地方夷为平地。

当 HubSpot 在不久后的 8 月公布其财务结果的时候，我会回想起这顿早餐，以及高登关于"纸牌屋"的言论。因为根据结果来看，数字并不理想。7 年来公司已经累计超过 1 亿美元。HubSpot 已经烧光现金，而现在借的钱也直逼信贷额度。

如果市场回暖，HubSpot 便能上市，投资者们也能获得回报。如果股市依旧疲软，或者（我胡说八道的），网络泡沫破灭、市场崩盘，HubSpot 无法对公众销售股票，那公司的命运就是个未知数了。在最差的情形下，投资家们会损失大笔的金钱。

这就是症结所在。这就是我认为哈里根为什么大动肝火，为什么赶走了销售总监，为什么新来的 CFO 会削减支出。

尽管如此，回到老家具厂房内，派对仍在继续。

5 月中旬，我在给一位朋友写信时是这么描述工作氛围的："周一是龙舌兰酒品酒日。今天两点半是独木舟大冒险，紧接着是披萨派对。他们刚翻新了 2 楼，然后又建了一个厨房，并配备了啤酒和苹果酒的灌酒龙头。花费是合理的，因为正在"录人"嘛。他们募集了 1 亿美元，我怀疑他们得烧掉全部或者大部分的钱。"

我有权这么质疑，因为现实就是他们差不多烧光了他们所有的钱。但此时，我已经一只脚迈出了公司的门槛——我收到了来自好莱坞的橄榄枝。

滚到西边去，老头儿

早在 4 年前的 2010 年，我的生活还算不错。在我一边为《新闻周刊》撰稿，一边把我的"假史蒂夫·乔布斯"小说改编成电视节目的那段期间，某天我正在办公桌前，这时我的 iPhone 突然响起，竟然是阿里·伊曼纽尔[1]。阿里是著名好莱坞经纪公司 Williams Morris Endeavor[2] 的头儿。他就是电影《明星伙伴》[3] 中"金子"阿里的现实原型。

我简直不敢相信。这是阿里啊。就是那个著名的阿里在给我打电话。

"你究竟是谁？"阿里问道。"我们怎么还没跟你签约？"

跟我一同合作电视节目的编剧拉里·查尔斯[4]，他就在 WME[5] 旗

<1> 即 Ari Emanuel，好莱坞著名经纪人。

<2> 为位于美国比弗利山庄（Beverly Hills）的经纪公司。

<3> 即 Entourage，该片讲述一位前明星和他几个朋友在好莱坞摸爬滚打的故事，他们不仅都变成了明星还收获了友谊。

<4> 即 Larry Charles，美国作家、导演及制片人，为美剧《宋飞传》的编剧。

<5> 即上文 Williams Morris Endeavor 的缩写。

下。查尔斯在好莱坞算是个热门人物，显然，他在给阿里的邮件里说了我不少好话。现在，阿里想让我离开我签约的 United Talent Agency[1]，然后转投 WME。

谁能拒绝阿里？我曾在各大经纪公司左右逢源，盘算着自己已经迈出了成为好莱坞明星的第一步。

当然是除了之后我的电视节目被毙掉，并且我也没再听到 WME 的消息以外。我想他们早已把我抛在脑后了。

但是，现在是 2014 年 3 月，我在位于盐湖城举行的 Adobe 数字营销峰会中漫步，幻想着如果自己翻过会展中心的栏杆，摔到一楼，会是摔死还是瘫痪。就在此时，我接到了一通区号是 310[2] 的电话。

电话那头是 WME 的助理。他让我等一下一个叫瑞安的家伙，我可记得这个名字。2010 年，瑞安是代表 WME 经纪人跟我电话沟通的助理。

如今，瑞安成为了经纪人。显然他是我的经纪人。瑞安说 HBO[3] 要上一个名为《硅谷》[4]的新剧，他们正打算播出第一集，而且我的老朋友拉里·查尔斯已经跟制片人打好招呼了——如果这部剧可以拍第二集的话，我能否前去洛杉矶加入编剧组？

"哥们，我真想让你看看我现在在哪。"我说道。我此刻正盯着一窝饥饿的市场营销蠢蛋们沿着自助餐桌挪步，偷偷地往自己的餐盘里装着意粉沙拉和各种浓汤炖肉。"如果你看得到，你连问都不会问了。"

当然了！我加入。我太想加入了。瑞安说这不一定有谱，我还得跟

---

[1]　为一家全球性的经纪公司。

[2]　该区号区域为洛杉矶。

[3]　即 Home Box Office 缩写，为时代华纳拥有的美国一家付费有线和卫星联播网。

[4]　即美剧 Silicon Valley，为一部美国电视喜剧，讲述了硅谷六位年轻人的创业故事。截止 2016 年底，已经播出了三季共 38 集。

制片人阿拉克·伯格[1]面试，而且我们得看会不会续约下一季，但他觉得有戏。太棒了！我也顾不了这么多。我给萨莎打电话告诉刚发生的一切。

我觉得脑袋晕晕的。回到房间，我为 HubSpot 撰写着刚旁听演讲的博客，而我的心思早已飞到了 700 英里外圣莫妮卡市[2]的沙滩上。我一写完博客，就开始看劳伦谷[3]的租房信息。

我无法相信这一切。这事就如神赐之礼，又感觉像是我某个朋友搞的一出恶作剧。我感觉自己就像《生活多美好》[4]中的乔治·贝利——我正准备跳河寻短见的时候，我的天使出现了。那个天使，就是我的新经纪人瑞安。他就是我的天使克莱伦斯[5]。愿上帝保佑你，瑞安。

跟阿拉克·伯格谈完后，我们两人一拍即合。电视剧拿到了下一季的续约。瑞安前去为我谈合同。消息一经确认，我便跟"托洛茨基"安排了会议。接了《硅谷》的活儿意味着我就要放弃 HubSpot，但谁管它啊？至少我觉得这样挺好，而且我既能从 HubSpot 开溜又不会丢脸。

我和"托洛茨基"一屁股坐到豆形沙袋椅上，然后我告诉他我拿到的工作：为 HBO 的电视剧工作 14 周。这是个初级编剧职位，但这可是作为迈入在好莱坞之门、开启新事业的第一步——"一个可能颠覆生活的机会"，我的一位朋友这么对我说道，他可是成为了好莱坞大牌的百万富翁作家。

---

[1] 即 Alec Berg，美国喜剧作家，为《宋飞传》编剧。

[2] 即 Santa Monica，为是美国加利福尼亚州洛杉矶郡的一个城市，位于太平洋沿岸，洛杉矶市以西，目前是一个度假胜地和住宅区。

[3] 即 Laurel Canyon，位于洛杉矶市西面圣莫妮卡山脉中。

[4] 即电影 It's A Wonderful Life，该片讲述男主角乔治·贝利一生为生活的小镇付出奉献，收获朋友、事业、爱情和家庭的故事。

[5] 电影《生活多美好》中，男主角乔治因事业被人算计受挫，准备跳河轻生的时候，被上帝派来的天使克莱伦斯所救。

"你可得接下这活儿。""托洛茨基"说道。

"可不是。"

我已经准备好了辞呈，但"托洛茨基"让我再多等几天，等他给我答复再说，因为他还有别的想法。他随后给我开出了这样的条件：我可以在 HubSpot 停薪留职离开 14 周，然后再回来上班。我可以保留我的保险。我可以继续累计股票授予时间。

这对我来说绝对是一桩好买卖。"托洛茨基"认为这对 HubSpot 来说也有百利而无一害。当地媒体和硅谷的科技博主们争先恐后地撰写文章，报道 HubSpot 的前记者员工竟然被雇去为电视剧写剧本。这会显得 HubSpot 很酷，也会为公司增添不少的有利曝光。

"托洛茨基"为此跟"转转女"和负责"品牌与舆论"的特雷西安排了会议。"大脑门"并没有参加。在会议前，"托洛茨基"通过邮件告诉我，"转转女"是"极力想一起讨论 HubSpot 如何能从你 HBO 的活儿中分得好处"。在会议中，"转转女"对于我被录用为电视剧编剧感到错愕不已。"这究竟是怎么发生的？"她问道。

她看上去对于我的背景或者我来 HubSpot 前是做什么的一无所知。我敢肯定我跟他讲过几年前我曾为某家有线电视制作了一档电视节目。我跟她讲这件事情是因为那个时候"大脑门"寻思把 HubSpot 拍成纪录片，就差不多跟《本色品牌》那样。我问相关人员能不能参与这个项目，因为是我的朋友拍的《本色品牌》，而且我可以请他来为我们做指导，而且我有在电视台工作的经验。然而并没人理会。

"转转女"认为 HubSpot 可以通过我要为电视剧当编剧的新闻中榨出一些有利的曝光。她还想跟 HBO 讨价还价做一些品牌植入。我们能不能把 HubSpot 放到电视剧里面？哈里根能不能去做客串？我告诉她，这没戏。

"托洛茨基"特别提醒我，是他替我跟 HubSpot 争取到这个协议。很奇怪的是，他觉得对我的所作所为有些瞧不起，就跟我这么做是不按常理出牌一样。

"没几个人愿意做你现在做的事情。"他说道。

我不知道他是不是真心这么想的，但是在我来的那个世界里，人们会挤破头地要为 HBO 的电视剧当编剧。或许他就是嫉妒而已。他自己是个电影迷，他也理应曾希望成为一名小说家。他双臂有各种花样的纹身，代表着他是一名"创意师"。我很难相信他竟没有去好莱坞发展的一丝想法。

我计划 5 月离开，9 月回来，这正好能赶上集客大会，时间衔接得天衣无缝，因为我打算在大会上发表一个关于叙事故事的演讲，然后分享我在电视剧剧组工作的经历，或者其他什么主题。或许我也可以请其中的某个电视剧明星来个演讲。或许我们可以搞个座谈会。

萨莎和孩子们一同跟我来到了洛杉矶。我们在托潘加峡谷[1] 租了套房子，位置径直入林，远离城市喧嚣。孩子们在马里布市[2] 的祖玛沙滩参加冲浪夏令营。早上，我们会去托潘加州立公园远足，黑尾鹿在那里悠闲地吃着茂盛的干草。晚上，萨莎跟我会坐在桌子上抽着"处方"大麻油，静听着远方的狼嚎。此时，HubSpot 恍惚于千里之外。

我差不多一直泡在位于卡尔弗城[3] 的索尼工作室。这是好莱坞黄金时代的电影片场，建于 20 世纪 20 年代，有着巨大的声场和高大的外门，人们或骑着自行车或开着高尔夫球车来回穿梭。当年，米高梅[4]

---

[1] 即 Topanga Canyon，位于洛杉矶郡西部圣莫妮卡山脉中。
[2] 即 Malibu，为洛杉矶郡西边沿海的富裕城市。
[3] 即 Culver City，位于洛杉矶郡西面下属城市，多家电影制作公司片场坐落于此地。
[4] 即 Metro-Goldwyn-Mayer，为美国一家著名电影电视制作发行公司。

就是在这里拍摄了《绿野仙踪》。在我第一天上班时，我驻足在片场外的街口，拍了一张麦迪逊大街拱门的照片。我走到门口，向门卫报了我的名字，她竟然让我进去了。我们的办公室在丽塔·海华丝大楼中。这一切感觉是如此得不真实，我甚至想掐醒自己。

这里跟 HubSpot 不同之处就是我终于回到了我成长的环境之中。我不再跟年龄仅是我一半的同事工作，也不用跟认为灰发和经验都是被高估的老板打交道。在这里，我的老板是 51 岁的迈克·乔吉，他创作了《瘪四与大头蛋》[1]，《乡巴佬希尔一家的幸福生活》[2]以及《上班一条虫》。我的另一位老板阿拉克·伯格 45 岁左右，是《宋飞正传》和《消消气》[3]的主要编剧。其他同事则参与制作过《我为喜剧狂》[4]和《办公室》[5]等其他电视剧。

在这里，你尽可以一口气讲上 30 个黄色笑话，然后当一个愤世嫉俗又尖酸刻薄的混蛋。事实上，人们反而鼓励你这么做。我们 10 个人挤在这一间办公室中。作家们聪明又风趣，而且比 HubSpot 的同事更加友善。一年多以来，我默默忍住自己不堪的笑点，甚至感到以此为耻。然而在这里，每个人都很恶心。我们围坐在一起，互相聊着彼此听过的跟"屎"有关的故事，开着关于生殖器的玩笑。我们拿着工资干着这事——此乃无上之福。

每晚回家的路上，我会经过一片片圣莫妮卡的沙滩，之后会穿过圣莫妮卡山脉到达托潘加的一段漫长的盘山公路。托潘加给人一种一直活

<1> 即动画剧 Beavis and Butt-head。
<2> 即动画剧 King of the Hills。
<3> 即美剧 Curb Your Enthusiasm。
<4> 即美剧 30 Rock。
<5> 即美剧 The Office。

在 20 世纪 60 年代的感觉，到处都是过气的嬉皮士和抽大麻的人们。我虽离家尚远，但我倾心于此。我一点儿也不想回去。

我不太清楚我是否能做、甚至不知道自己是否想做一名电视剧编剧。但我在洛杉矶待得越久，就越发肯定一件绝对不能再做的事情，那就是在 HubSpot 工作。我没法回到那群热情乐观的孩子中间工作，陪他们花一整天的时间在"小小心跳"活动中彼此发送像是"爱什莉来当总统"这样"为同事欢呼"的消息了。

我还跟"托洛茨基"保持着联系。我们会互发邮件，也会在电话上聊天。我一直在帮忙筹备集客大会。我已经说服了我的一位管理某家纽约公关公司的朋友在大会上发表一个关于如何跟媒体打交道的讲话。《硅谷》的一位制片人也答应在会上做演讲。

但我却在失掉人心。或许这都是"托洛茨基"挑起来的，因为在 8 月的某个周二早上，就在我要回 HubSpot 上班的前一个月，我收到他一封发自他私人邮箱的邮件：

> 请仅把这个问题作为来自朋友的疑惑：你为什么想在 HubSpot 工作？我敢肯定你对领导层、"文化"以及商业并不感兴趣。你要是喜欢这份工作我才意外。我认为在尝鲜的方面——做市场营销，看清市场如何从内部运作——有它的吸引力在；这里也可能掺杂着某种满足掀开商业幕后运作的窥探之感。从各个角度来看，这次的 IPO 都会是你的冠上之羽。然而除此之外，在波士顿这么小的地方里，像你这样的人，是什么使你留下来？

我可记得"托洛茨基"是怎么赶走扎克的，是通过"帮扎克了解到他在别的地方会更开心"。我立刻给他打电话，问他是不是他也准备用这招对付我。这就是你的计划吗？他坚持说这没什么。但我敢肯定他在撒谎。

我一挂了电话，就开始四处发邮件找新工作。一旦找到我就离职。但在此之前，我还会留在 HubSpot，不过仅是为了工资而已。我想能尽快离开，能体面又无痛地平稳退出。很遗憾的是，这压根不可能。

暴风雨就要来了。

第二十章
Chapter
20

眼镜臭屁鬼

这么多年以来一直萦绕在硅谷的一个问题就是：到底有没有泡沫？有些人说有，有些人说没有。有些人争论究竟泡沫的含义是什么，如何定义"泡沫"一词，不过，无论你选择站在哪一个阵营，你都能找出支持你的例子。我是站在认为"泡沫"是指某个阶段时公司的价值不再跟公司的财务表现挂钩的一方，而我们现在正处在这个阶段。硅谷如今已经是在过去的 20 年里第二次跟现实脱节，甚至是最聪明睿智的投资人也摇了白旗，承认他们无法区分好与坏，只能往所有项目上撒钱，希望其中的 1% 能中得头彩。硅谷的投资人就是用"大面积撒网"（Spray and Pray）来描述这种类似大转盘押注的方法。其中更有甚者会信奉乃至庆贺这种理念。"其中多数出于走运。"从博主变为投资家的马克·阿灵顿[1] 在谈到投资科技创业企业的艺术时说道。

2013 年 4 月，谷歌风投发布了一张捕捉到第二次网络泡沫精髓的照

<1> 即 Michael Arrington，美国投资人，科技博客 Tech Crunch 的前主编。

片。这张照片出现在无数的网站上，但当我向谷歌提出申请打算在本书中使用该图片的时候，谷歌问我引用这篇照片的上下文是什么，当我告诉他们的时候，谷歌却拒绝了我。因此我只从中选取了以下两人的照片来作为展示：

左边的这位有着锥子头的，就是安德森·霍洛维茨公司的合伙人马克·安德森；在右边的这位则是凯鹏华盈的合伙人约翰·杜尔。看看他们多么意气风发，自命不凡啊！这两位戴着名为谷歌眼镜[1]的可笑穿戴式电脑的成年人是硅谷中最受人尊敬的两位投资人，他们也代表着最重要的两家风险投资公司。

这些图片是来自"眼镜集社"[2]发布的公告，而"眼镜集社"是专门投资那些为谷歌眼镜开发应用的公司而设立的特殊基金，安德森和杜尔都将谷歌眼镜形容为"有变革潜力的科技"。谷歌眼镜有一个嵌入在

<1>　即 Google Glass，是由谷歌开发的一款配有光学头戴式显示器的可穿戴电脑。

<2>　即 Google Collective，解释于下文。

右眼前方透明方块中的微小电脑屏幕，并能在你走动时通过这个小屏幕为你显示讯息。你可以查看天气，获取导航，拍摄照片和记录视频。

这款眼镜可以改变世界！硅谷所有精明的投资者都对此深信不疑，然而所有精明的投资都大错特错了。谷歌在 2015 年关掉了谷歌眼镜的项目，但此时，全世界那群被骗的蠢蛋们早就戴着这款价值 1 500 美元的眼镜像白痴一样四处招摇，他们在酒吧四处炫耀却被因此受到刺激的人们拿着东西砸。2013 年夏天，我有幸参观了谷歌在加州山景城^{＜1＞}的园区——Googleplex^{＜2＞}——同一群戴着谷歌眼镜的蠢货们一起，他们表现得跟平常没什么两样。他们自称为"眼镜探索者"。而别人都叫他们"眼镜臭屁鬼"。在当天的参观中，我注意到了一件事情，就是没有一位领队——一帮谷歌移动电话部门的高管们——戴着谷歌眼镜。就在那时，我知道这个小玩意儿的大限已到。

那群为谷歌眼镜一掷千金的蠢蛋们或许可以因为他们的天真无知而被原谅，而安德森和杜尔就没有此等理由了。他们负责管理上 10 亿的资本，拿着巨额的工资，他们理应知道自己在做什么。无独有偶的是，安德森和杜尔通过挥霍大量资金在投资上，迫使其他投资人花更多的钱才能不掉队，并投入大量的资源在炒作上，领导着创造新的科技泡沫。

狂热的故事是风投家们的天堂。杜尔所在的传奇风投公司凯鹏华盈的创始人之一尤金·克莱纳^{＜3＞}曾经说过："即使在强风中，火鸡也能飞。"凯鹏华盈建立于 1972 年，是硅谷历史最悠久、也是最受尊敬的风险投资公司之一。克莱纳关于会飞火鸡的格言是 10 条"克莱纳法则"之一，时至今日，这套法则仍是硅谷人赖以生存的准则。把钱砸到市场

＜1＞　即 Mountain View，位于加州旧金山湾区西南部圣芭芭拉郡，为硅谷重要组成部分。

＜2＞　来源于 Googolplex，即数字 10^{googol}，等于 $10^{10^{100}}$。

＜3＞　即 Eugene Kleiner，奥地利裔美国工程师、风投家，被认为是硅谷的领军人物。

和销售中，狠狠地炒作一把，你就几乎能在市场泡沫中卖掉任何东西。"我爱泡沫。"凯鹏华盈的另一位创始人汤姆·珀金斯[1]曾表示道，"我们在泡沫中赚了很多钱。"

你不能谴责风投家们这么想。他们的营生就是为了挣钱。然而，至少大多数人会玩得精明一点。而安德森和杜尔就没这么聪明了。

杜尔在 1980 年加入凯鹏华盈，他当时被称为"风投界的迈克尔·乔丹[2]"，名噪一时，曾是业界最出色的风投家之一。杜尔投中的大生意包括太阳计算机系统[3]、亚马逊、网景和谷歌。但在 2000 年左右，他似乎没了手感，在所谓清洁技术（可再生能源）的创业公司上屡屡失手，从而错过了像是脸书、领英和特斯拉这样的巨头。"杜尔为凯鹏华盈设立了风投的黄金标准"，但是"他也是公司失利的主要负责人。"科技博客 Pando 在 2013 年时这么写道。

杜尔的本科是在莱斯大学电子工程系，在哈佛大学获得了 MBA 学位。我的观点是，当投资创业公司需要理解其技术的能力时，杜尔的水平当仁不让，而当硅谷的注意力投向了社交媒体、图片滤镜和年轻人玩的游戏时，杜尔便无计可施，只能随大流了。2008 年，当 iPhone 成为了新奇的时尚时，他宣布设立 iFund 来投资手机应用开发。2010 年，当脸书火起来的时候，他宣布设立 sFund 来投资社交媒体公司。杜尔甚至学起了马克·扎克伯格开始穿 T 恤和运动套衫。在 2013 年成立"眼镜集社"只不过是他想搭上潮流的另一次尝试而已。

最后，杜尔除了一些曝光之外，从谷歌眼镜中什么也没捞到，或

[1] 即 Tom Perkins，美国商人、资本家。
[2] 即 Michael Jordan，即美国著名前 NBA 篮球运动员，被认为是 20 世纪最有影响力的运动员之一。
[3] 即 Sun Microsystems，美国计算机软件公司，主要产品为工作站、服务器和 UNIX 操作系统。

者这就是他从头到尾的目的。在过去，硅谷的风投家们崇尚着加州版东海岸的、所谓会员制的"白靴"精英文化。所有顶级的风投公司真的是一个挨一个地设在门罗帕克市的一条名为沙岗路的大街两旁。几十年以来，这些公司效仿着私人绅士俱乐部的傲慢作风——带着英国上层阶级的感觉。公司几乎全是男性，他们由一群前工程师们管理，会刻意躲开聚光灯，还会偷偷投给民主党[1]。

当今，炒作已成为了风投业务的中心组成部分。这里有太多的新公司涌现，也有太多的新钱涌入，风投们对于如何提升公司形象倍感压力。他们会跟创业公司一样做一些奇怪的视频。他们会聘请公关。他们建立博客和播客，雇用前记者来管理运营。每年可以交出大额收益的硅谷风投屈指可数。如果你是一位风投家，你必须在这些公司里面投一些钱。然而，能参与到这些交易中却并非易事。实际上，投资人得互相竞争才能有资格投资这些热门的交易。你怎么才能让企业家拿到你的钱？你怎样才能鹤立鸡群？你得有足够的曝光。你得戴着谷歌眼镜拍照片，并自称为梦想家，成为硅谷所谓的可以"看穿转角"的人。即使市场估值已攀升至历史高点，你也坚持自己没有超付。"这不是泡沫，只是一场空前长久的繁荣。"杜尔在 2015 年 6 月接受《彭博商业周刊》采访时这么说道。话又说回来了，杜尔做的是把公司卖到公开市场的生意。你还指望着他说些什么？问一位风投家私有公司是不是估值过高就跟问一位向你推销新款奔驰的汽车销售员是不是买得太贵了一样。

在赚取曝光上，跟安德森相比，杜尔就是个小儿科。想象一下罗德尼·丹泽菲尔德[2]在电影《疯狂高尔夫》[3]表演的角色——身材魁梧、

---

[1]　为美国左翼政党，与共和党并列为美国当代的两大主要政党之一。

[2]　即 Rodney Dangerfield，美国喜剧演员、制片人及编剧。

[3]　即电影 Caddyshack，该片围绕着大学生男主角到高尔夫球场打工时遇到的种种搞笑故事。

说话聒噪又四处撒钱——你就知道安德森在风投的会员制世界里所塑造的形象了：他比别人挣得多，又会吸引别人的注意。2009 年，虽然他已经稍有名气，但安德森仅仅是管理风投资金的新人。而 6 年之后，他成为了硅谷最著名，或许也是最有影响力的投资人。"创业公司的创始人可喜欢他了。所有人都想见他。"一位波士顿的风投家这么说道。"每次我跟创业公司的人见面，他们问我的第一个问题就是：'你认识马克·安德森吗？你能把他介绍给我们吗？'他就跟摇滚明星一样。"另一位风投家说道："如果你从安德森·霍洛维茨公司里拿了钱，你的估值就能翻一番甚至能涨 3 倍。为什么？就是因为他们是安德森·霍洛维茨公司。"

安德森在体格上就令人印象深刻：身高 6 英尺 4 英寸（约 1.93 米），身材魁梧，还有着巨大的光头。他是个非常活跃的推特用户，有时一天能发一百多条推特，不是自大言事就是四处挑事。当沃伦·巴菲特[1]表达他对比特币持怀疑态度时，重金投资比特币的安德森称巴菲特是个"不懂科技却对此沉迷的老家伙"。

安德森是货真价实的第一次网络泡沫的海报男孩。在 1996 年 2 月的封面上，他光着脚坐在皇座上，一副少年称王之感，24 岁的他那时已经成为了百万富翁。我相信，第一次网络泡沫对安德森而言影响重大，在他进入风投业的时候塑造了他的性格。作为创业家，安德森有着丰富的经历。网景被微软打败并开始赔钱，不过最后还是被美国在线收购。在网景之后，安德森成立了 Loudcloud，尽管 18 个月之后上市，然而并没什么收入。之后 Loudcloud 变成了 Opsware[2]，被分拆成两家公司，

[1] 即 Warren Buffet，美国著名投资家、企业家、及慈善家，世界上最成功的投资者。
[2] 为一家为企业提供服务器和网络支持的软件公司。

尽管从未被报道有过盈利，却卖了16亿美元。2005年，安德森共同创办了社交网络Ning，但不久就以失败告终。

在某个节点上，这似乎启发了安德森在硅谷挣最多钱的人并不是那群成立或者管理公司的人，而是那群聚揽资金的人。在网景时期，据称他赚取了1亿美元，然而他的投资人兼联合创始人吉姆·克拉克则赚了20亿美元。2009年，安德森和他的朋友兼前合伙人本·霍洛维茨成立了安德森·霍洛维茨公司，也就是众人所知的a16z公司（这种命名方法被称为"数略语"[1]，是一种通过用数字代表缺失字母的数量来缩短单词或者词语的方法。先是A，然后是16个字母，最后是Z。科技极客喜欢这种东西）。

安德森和霍洛维茨通过超付过估值来参与交易而闻名，据说他们会给出超过其他风投家愿意支付的30%。他们同样承认曝光的价值。他们最初聘请的合伙人之一就是以其干净利索的手腕著称的硅谷资深公关专家玛吉特·温曼彻斯[2]。他们雇用了许多公关、记者和研究员来撰写博客、发布播客、编写市场分析报告——组成他们自己的"内容工厂"。

霍洛维茨根据他作为创业家的自身经历编写了一本书，并为《财富》杂志上拍了封面，他像拳击手一样双手缠着纱布，不过显然他从来不打拳击。他与说唱艺人们为伍，还会蹦出几句说唱歌词，营造出一副深谙街头文化的样子——尽管事实上他生在伦敦，长在加州伯克利，而他的父亲大卫·霍洛维茨是著名的作家及保守派评论家。正如科技博主在"硅谷闲话"所总结的，"本·霍洛维茨竭尽全力地想让你觉得他很酷。"

安德森和温曼彻斯竭力讨好媒体。安德森甚至为像《商业内幕》和

<1> 原文为numeronym。
<2> 即Margit Wennmachers，美国风投家及公关专家。

《Pando 日报》等报道科技领域的在线出版商投钱。其结果就是可以为安德森和他投资的创业公司发布对其有利的报道。当安德森把钱投给 Rockmelt 的时候，科技媒体争相报道，而这家公司却是一家想开发一款新浏览器的二流创业公司；几年之后，当 Rockmelt 以垃圾价卖给雅虎的时候，没人把安德森推向火坑。当安德森·霍洛维茨公司把钱投给了跟比特币相关的公司的时候，这些科技媒体就开始写比特币会是下一个里程碑。

安德森投资项目中的两家公司，Instagram 和 Oculus[1] 被安德森作为董事会成员的脸书收购的时候，人们连眼睛都没眨一下。这两笔交易甚至比网景和 Loudcloud 的收购还要引人注目，因为之前两家公司在没有盈利的情况下就卖了上 10 亿美元，而 Instagram 和 Oculus 甚至在没有收入的情况下却卖出了上 10 亿美元。安德森已经明确表示自己因为利益冲突而把自己从 Instagram 和 Oculus 的交易中撤换掉。毫无疑问，这种冲突对于像安德森一样涉足领域甚广的人而言或许并不能避免。

当安德森还是易趣的总监的时候，他确实曾在跟易趣的交易中惹来不少争议。2009 年，安德森在董事会任期时，易趣打算卖掉于 2005 年收购的通讯服务软件 Skype[2]，易趣花了 26 亿美元买下了 Skype，4 年后公司交易估值才 27.5 亿美元，并没有赚到很多。买下 Skype 的投资人包括一家名为银湖投资[3] 的私募公司，以及安德森·霍洛维茨公司。

至于 Instagram 和 Oculus 的交易，安德森发现自己同时在交易的双方：既是买方也在卖方。买下 Skpye 的 18 个月后，安德森和他的合伙

[1] 为美国一家虚拟现实科技公司。
[2] 为一款通信应用软件，可通过互联网为电脑、平板电脑和移动设备提供与其他联网设备或传统电话/智能手机间进行视频通话、语音通话及文件传输等服务。
[3] 即 Silver Lake Partner，美国一家专注投资科技相关企业的私募公司。

人以 85 亿美元的价格卖给了微软——是他们买时价格的 3 倍。安德森
既是易趣高管又是收购易趣资产的投资人，他的双重身份对于某些人
而言的确是个问题。"安德森得罪的人比卡萨诺瓦[1]还多。老天啊，他
还站在道德的制高点上自命不凡。"活动家投资人卡尔·艾康[2]曾对
CNBC 这么说道。艾康抱怨易趣以低于估值的价格卖掉了 Skpye，而且
易趣的投资人少拿了钱。安德森说艾康"凭空编织了一场虚假的阴谋"。
科技媒体纷纷站队安德森。结果，故事不了了之。

　　安德森有着持续不断的积极乐观态度，他也以同样的姿态回应了外
界，即无论创业公司的估值高得多离谱，这一切都是合情合理。2015 年，
安德森向《纽约客》的泰德·弗林[3]德解释说目前没有什么可担心的。
"没错，情况在第一次网络泡沫时失去控制，然后陷入了危机，而我们
现在又一次顺风而上，但并不代表着我们又会再次崩盘。"安德森表示，
"2000 年的危机是一次'孤立事件'，而经济趋势正朝着'持久繁荣'发
展。"就跟杜尔在一个月后接受《彭博商业周刊》采访时说得几乎一模
一样。

　　安德森·霍洛维茨公司投资了硅谷许多有着极高估值的公司，包括
Pinterest[4]、Airbnb 和 Box，并为其长远利益而拉拢了它的公关机器（包
括其自身内部运营以及在科技媒体工作的朋友）。2014 年春，当"软件
即服务"（SaaS）股票大跌的时候，也就是当 Box 仍想寻求上市却变得
摇摆不定的时候，安德森的"内容工厂"即刻做出了反应。

< 1 >　原文为 Cassanova，即 Giacomo Cassanova 译为贾科莫·卡萨诺瓦，富有传奇色彩的意大利
冒险家、作家，为 18 世纪享誉欧洲的大情圣。
< 2 >　即 Carl Icahn，为美国商业富豪、投资家和慈善家。
< 3 >　即 Tad Friend，《纽约客》作家。
< 4 >　为一家图片分享类社交网站，可以让使用者利用其平台作为个人创意及专案工作所需的视
觉探索工具，用户也可以按主题分类添加和管理自己的图片收藏，并与好友分享。

他的公司发布了多篇博客和播客解释 SaaS 型的公司被误解了。投资人没有理解这些公司的盈利方式。播客中充斥了大量令人眩晕的行话、术语以及公式，解释了 SaaS 公司发明了自己评估其表现的办法。软件及服务仍是新兴业务，将任何一家 SaaS 型的公司与其他同类型公司的业绩作比较不是不可能，只是非常困难。

SaaS 模式支持者的底线是尽管在这些公司早期会发生各种赔钱事件，但因为 SaaS 型公司使用的是订阅模式，所以他们最终可以大笔挣钱。这种理论是否正确仍有待时日证明。

到了 6 月份，SaaS 型公司的股票停止下跌，并开始跟随市场其他股票逐渐回升。对于从 2014 年夏天就开始借钱运营的 HubSpot 来说，这是条利好消息。然而，市场并没有大热。我们的对手，也是著名的 SaaS 型公司 Salesforce.com 的股价仍位于 2 月达到的水平之下。HubSpot 能否可以成功 IPO 仍是个未知数。但是公司没有什么选择。它的资金已经所剩无几。也许公司可以再募集一轮风投资金，但条款可能就更严苛了。

8 月 25 日，HubSpot 宣布了打算上市的计划。与此同时，HubSpot 发布了它的招股说明书，其中包含了公司所有的财务信息。而公司的表现并不那么令人满意。

抱歉，能麻烦你滚出我们公司吗

就在 HubSpot 备案 IPO 注册声明的当天，仅仅在宣布的几个小时前，我在毫无预知的情况下恰巧在网上发布了一个小玩笑。就是这个小玩笑，引发了之后巨大的纷争，也标志着我在 HubSpot 倒计时的开始。

这一切起始于我在托潘加的时候。当时我坐在办公桌前，喝着我的早咖啡，一边看着蜂鸟在枝头盘旋，一边刷着脸书的新消息，然后我发布了一条暗中讽刺"转转女"的小调侃。

然而，那天并不是什么开玩笑的好日子。当时 HubSpot 距离发布 IPO 计划仅有数小时之遥，而我对此一无所知。毫无疑问，在康桥市的所有人都非常敏感紧张，尤其是"转转女"和"大脑门"。但我什么也不知道。此时，我正在 3 000 英里之外，身处树林环抱之中。那天是周一，《硅谷》的制片人给我们放了一天假。那天也是孩子们跟我在加州的最后一天，我打算带他们到六旗魔幻山主题公园玩一圈。明天他们就得飞回波士顿了。

我在脸书发布的笑话是源于几个星期前"托洛茨基"告诉我的事情。这事牵扯到我一个朋友芭芭拉，她是一名记者，曾报道了几位高管离开 HubSpot 的新闻。第一批离职的高管是我们的首席产品官——大卫·坎瑟和工程副总裁——伊利艾思·特瑞斯。他们的离开对我们而言是个不小的损失。一周之后，又有两个人离职了——一位是创意总监阿提克斯，另一位是"用户体验总监"。在公司传言上市之前，4 位关键人物接二连三地离开。芭芭拉就此撰写了一篇报道，其标题为《HubSpot 在准备年度盛会和 IPO 的同时又失去了两位高管》。

"转转女"当时气急败坏。她要求芭芭拉换掉标题重写报道，因为严格来讲，阿提克斯和另一个家伙并不是高管。芭芭拉回应道，对她而言，他们的职位听起来确实很像高管，而且她现在很忙，正在赶截稿日期，也没有时间就语义的问题跟"转转女"争吵。"托洛茨基"知道我跟芭芭拉很要好，他给我打通了电话，语气怒不可遏。"'转转女'刚毁了我们跟一位重要记者的关系。芭芭拉一直以来对我们不错。而现在，她再也不会为我们出报道了。"他说道。

当我给芭芭拉打电话询问她的时候，她只是大笑而已。诚然，"转转女"一直以来就是个害人虫。或许"转转女"觉得如果芭芭拉受够了骚扰，她会为了让自己滚蛋别来烦她，便会妥协更改标题，放弃使用"高管"一词。芭芭拉一向不喜欢公关，而且，当他们告诉她那些词语哪些能用不能用的时候更是如此。然而，这对芭芭拉而言，并不是什么大事。

这就是背景。而那天的新闻是，当我在托潘加坐着喝咖啡的时候，看到阿提克斯加入了新公司，并且《波士顿商业杂志》在报道这件事的时候，在标题上描述他为"前 HubSpot 高管"。阿提克斯在他脸书的状态上发布了一条导入这篇文章的链接。我就是在这下面发表了我自作聪明的小回复:"阿提克斯,我真为你高兴,但你不是'高管'啊。你得把这个改过来!"我这么写道。

就这样。我做的仅此而已。我发布了这条小评论后继续刷我的脸书消息。

不到 1 分钟,我的手机跳出 1 条短信提示。消息是来自"托洛茨基"——我们得谈谈,就现在。

他告诉我整个 HubSpot 陷入了红色警报之中。我的评论是个大问题,是一个严重的失误。某个人看到了——他没说是谁——然后提醒了"转转女",而她现在正大发脾气。

"那我这就删了它。"我说道,就像这样,一下删掉我的评论。它就没了。这个小玩笑总共在线最多也就 30 分钟,没多少人看的到。而且大多数看到的人也不明白是什么意思。

但"托洛茨基"坚持认为我做了一件非常错误的事情。"转转女"脸色铁青,为此在大吵大闹。"大脑门"也相当生气。"他让我告诉你,就他所关心的而言,你已经有两次坏球<1>了。""托洛茨基"说道。第一次坏球,我认为是我在批评哈里根对于灰头发和经验的评论的时候。"你没有被开除,""托洛茨基"说道,"但你已经位于被开除的边缘了。这很糟。"

我目瞪口呆。被开除?真的假的?因为一条脸书评论?这一点儿也说不通。

<1> 棒球术语,击球手三次坏球即可被判三振出局。

"我会跟'大脑门'聊一聊，看看他想怎么办。""托洛茨基"说道，"我会再联系你。"

当天晚些时候，"托洛茨基"一直骚扰我，让我接他的电话。当时我跟孩子们在六旗，这是他们在加州最后一天，我真的想跟他们好好过一天，但他坚持要立即谈话。我仍在回想着"托洛茨基"早些时候对我说的关于我虽没被开除，但已经在被开除边缘的那些话。下午的时候，我看到了 HubSpot 备案了 IPO 注册材料的新闻。我意识到，这或许跟大家如此紧张有关系。我同意跟"托洛茨基"在我下午 4 点的时候谈一谈，也就是东部时间的晚上 7 点。

我从车里给"托洛茨基"打了电话，当时我正堵在 405 高速上，车子一走一停。孩子们坐在后座，睡了过去。为了让他们听不到"托洛茨基"在说什么，我戴上了耳机，因为我觉得应该不是什么好话。我所知道的就是他打算开除我。如果是这样的话，我唯一的考虑就是不想让孩子们此刻听到这个消息。我宁愿等到明天再跟"托洛茨基"聊这些，这样我就不会在孩子面前处理这件事情了，但是"托洛茨基"可不会这么仁慈。

他细数了我的玩笑所引发的问题，以及我在这件事情上所显示出的极差的判断力。他的口吻非常官方。措辞似乎很小心，就跟他把他想说的全部都列了出来，然后按照他的方式顺着列表一条一条地读下来一样。跟之前那位有着粗俗的笑点、跟我要好到让博客小组的女员工都抱怨的好哥们"托洛茨基"不同，这是一位崭新的"托洛茨基"，他用非常严肃和一本正经的声音告诉我，我对橙人邪教犯下了滔天大罪，一条在 HubSpot 看来是近乎死刑的重罪。

或许是因为我过去几周都是跟一屋子的编剧在聊大弟弟和干妹妹，但实话实说，我对阿提克斯的评论真的没什么大不了的。

"托洛茨基"说，这确实是件大事。我闯的祸非常非常严重。事态很糟糕，问题很严重，我得做很多功课才能赢回同事的信任。

"你给你自己挖了个坑，""托洛茨基"说道，"我不确定你能自己爬出来。"

我不会跟他辩解，也不会提及对别人一直盯着我的脸书评论，并在之后以此作为要挟来开除我的行为表示很恶心。我决定听他说完，听听他都说了什么，然后弄明白下一步会发生什么。无论他说了什么，我都保持着冷静，以最少的词语来回应，时刻提醒着我自己，孩子们就坐在后座，他们能听到我说的每一个词。"好的。"我说道。"我明白。没问题。好的。是的，我明白你的意思。"

但这一切简直令人不可思议。我完完全全不相信"托洛茨基"说的每一个字都是认真的。几乎没有人看到我发出的评论，而且我在几分钟之后就把它删掉了。另外，一开始是"托洛茨基"打电话告诉我"转转女"在芭芭拉面前表现得像个白痴。如果"托洛茨基"说，你瞧，咱俩都知道"转转女"是个蠢蛋，但你也不能拿她开玩笑，我或许会认为他是真心的。但他却不是这么说的。他说"转转女"是对的，她的申诉是合理的。他还说他同意"大脑门"觉得我差不多该被开除。这甚是让我震惊。我不知道这一切是怎么发生的，但"托洛茨基"是变了——里里外外。这就像电影《人体异形》[1]里最后一幕一样，你认为唐纳德·萨瑟兰[2]还是人类的时候，但当他向前指着并张开嘴的那一刹那，你意识到他已经变成了……他们中的一员。

这一切让我感觉像是借口，就如同"托洛茨基"一直在找个理由来

<1> 即电影 Invasion of the Body Snatchers，讲述某种寄生类植物的生物侵袭人类的故事。
<2> 即 Donald Sutherland，著名加拿大演员，曾主演《饥饿游戏》《傲慢与偏见》《大腕》等电影。在《人体异形》中饰演男主角马修。

抹黑我，无论理由有多小，然后借此来把我赶出公司。我回想起他一个月前给我发的邮件，他作为朋友来问我，为什么我想继续在 HubSpot 工作。我觉得这是一条他想让我离开的明显线索，虽然"托洛茨基"曾坚持他本意并非如此。或许他期望我能给他回信——嗨，你是对的，这样不行，我不打算再回去了。相反，我打电话告诉他我还想在 HubSpot 继续工作。我确实在失去人心，我也早已决定开始找另一份工作，但同时我还是想继续拿我的工资。

如今，我们到了另一个阶段："托洛茨基"用作为经理的口吻对我说话，一条条列举我做错的地方。我真的就只做了一件事，而那也仅仅是条小评论而已。无论"转转女"声称所遭受的忽视与侮辱有多严重，也没法跟几个月前她跟"托洛茨基"在脸书上开战相比，当时他指责她不关心大象，而她控告他憎恶女人。这种争论竟然没有让任何人受到被辞退的威胁。然而我的评论没有提及任何人，却为何会构成被开除的罪行，这使得我们得花一整天的时间来回讨论。而且整件事让我身陷深穴，我可能永远都无法从里面出来。

很抱歉，可我不吃这套。

当"托洛茨基"读完他加给我的罪名后，我说道，"好吧。那你想让我怎么做？"

他不知道。但我们得聊下去。"你有什么问题要问我吗？"他问道。

"好吧。"我说道，"让我很迷惑的一件事情就是我觉得你在小题大做。我想我唯一的问题就是你们为什么要把这件事闹得这么大？我明白因为今天宣布 IPO 大家都很敏感。但显然我并不知道这件事。我很抱歉在节骨眼上出问题。这一切怎么看都是件小事，而且我被你们的反应吓到了。"

我问他人事是否会被牵扯进来。他回答说他不清楚。

"你打算给人事就此准备一份官方的报告吗？"我问道。"这所有的事情都会记录到我的员工档案里吗？"

"我不知道。"他回答道。

"好吧，我这么问是因为你这么处理这件事让我感觉你要为开除我准备材料。HubSpot 是打算这么做吗？你是不是打算开始备案我的资料，某种为了日后你打算开除我时用的书面文档？"

接着就是"托洛茨基"说了一句让我毕生难忘的话："公司，"他说道。"开除你并不需要理由。公司想做什么就做什么。"

一周之后，就在 9 月 2 日，即劳动节周末后的星期二，"托洛茨基"转给了我一份"大脑门"发给整个市场营销部的邮件。我们都能得到一份很赞的礼物：Bose[1] QuietComfort 15 定制的降噪耳机。

"祝贺你在全世界最好的市场营销团队里赢得一席之地。""大脑门"这么写道，"Workday、NetSuite[2]、Salesforce、RackSpace[3]、领英和脸书都仰慕你，他们都想像你那样做市场营销（这些公司都让我教他们你们是怎么做的）。""大脑门"说他知道所有人都在加班加点为两周后举行的集客大会做准备。"我们有许多事情要做，也承担着许多压力。但我知道你们一定能行，你们将再一次证明你们是全世界最好的市场营销团队。有你们的助力，我们可以搞定集客大会，拿下产品发布，超额完成我们第四季度的收入目标。"

让我害怕的是我不认为"大脑门"是为了让员工热泪盈眶才这么说的，我认为他是真的以为他在管理着全世界最好的市场营销团队，而且

---

[1] 为美国著名音响器材制造私营企业。
[2] 为美国一家销售管理财务、运营和客服软件的云计算公司。
[3] 为美国一家云计算公司。

硅谷所有的大公司都想请他去教他们做市场营销。

耳机被漆成了亮橘色，并印有 HubSpot 的标志和每个员工的姓氏。"大脑门"声称耳机是价值 900 美元的"限量版"。它们看上去特别的俗气。没有哪个神志清楚的人会在公众场合戴这款耳机。

"你的那份放在我的桌子上。""托洛茨基"这么给我写道。

我有点迷糊了。一周前"托洛茨基"告诉我，我在被开除的边缘，我给自己挖了一条奇深无比的坑，而且我已经有两次打击了。我本应如履薄冰，而他此时却忽略了这些。就在一周前，"托洛茨基"还让我在孩子面前拿起电话，这样他就可以在他们面前好好训斥我一顿。

如今我们又成了兄弟。他以为我会凭一副橙色的 Bose 耳机便能充满劲头地回去工作了。

同一天，"托洛茨基"给我发了另外一封邮件告诉我他有更重大的消息。"你有了份新工作，"他说道。"非常高端，极其重要。你还在我的部门，但是是新的职责。非常"牛逼"。那是个既能横扫众人又有绝佳效果的绝妙点子。我们什么时候可以详谈？"

此时，我正坐在索尼片场的编剧房间。我们正在工作。这是我在洛杉矶的最后一周。我回复他跟他说我今天晚些时候会给他打电话，但新工作是什么？"我们需要把播客搞起来。由你全权负责。"他写道。

在 HubSpot 做播客并不是什么领导职位，但对我来说听起来还不错。我知道怎么做播客。几年前我跟一个合伙人搞了一个每周的播客，并且吸引了一群不错的听众。我喜欢采访别人，而且我做的还不错。

"我甚至有一个很好的专业麦克风。"在电话里我是这么跟"托洛茨基"讲的。"还有些不错的耳机和一些可以塞到耳机周围的降噪海绵。如果我们要做视频播客的话，我还有拍摄录像的东西。我认识几个在

Youtube[1] 负责跟跟视频博主们接洽的人。我可以跟他们聊一聊，看看他们对怎么把这套东西搞起来有什么意见。我在想我们或许可以做一个公开片段，我可以聊一些一周市场营销新闻，然后再把嘉宾请出来做一个访谈。

接着是一个短暂的沉默。然后"托洛茨基"解释道我不会是播客的主持人。主持人会是"大脑门"。而我就只是负责预约嘉宾、处理宣传和推广，编辑内容并确保播客传到 iTunes[2] 上。

简而言之，我就是去当秘书。

实际上，"托洛茨基"提供给我的这个职位是"大脑门"一开始打算让他的行政助理干的活。他甚至出钱让她去上有关播客的课程。

然而现在变成了我的工作。"托洛茨基"并没有说我是去当秘书。他说我会是"执行制作人。"

"这是个很重要的工作，"他说道。"非常高大上。"

"当然，"我打着马虎眼。"这挺好的。我已经迫不及待想开工了。"

大约 1 个小时之后，"托洛茨基"发了一封邮件告诉我，我之所以能有这份跟文秘性质的做播客的肥差，是因为他跟"大脑门"下了保证。"大脑门"就想直截了当地开除我——而"托洛茨基"跑过去为我挡刀，替我撑腰，救我于水火之中。

"我当时想到了这一幕，"他写道，然后附带着一条 Youtube 视频链接。他想到的那一幕是来自于电影《忠奸人》[3]。电影中阿尔·帕西

< 1 >　为一家知名视频分享网站，让用户上传、观看及分享及评论视频。

< 2 >　为苹果推出的一款媒体播放器的应用程序。

< 3 >　即电影 *Donnie Brasco*，电影讲述 FBI 卧底皮斯顿潜入黑帮收集证据，但却与黑帮头目"老左"心生敬意。但是皮斯顿最后还是揭出了黑帮的老底，"老左"因此受到最严厉的处罚。他直到赴死时，也没有责怪皮斯顿。

诺[1]饰演一名黑帮小头目，而强尼·戴普[2]则饰演一名渗入黑帮的FBI[3]卧底。在 Youtube 的剪辑中，帕西诺在与戴普关于谁是奸细的问题上对质。他说他把自己的名声都压在了戴普身上，如果发现戴普就是那个奸细，那他也死定了。

我明白他的意思："托洛茨基"和我都是黑帮成员。他跟教父"大脑门"替我下保证。如果我不悬崖勒马，"托洛茨基"的事业也会岌岌可危。"托洛茨基"就是电影里那位上了岁数的杀手"老左"，将自己置于命悬一线的境地。他仍不是很确定他是否可以相信我，但是他想信任我，他还打算帮我出人头地。而我呢？我就是那个"忠奸人"，我是那个 FBI 卧底，但如今我花了太多的时间跟这群自作聪明的家伙厮混在一起，我也开始变得像他们一样了。这是多么的戏剧化啊！

或许，我们就是两个在市场营销部工作的蠢蛋，而其中一个想让我们看起来没有我们实际那么平庸。

3 天后，7 月 5 日，星期五，事情还在《忠奸人》的状态。"托洛茨基"又写了一封邮件，他跟我讲我需要给他立一个保证："让我知道你未来的打算非常重要：你是'全身心'都在 HubSpot 上吗？我能给你整个播客项目的前提是——我需要知道你是不是全身心地投入于此。"

我给他回信向他保证："我全身心都在这里。"

这太扯淡了。这家伙已经企图把我赶出公司，然而他现在让我保证一心一意在这里。下一步会是什么？我们是不是得刺破手指，把血滴到

<1> 即 Al Pino，为美国著名男演员，奥斯卡男主角获奖者，曾主演《教父》系列电影。

<2> 即 Johnny Depp，也译为约翰尼·德普，为美国著名美国男演员、电影监制和音乐家。曾主演《剪刀手爱德华》《加勒比海盗》系列等电影。

<3> 即 Federal Bureau of Investigation 的缩写，为美国联邦调查局，是美国司法部的主要执法及调查单位，也是美国联邦政府最大的反间谍机构。

圣彼得的画像上，就像《黑道家族》[1]里一样?

我不会骗他。我的的确确会"全身心"地投入——仅仅是现在而已。我已经开始准备我在集客大会的会议讨论。我也已经开始给适合我们播客的嘉宾写邀请邮件。当我找到更好的工作，我肯定会离开HubSpot，而且我希望这份新工作能尽早到来，但谁知道我得等多久?在我找到下份工作前，我需要工资。所以我会说别人期望我要说的。我也会戴上那副蠢耳机，成为一名富有团队精神的员工。

但是现实是就在 11 天之前，当"托洛茨基"让我给他打电话，这样他就能在我孩子面前训斥我——那样的日子一去不复返。我应该那个时候就辞职，而我现在觉得当时没有这么做很是懦弱。但我仍记得我被《新闻周刊》辞退的那几个月自己是什么样的感受，当我没了工作，我四处联系各类人士，卑躬屈膝，什么活都愿意接。无论我在 HubSpot 过得有多差劲，至少我还有钱入账。有份工作，哪怕什么工作都行，能让我找下一份工作的时候更容易一些。

所以我会留下来，我也会开始找新工作，同时我会乖乖地跟"托洛茨基"站在一队。这就是我的计划。但非常不幸的是，我还没有回去上班的时候，好人"托洛茨基"变成了坏人"托洛茨基"，给了我一记重拳，又小题大做了一番，随后假借设计好的借口对我施以狂风暴雨般的辱骂。而这一次，是跟 HubSpot 年度消费者大会——集客大会有关。

---

[1] 即美剧 The Sopranos，讲述了在美国新泽西州的虚构意大利裔黑手党的家庭与自己所领导的犯罪组织的各式矛盾与冲突。

集客大会

第二十二章

Chapter

22

集客大会在 2014 年 9 月 15 日于波士顿举行，这对于 HubSpot 是件大事——这是我们的"梦想大会"，那是 Salesforce 每年秋天在旧金山搞的为期 4 天的狂欢。我们的规模只是 Salesforce.com 的一小部分，但我们仍跃跃欲试，一展身手，让我们看上去来势汹汹。今年的表演对我们来说非常重要，因为我们刚刚公布了 IPO 计划。严格来讲，我们理应在静默期，证券交易委员会要求公司在这段期间要避免一切可能会蓄意提高股价的行为。哈里根不能就这样走上台然后告诉大家去买我们的股票，但平心而论——此时不讲更待何时。HubSpot 打算在公司的管理层发起路演前，即哈里根和沙阿跟他们的银行家在机构投资人面前发表公司推介时，为 1 万个热爱我们的粉丝和顾客举办一场大派对。

集客大会是展示 HubSpot 市场动力的方式，但同时，我相信 HubSpot 的高管们也意识到了参加大会的这些人就是那些会在交易开始时购买 HubSpot 股票的人。他们是我们的顾客和商务伙伴，是整个运动的一部分，他们对公司富有宗教奉献精神。更有甚者，他们绝大多数人没有任何投资知识，他们不知道怎么阅读招股说明书，或者如何审查利润表或是资产负债表。他们所知道的就是他们爱布莱恩·哈里根和德哈迈实·沙阿，他俩届时会走到台上告诉所有人公司正在蓬勃发展，HubSpot 业绩疯涨，所有一切都"牛逼"得很。

"大脑门"知道他今年要把大会搞得很声势浩大，为此他也使出了浑身解数。他花重金请来了马尔科姆·格拉德威尔[1]和玛莎·斯图尔特[2]作为特邀嘉宾，以及作家兼苹果公司的市场"布道家"盖·川崎，要知道"布道家"这个称谓在市场营销界算是个大头衔。今年的大会规模之大，HubSpot 不得不把会场从位于黑湾的海因斯会展中心搬到了更大的波士顿会展中心。我们还请了 R&B 歌手加奈儿·梦奈[3]在派对中献唱。

集客大会也标志着我从休假后重返 HubSpot。我在洛杉矶的时候就一直在为大会帮忙。我说服《硅谷》的制片人在大会上做一个关于这部电视剧的演讲。我也会主持一个关于风投的研讨会，其中包括 3 名 HubSpot 董事会成员。我还说服了一家纽约公关公司的老板跟我一起做一个演讲，提供一些关于公司如何对付媒体的小窍门，而这位公关女老板茱莉亚是我的朋友。

就在集客大会的前一周，茱莉亚写邮件跟我说她从来没收到 HubSpot 给她的行程安排。我们还想让她来吗？我最后知道的就是，"托洛茨基"会关照好这件事。我认为这可能是个小失误，处理大会流程的两个女员工可能是忘记了，我跟她保证我会搞定这件事。

莫妮卡和艾琳是大会的组织者。我写邮件告诉她们茱莉亚需要一张

---

[1] 即 Malcolm Gladwell，目前为《纽约客》杂志撰稿人及畅销书作家。
[2] 即 Martha Stewart，为美国富商与著名专栏作家。
[3] 即 Janelle Monáe，为美国黑人女歌手、演员。

从纽约来的机票以及预定她演说前一晚的酒店房间。

莫妮卡说从来没有人让她们为茱莉亚作安排。

"这应该早就办妥了。"我回复道。

她说现在安排这些已经太晚了。波士顿那个时候已经没有空的酒店房间可以预定，而且，再说 HubSpot 是不会报销像茱莉亚这种演讲者的差旅费的。

我从来没听说过这种事情。我在全球各地都做过演讲，从来没有人让我自掏差旅费。预订房间和机票似乎是邀请别人来你的活动上做演讲时最起码应该做到的事情。

然而，这就是 HubSpot 的风格，我们我行我素。集客大会太酷了，别人都心甘情愿自掏腰包来争抢如此令人垂涎的演讲机会。我告诉莫妮卡和艾琳我会把话传达给茱莉亚，她得自己付钱订机票。如果她需要地方住，我会让她在我家客房住一晚。

茱莉亚听了之后很是震惊，随后取消了演讲计划。她发了一封邮件表示我们之间可能是误会了，她祝所有人一切顺利并希望我们的大会圆满成功。

莫妮卡和艾莉在我们之间的邮件中抄送"转转女"和"托洛茨基"。"转转女"插了一脚说她会尽力把茱莉亚的事情搞定。之后，"托洛茨基"也加入了进来，回复说正在着手处理。另外，他又单独给我写了一封邮件，说我的言语有些鲁莽和不友善，我应该冷静一点。他告诉我我的邮件严重冒犯了莫妮卡和艾琳。她们一直在非常努力地准备大会，而我现在却跳出来指责她们。

我认为"托洛茨基"对现状的预估偏差很大，然而我还是发了一封邮件给莫妮卡和艾琳，对我可能造成的影响表示抱歉，我也知道她们为了大会工作非常辛苦，而且我相信我们会解决这件事。

我把道歉信的副本发给了"托洛茨基",这样他就能知道我写了什么，而他把道歉信甩回到我的脸上。他说，这没什么用。我在这些女员工面前的表现是没法用道歉解决的。

我问"托洛茨基"，那我还能做什么。他回答道什么也做不了。

"木已成舟。"他说道，"你已经疏远了她们，你没有办法能跟她们和好。"

"托洛茨基"在莫须有的事情上大做文章，表现得就跟我在脸书上留下关于"转转女"需要改正措辞的小评论一样。他一遍又一遍地告诉我，我是个很差劲的人，如今我给自己挖了一个更深的坑。我没有赢回公司的青睐，相反我正把一切搞得更糟。

我把这些我跟"托洛茨基"之间的邮件给我一个在科技公司担任总监级别的朋友看。我让她实话实说。我知道我有时候会很直接，甚至有些粗鲁。或许我跟莫妮卡和艾琳的口气在企业环境的设定下不是很合适。我的朋友跟我保证这些邮件没什么问题，然而她对"托洛茨基"对我的斥责感到很惊讶。她说，"'托洛茨基'是乱放'炮'。他的邮件过分又无礼，一点也不专业，让人无法接受。"她表示，"没有老板应该跟他的下属这么沟通。"

我告诉她在洛杉矶发生了什么事情，关于"托洛茨基"问我为什么想在 HubSpot 工作的邮件，和脸书上的小玩笑所引发的困扰以及他告诉我已经在被开除边缘的警告。我告诉她我怀疑"托洛茨基"就是想让我痛苦不堪，然后把我赶出公司。

"你应该找人事去上报他。"她说道，"给他们看他给你发的邮件。"

"我明白。"我说道，"但我不知道我是否能信任人事的那帮人。我猜他们不会对'托洛茨基'做什么，相反，他们会告诉他我的抱怨，而这样会让他更生气。他会让困扰升级。"

"那就试着跟他沟通啊。"我朋友建议道,"你俩曾是朋友,不是吗?你不用把这件事搞大。就对他说——'哎,或许我们可以去喝杯咖啡,消除些误会,再重新开始。'要顺其自然。"

有可能是"托洛茨基"压力太大。IPO 让所有人都神经兮兮。为了保证集客大会可以顺利进行,每个人都承受了不少压力。另外,"托洛茨基"的老婆刚生了孩子。或许他最近没有睡足,只是神经衰弱而已。

最后,集客大会进行得很顺利。茉莉亚搭乘飞机来参加了大会,她在台上表现出众,对每个人都很友好。我主持了跟一群 HubSpot 董事会成员的研讨会,之后他们感谢我做得很好。我感觉我已经为自己赎罪了。

集客大会结束后的一周,当我们都回到办公室的时候,我走到"托洛茨基"的办公桌前,问他我们能不能找个时间喝杯咖啡,然后谈一谈事情进展得如何。

"我的日程表就在网上。"他厉声说道,"去找个合适的时间,然后给我发日程邀请。"

在我们约定的时间,我们准备在星巴克聊天,结果我们围着公司附近的运河走了很久。"托洛茨基"告诉我他在 HubSpot 并不开心,"大脑门"一直狠压着他。IPO 看起来是要"流产",他接这个工作就是想在股票上挣点钱。传言说 HubSpot 试着把股价定在 19~21 美元之间。这个区间是在我和"托洛茨基"所持股份的行权价之上——我们的期权的定价为 13 美元。但"托洛茨基"表示这还不够。

"除非股价到达 40 美元,否则这里一点儿也不值得我再待下去。"他说道。

我们走到星巴克买了咖啡,然后一同返回 HubSpot,坐在了一楼大厅的沙发上。

最后，我问他为什么对我火气这么大。

"我感觉肯定发生了什么事，而我不知道究竟是什么事情。"我说道，"我就想知道，是不是我做了什么惹到你了，如果有的话，我可以道歉改正。"

我希望他能稍微软下来一点，还记得我们是朋友，很可惜我的希望没能成真。"托洛茨基"固执己见，他说他是确实对我很生气，觉得我工作时吊儿郎当，我的态度也是吊儿郎当。我没有表现出足够的集体精神，我也没对他表示足够的尊重。

"我是唯一一个把你当回事的人。"他愤愤地说道，"我不知道你是否意识到，你现在还能在这里工作的唯一原因就是我。如果没有我的话，你早就被开除了。"

"他们要怎么开除我？"我问道，"因为什么开除我？"

"他们把这称为一次实验，结果并没有成功。他们请了一名记者到公司上班，然而却并没有很合适。"

"天啊。难道是'大脑门'想开除我？"

"你从来没有对我有任何感激和任何尊重。我一次又一次使出浑身解数来帮你，我试着帮你，我也想帮你。然而现在，我并没有那么想帮你了，这就是事实。"

他起身离开，我也跟着站了起来。我们一起走进电梯，共享了一段尴尬又难受的旅程———一路到四楼，直到我们回到各自的办公桌前。

我给那位总监级的朋友回邮件，告诉她那关于一起喝咖啡的建议并没有跟我想的一样行得通。

"托洛茨基"对我的羞辱才刚刚开始。从此刻开始，他会寻找一切可能的机会来告诉我做错的地方。某天我跟本地一家科技公司的 CEO

相约吃午餐，他是我们播客很不错的嘉宾。为了能赴约午餐，我不得不缺席市场营销部的会议，但这不是什么大事。"大脑门"每周一会主持这个会议。这不是强制性的。60多个人会参加，但这只是部门内部大家互相跟进当前日程的方式。一直都有人缺席。

然而，会后我收到"托洛茨基"的愤怒邮件，他需要知道为什么我会缺席部门例会。我提醒他我今天是跟一个CEO吃饭，而且我之前已经提前跟他打好招呼了。

他的回信满是愤怒和争论，他说我自高自大，而且没有付出足够的努力来展示出对团队的忠心。我发给他我回来后第一个礼拜为了跟同事重新联络所做事情的清单。他又回复了一封邮件告诉我他不接受我的解释，并且提出要对我清单上的项目进行一对一的反驳。

如今我俩将问题集中在关于我的忠诚度上，对此，他还有别的问题要来质问我。我在集客大会参加了多少场会议？他想不起来他在会场曾看见我。我给他发了一个列表，上面清楚地表明了我参加过的研讨会和曾聊天的对象，包括了几位HubSpot的董事会成员和投资人。其中，拉里·诺灵顿还感谢我出色地主持了她出席的研讨会。我告诉他我在HubSpot一起喝咖啡或吃午餐的员工的名单，以显示出我为了重新融入公司所做出的努力。

"好吧。""托洛茨基"说道"但这还没完，为什么当我搬到洛杉矶的时候我去掉了我在脸书和推特的个人简介中所有提到HubSpot的部分？为什么我还不把HubSpot这个词放回到我的个人简介中？为什么我没有参加周四晚上在集客大会上的庆功派对？我不喜欢跟同事们来往吗？"

我解释道，"我不喜欢喝酒，我也不喜欢参加人们会喝酒喝很多的派对。而且，我有两个孩子，我离家将近一个夏天，当你有选择要么跟家人在家共度一晚要么跟一群20多岁的毛孩子参加一个喝酒派对，我很有可能会选择家人。这有什么问题吗？"

就是这些。"托洛茨基"说就是这些小事情，拼贴在一起描绘出了一副对公司漠不关心的员工形象。每一件小事都让我离赢回公司的青睐远了一点。

"这些都是绊脚石。"他说道。

我仍期待原来的"托洛茨基"能出现，放声大笑着，然后说道，"傻了吧，哥们，我逗你呢！我的天啊，你真应该看看你脸上什么表情！"如果这没有发生，我也期待着他至少能把我拉到一边对我说："你瞧，这也是上面给我的命令，让我给你身上泼屎、让你难堪，这样你就能滚蛋了。我是真的不想这么做，但这是我的工作，所以我不得不这么做。我知道这很糟。我很抱歉。"

然而，这些事情并没有发生。目前为止，我敢肯定，"托洛茨基"对他讲的所有事情都是发自内心的。我的人生中从来没有人这么彻底地背叛过我。

当我开始播客的文秘工作后，羞辱仍在继续。无论我做什么，我做的都不好。"托洛茨基"想知道我的市场营销计划是什么？我的市场营销计划就是制作优质的播客，然后慢慢培养出一个不错的粉丝群。不行！我们是市场营销人员。我们需要做市场营销！我们需要搞一个邮件活动，把垃圾邮件发送给成千上万的人，敦促他们单击链接订阅我们的播客。如果有足够的人订阅，我们就可以让苹果以为我们有许多的听众，这样苹果就会把我们的播客放在口碑最佳的列表中。

数据：我们需要他们！我们6个月之后会有多少听众？那一年后呢？我们的博客在 iTunes 商城排名多少？我们多快才能排到前十？什么时候我才能承诺这会成为全世界排名第一的商务播客？我需要做出这些

预估，一旦我给出预估，那我就得完成任务——或者其他目标。

我目前在 HubSpot 的事业，全都要指望在播客上了。

"这是个很简单的处境。""托洛茨基"说道，"如果播客成功了，你就能保住工作。"

"那如果没有呢，之后我会怎么样？我会被开除吗？"

"托洛茨基"皱了皱眉头。"就先确保能成功吧。"他说道。

我们对成功的定义即让别人无话可说。我猜是否成功是取决于"托洛茨基"和"大脑门"的决定，而且无论我做什么，我永远不会成功。

与此同时，"托洛茨基"对我步步紧逼。为什么我还没有跟市场部其他十几个不同分工的人安排会议，让他们参与到播客的项目中？为什么我还没有寻求他们的帮助？所以我就安排了这些会议。然后，问题就变成了：为什么我没有早这么做？我们的截止日期是什么时候？我们什么时候上线？我们为什么没早开始？是不是我没有意识到我自己是项目经理，需要对项目每一步负责？

为什么我还没把写好的完整进程报告发给"托洛茨基"？为什么我没有制定好一整套播客市场活动的方案，然后通过谷歌文档分享给市场营销部所有人，这样他们都可以阅读我的市场营销计划并留言评论？当我制定好这份文档，为什么我没有立刻回复那些评论？我给"托洛茨基"加在文档中那一长串评论的回复在哪里？

我们还为播客制作了一个很用心的网页。网页看上去很不错，但设计师错过了截止日期，想要宽限几天。我告诉他们这没什么问题。为什么我这么做？为什么我跟他们讲，他们可以有这几天的时间？为什么他们在一开始就错过了截止日期？我是不是没有跟他们把截止日期讲清楚？

我觉得有这么一个人非常适合做我们播客的嘉宾。我发邮件问"大脑门",我问他对此有何看法。"托洛茨基"却问我为什么直接写信给"大脑门"?为什么我让他牵扯到像这种无关紧要的细节上?我是不是不理解跟总监们沟通的规矩?

他们想让我去秘鲁的一个会议做演讲。还有一个圣地亚哥的HubSpot用户团体想让我出席大会。我当然同意了,我想为我们的品牌做宣传。但是不行!"托洛茨基"说我又搞砸了!为什么我会应在公司好好准备播客的时候接受其他会议发言的邀请?

这都是没事找事。播客不是什么大项目,也不难做,而且说实话也没人会去听的,因为主持人是"大脑门"。我猜他会吸引跟他曾经搞的HubSpot电视视频播客的观众一样多,也就是一个人也没有。

实际上这就是个为我们老板的虚荣心做的项目,我也愿意效劳,但的确没有必要较真,真的以为这个"傻缺"会成为世界上最大的商业播客的主持人,而且也没有理由制定一些不现实的目标,我几乎可以保证我无法完成,并且铁定会失败——除非跟我怀疑的一样,这才是整件事的真正目的。

我试着让自己远离这些羞辱。我假装自己是一名人类学家。如果酋长决定部落的一员要被驱逐,那么其他人会怎么表现?我想象自己是一名研究心理学家,HubSpot的市场营销部就是实验室课题,就像斯坦福监狱实验[1]或者耶鲁的米尔格伦实验[2]的企业版。

我想象自己作为试验对象,研究企业部门如何排除一名不受欢迎的

---

[1]　即 Standford Prison Experiment,是一项设在斯坦福大学心理学系大楼地下室的模拟监狱内,进行的关于人类对囚禁的反应以及囚禁对监狱中的权威和被监管者行为影响的心理学研究。

[2]　即 Milgram experiment,又称权力服从研究,是一个针对社会心理学非常知名的科学实验。这个实验的目的是为了测试受测者在面对权威者下达违背良心的命令时,人性所能发挥的拒绝力量到底有多少。

员工。我听过许多经历过这种事情的人所讲的可怕故事，但是我自己从未亲身体验过，我也不知道事情具体是怎么被处理的。

我研究了"托洛茨基"忽略我的策略和手段——他就坐在距我几张桌子开外，而他却可以忽略我的存在。我很欣赏他不用提高声调的办法来斥责我，事实上他采用截然相反的方法，说话的声音比平时还要柔软还要低沉，有时候用长辈般的口吻，像老师训诫学生一样。他会等到周围都没有人，然后把椅子拉开，倾身靠近，对我说我的行为一直在挑战他的耐心。为什么我要在那次会议上问他那个问题？我是不是想在别人面前羞辱他？他希望我能改过自新，不要这么激进又不友好。

他的另一个手段就是告诉我，我们部门有人对我很生气而他又帮我挡下来了一则投诉。奇怪的是，当我跟这些人道歉的时候，他们一点儿也不明白我在说什么。其中一个据称被我冒犯到的是"大脑门"的行政助理萝伯塔。"托洛茨基"说她快气炸了，因为她为我在集客大会的时候订了一间房，但我却没有入住，这样我不仅浪费了钱，还让别人没地方住。我不明白为什么公司明知道我住在波士顿，却还在那里给我订了酒店。但我还是跟萝伯塔说我确实很抱歉她为我订了房间，我却没有去住。

她看着我就跟我疯了一样。"这没什么大不了的。"她说道，"没人还会再过脑子想这些。"

我告诉她我听说她特别生气。

"这怎么可能。"她说道。

跟处理大会物流的莫妮卡和艾琳也是同样的情况。她们理应对我非常生气，而我无论怎么道歉都永远不可能修补好这道裂痕。而对于这件事也是彻头彻尾的瞎扯淡。

"我俩都没有对你生过气。"莫妮卡在我离开 HubSpot 的几个月后这么对我说道。我告诉她别人跟我讲她对我大发雷霆。她说，"这件事我还是头回听说。"

波士顿的一位公关发邮件跟我说"托洛茨基"在脸书上跟别人激烈地争吵，四处发布愤怒言论，针对性地攻击他人。"这家伙真的是你的老板？"这位公关注意到我跟"托洛茨基"都在 HubSpot 工作，因此他这么问我。"你怎么能受得了他？感觉他就是个神经病。他在帖子下面留言的态度，我可以认为他跟神经病一样，他宣泄的方式让人无法忍受。是个一等一的混蛋。"

我从没有这样无礼的老板。我曾为几个富有个性的老板工作过，其中包括《福布斯》的一名编辑，我曾称他为"该死的混蛋"，而他大笑着告诉我，这就是为什么他喜欢同我共事。我总会找到跟同事相处的办法。在我成年后，无论在工作还是其他场合，没有人像"托洛茨基"那样对我说话。从来没有人如此训斥和侮辱过我，也没有人对我表现出如此的不友善和轻蔑。或许之前我只是幸运。或许大多数人都会在工作中经历这些。但我也曾在一些条件很艰苦的地方工作过，从年轻时的纺织厂到之前好莱坞的编剧室，却从来没有经历过像"托洛茨基"这样的人。

我在学校的时候也没受到过欺凌，但我想这就是被别人欺负的感觉。有人在折磨我，我也不敢跟别人讲，因为我知道，告诉别人只会让情况更糟。这种忧虑反而让我陷入了另一种恐慌，我开始讨厌我自己是如此懦弱，我对自己失望透顶。"托洛茨基"把我当他的出气沙包，而我却丝毫不能阻止他。对我来说，如果我坚持下去，总有一天他会知道我不会反击，从而他会因为自讨没趣而停止骚扰我。结果恰恰相反，当他知道我不会回击，他更是变本加厉，就跟我允许他可以把我打得屁滚尿流一样。

从某种奇怪的角度而言，我挺佩服"托洛茨基"。作为心理学实验的研究对象，他还蛮吸引人的。但问题是，尽管我假装这是一场心理学实验，但实际上它并不是，而且"托洛茨基"对我的羞辱已经开始严重影响到了我自己。我不想上班，办公室看上去如卡夫卡般脱离现实。"托洛茨基"变成了我的监狱看守，我生活在担心会惹他生气的恐惧之中，而我却不知道做什么会惹到他。什么事情都会让他爆发，我感到自己倍受打压，十分无助。

"转转女"坐在我一旁的拐角，像驴一样对自己的笑话嘶鸣着。我四周被一群快乐向上的年轻人包围着，他们在这所成人幼儿园享受着自己的生活。他们最新的发明是由乔丹手下的一名女员工发明的午餐随机配对器，乔丹就是那位创立"无畏星期五"的人。其机制则是在你报名后，每周会让你跟另一个 HubSpot 的员工共进午餐，为了"让彼此更了解对方"。这种积极向上的环境并没有抵消我凄凉的感受，反而让我觉得更糟。我很想在家工作，但播客的活需要我到办公室，而且"托洛茨基"说我要在公司工作来展示我的团队精神，显示我是"全身心"地投入。

几周以来，我一直忍受着"托洛茨基"的羞辱。无论他说什么，我都用冷静的姿态回复，保持这种沉着需要消耗我巨大的精力——终于，我受不了了。某天我失去耐性，告诉他——让他别来烦我。

这是 10 月份某个周五的下午。"托洛茨基"会走到我的办公桌前倾身靠近我，用近乎耳语的声音来跟我抱怨我今天早些时候跟他说过的话，而他认为那些是话是对他的侮辱。这些已经变成了我们之间日常的例行公事。

而这一次，我中途打断了他。

"好吧。"我说道，"你是不是逼着让我辞职？因为如果是这样的话，这方法很奏效。从我回来工作以来，甚至在此之前，你就一直骑在我头上。你对我这么差，我不懂究竟是什么原因。但我真的希望你能就此罢手。"

他朝里坐了坐。过了一会儿，他说道，"你知道吗，你说的没错。"

我大吃一惊，"托洛茨基"承认了他一直在试图把我赶走。他竟然还解释了为什么他会这么做。他说是因为我在 8 月份的时候跟他在脸书上解除了好友关系。他知道这听上去很蠢，但是他觉得这是对他的侮辱。我解释道在我关于"转转女"的玩笑所带来的灾难之后，我切断了我在脸书上跟 HubSpot 所有人的联系——不仅只有他。我想把我个人生活和工作彻底分开。"我只在脸书上发布我孩子的照片和跟我的朋友聊天。"我说道。

"托洛茨基"说他理解。他说他知道自己脸皮薄脾气差。他很容易生气，而且一旦他被惹到了，他就会变得冷漠并报复惹他的人。或许这就是眼下发生的事情，他说道。

"我会不去烦你。"他说道。"我也会给你些空间。"

随后他表现得特别出色，不过就几天而已。但是之后他又卷土重来，用我的抱怨来反驳我。

"你瞧。"某天他就像《上班一条虫》里那位满嘴谗言的老板蓝伯一样悄悄地侧身挨近我，对我说道，"如今你这副全面防守的架势确实是个问题，因为你现在筑起了一堵高墙，这让我更难做我的工作，也更难做你的领导。如果我打算给你一些反馈，我怕你又会说我对你不友善，或者是骚扰你。你明白我在说什么了吧？"

是的，我懂。他是说当我对他说别来骚扰我的时候，是我对他有敌意。我不得不承认，他走了步好棋。

我那位曾给我建议让我跟"托洛茨基"边喝咖啡边聊一聊的前总监级别的朋友，现在给我了一条新的建议，"赶紧走人。"

"你没有什么别的选择了。"她说道，"那家伙盯上你了。"

就如同在伤口上撒盐一样，在一次全体内容小组的会议上"托洛茨基"宣布他有一个宏大又果敢的想法。他打算发行一份全新的出版物——一份高端的在线杂志，以专门为投资人和 CEO 撰写文章作为卖点。它会跟博客分开，拥有独立的网站，会配以精美的插画和照片，以及各类长篇文章。

这与我刚加入公司时向"僚机男"阐述并被其驳回的想法完全一样。我跟哈里根和德哈迈实也提及过这个想法，他们准许了，而"大脑门"却拒绝执行。

"托洛茨基"知道我曾提出过这个想法。他知道整件事情。如今，他就这么拿走我的点子变成了他自己的。

但这还没有完："你们之中有些人知道我们曾接触过桑德拉·贝尔。"他说道，"她曾在集客大会做过演讲。人人都爱她。"

桑德拉·贝尔为一家旧金山的风投公司管理他们的博客。她 30 岁，在进入公关领域前曾在《华尔街日报》工作过一阵子。

"我不能肯定我们能不能请到她，但我们尽全力在说服她。""托洛茨基"说道。"如果她接受了这份工作，我们会让她负责这份新杂志，并让她为我们把这份杂志搞起来。她就是个摇滚明星。我们能请到她可是件大事。"

与此同时，我还是那个播客文秘。这是在搞什么？会后我私下里提醒"托洛茨基"，他提出的这个准备雇桑德拉·贝尔接手的项目，就是我几个月前阐述的想法。

"托洛茨基"点了点头。他似乎是想这么混过去。

"我就这么跟你讲，""托洛茨基"说道，"如果桑德拉能来我们公司，只要她需要帮助，我肯定会让你跟她一起工作。"

此时此刻他想表达的讯息再清楚不过了。"托洛茨基"做了所有他能做的事情，就差雇一位空中书法家在 HubSpot 总部的天空草草写下：

"滚吧！丹！"

我倒很乐意满足他。在找工作方面我也有了些进展。但我不想在我有新工作前就离开。我是家里唯一的收入来源，我们都仰仗着 HubSpot 提供的健康保险。

然而，从此刻起，我意识到我很难再把 HubSpot 当回事儿。某天我吃午饭回来发现"Keytar[1]熊"在我办公室附近的会议室演奏。"Keytar 熊"是在波士顿地铁站表演的街头艺人，穿着狗熊的服装[2]，演奏着由键盘和吉他组合唱的乐器。他在这里是因为今天是特雷西的生日，特雷西是我们"品牌和舆论"的副总裁，她部门的员工认为，当他们吃生日蛋糕的时候有"Keytar 熊"在一旁唱着小曲，还挺有意思的。他们邀请我加入，所以我就留下来吃了块蛋糕，然后跟他们一起拍了一堆照片。在万圣节的时候，我也是这么做的，拉了一群人来拍照，然后当他们摆出疯狂的姿势，个个都表现得牛逼哄哄的时候，我便顺势逃走了。

在一系列接连不断的快乐度调查的同时，"大脑门"让我们（匿名）递交关于在工作中找乐子的新建议。"圣代礼拜一"是我的一个点子——每逢周一，"大脑门"要拉来一大批冰淇淋和甜食浇头，这样我们就能做各种圣代。另一周我建议我们应该把打盹儿室的吊床拿下来，换上按摩床，再请一个全职按摩理疗师为我们做按摩。结果没有一个主意被采纳。

在会上，之前我尽量不说话，而现在我会绷着脸，发表我能想到最荒谬的主意。有一天"托洛茨基"召集我们十几个人来想出一个宏伟又

---

[1]　即键盘吉他，为一种背在肩上演奏的键盘乐器。它的名称是由键盘（Keyboard）的 'Key' 加上吉他（Guitar）的 'tar' 而来。
[2]　实际上是街头艺人穿着电影《泰迪熊》（Ted）里泰迪熊角色的服装。

全新、意料不到又富有革命性的市场营销方式，这足以让 HubSpot 千古留名。他说他在寻找所谓的"汤姆·约克[1]时刻"，即这位电台司令乐队的主唱在 2014 年跨过整个音乐界把他的新专辑打包在 BitTorrent[2]上，从而获得了上百万的下载，足足挣了 2 000 万美元，却不用跟唱片公司打任何交道。

　　我们差不多有一周的时间想出跟汤姆·约克所做所为一样的革命性点子。当轮到我时，我是这么提的点子："我们拿 5 000 张 1 美元的钞票，在每张上面印上大大的 HubSpot 红色字母和我们的网址。我们把这些钱带到某个城市，如辛辛那提市[3]，因为我老哥住在那里，但无所谓哪个城市。我们把这些 1 美元的钱散发到整个城市中。这象征着市场营销。你们明白我的意思吗？"

　　然而，他们并没有明白。博客小组的女员工们用满是怨恨的眼神盯着我。我没法区分他们这么做是因为她们不喜欢我的主意，还是她们只是单纯地憎恨我。

　　"我们当下吸引顾客的方式，"我说道，"就是我们花费了数百万美元请别人在博客上创作内容。然后我们还期望着其中一小部分看到我们内容的人变成我们的顾客。我们的转化率实在是太小了。"

　　"我提议我们裁掉中间人——就是我们——然后真的把钱就这么撒出去。辛辛那提的群众就会在各种地方看到这些钱。他们开始好奇究竟发生了什么。媒体听到了风声。当地杂志做了相应报道。随后我们找一家当地的电视台。哈里根便可以大谈特谈他的疯狂营销方案。这全是免费的报道！比方说，这件事后，我们在辛辛那提吸引了一位新顾客。我

<1>　即 Thom Yorke，英国摇滚歌手，电台司令（Radiohead）主唱。
<2>　为美国一家提供文件下载种子的网站。
<3>　即 Cincinnati，为美国中部俄亥俄州的城市。

们仅仅花了5 000美元就得到了一位顾客。这可比我们现在的客户获取成本低得多。"

但他们并没有买账。但我仍继续阐述我计划的第二个阶段：拾荒寻宝。最近这种事登上各处新闻媒体。某个神秘的慈善家把百元大钞放进信封中，藏在旧金山和纽约各个地方，然后在网上放出寻找它们的线索。

"我建议我们可以借此乘风造势。我们可以在特定的某天宣布我们在旧金山某处藏了一个装有5 000美元的包裹，如金门公园。或者在纽约的中央公园。我们凭空创造了一股热潮。想想你有成百上千的人互相较劲，试着找出藏好的美元。他们同时空降在公园里。他们阻塞了交通。他们引发了事故！这就像老电影《疯狂世界》[1]一样，不同的小队都在寻找宝藏。新闻报道漫天乱飞。他们都会报道这场混乱。他们会报道找到这些钱的人。他们也会报道我们。我们肯定会上全国新闻。"

实际上，这不是什么馊主意。虽然听起来有待商榷，或许有些疯狂，但这并不在可能性之外。

没人喜欢。

"好吧。"我说道，"这样我们甚至还能再进一步。我们可以搞一个金钱大炮——就是个可以发射出钞票的大炮。我们仅需要一台大功率电扇，一个盒子和一个接出来的管子。我们可以把这个大炮架在一辆悍马[2]后面，车两旁贴着巨大HubSpot的拼写字母。我们可以一边围着城市开车，一边向街道两旁吹钱。想想一下这能造成的混乱吧！人们涌

<1> 即电影 *It's a Mad, Mad, Mad, Mad World*，为美国经典的喜剧电影。该片讲述一位抢劫犯死前透露自己把遗产埋在某处公园中，引发了得知此事的八个不同身份的人为了寻宝而展开的可笑疯狂的争夺。然而这笔财产是抢劫犯之前所偷的赃款，警方在得知寻宝人们的一举一动后，提前挖出了宝藏。但警长由于退休在即，退休仅有少的可怜，携款潜逃，却被警察抓住，发财梦最终落空。
<2> 即Hummer，为美国通用汽车公司制造的一种民用运动型多用途车，来自于军用悍马汽车。

上街道，能抓多少钱就抓多少。他们会为这些钱打在一团，就像黑色星期五^{<1>}在沃尔玛拼抢特价商品的人一样。这会跟噩梦一般！"

而他们就坐在那里，低头看着自己的手。"托洛茨基"清了清嗓子，说道，"好吧。还有别人吗？"

我们花了一个小时听取了各种"鸡肋"的点子。其中一个叫作"优步一名市场营销员"，这就是优步和一家防疫服务公司曾搞的宣传活动的翻版，你可以请一位带着流感疫苗的护士开车上门为你注射流感疫苗。通过"优步一名市场营销员"，你可以花点钱或者赢下某个竞赛，随后 HubSpot 会把一名市场营销员送到你的办公室教你如何做市场营销。毕竟，我们是这个星球上最棒的市场营销团队！人们肯定会争先恐后地要我们去教他们市场营销。

事实上，这个点子还是获得了一些回应，但是有人担心优步不会跟我们合作。那之后怎么办？我们可以找 Lyft^{<2>}，或者其他汽车服务公司。

我随声附和道，我喜欢这个主意，不过我们可以借风造势，把它变得更戏剧化一点，"为什么我们不让市场营销员背着降落伞落下来呢？就像谷歌在他们去年 I/O 大会^{<3>}上搞的那出一样，他们让人们带着谷歌眼镜跳伞落到会场的房顶上。你赢了奖品，之后一家飞机飞过头顶，紧接着一名市场营销员从飞机上跳伞落到了你的房顶。这得多酷啊？"

一双双眼睛死盯着我。

"或者，"我为了救场补充道，"我们可以把某人从大炮中发射出去。我们可以让'转转女'来做。我会花钱去看。或者——对了，法媞玛也

<1> 即 Black Friday，为感恩节前一天，纪念耶稣基督受难的日子。如今为商家在感恩节期间推出限时特价促销的时间。

<2> 为美国的一家交通网络分享公司，为优步在美国的主要竞争对手之一。

<3> 为谷歌每年举办的网络开发者大会，讨论的焦点是用 Google 和开放网络技术开发网络应用。

可以。"法媞玛是一位刚从大学毕业的年轻女生，她有着令人难以忍受的抱负和活力，热爱 HubSpot 甚至超过生活本身，她可以为了升职做任何事情。"她个子小。"我说道，"我们可以让她穿着橙色运动衫，戴着橙色头盔，把她从这里发射出去，穿过窗户直接落到办公室隔间。砰！她就到了！可她不会错过一拍，就能立刻开始讲市场营销课程。"

有几个人大笑起来。但当他们环视周围，看到其他人并没有笑时，便停了下来。

有这么一瞬间，什么都没有。噤若寒蝉。

"你瞧，"我说道，"我真的觉得你们应该好好考虑一下金钱大炮。因为这个主意绝对会成功。"

逃逸速度

幸运的是，从一开始我的找工作之旅就很顺利。我敢肯定，不久便会有工作找上门来，我也可以给公司递交离职通知。

与此同时，在 10 月 9 日，HubSpot 准备实现其 IPO。我要发大财啦！好吧，其实并没有。我的期权价值大约 4.5 万美元，要比我行权所花费的金额多。事到如今，我也没什么可抱怨的。

当公司打算上市时，他们必须向证券交易委员会递交材料，并公开其业务信息，包括他们的财务表现。在看完 HubSpot 的招股说明书后，我不能相信还会有人真的去买这家公司的股票。公司亏损严重，而且损失并没减少，反而是不断扩大。事实上损失的增长要比收入的增长快得多。

根据其 IPO 招股说明书，HubSpot 在 2013 年入账 7 750 万美元，而亏损了 3 420 万美元。前一年，HubSpot 公布其收入为 5 150 万美元，但亏损为 1 890 万美元。亏损要比销售额增长快得多。从 2009-2014 年，HubSpot 总共进账 2.31 亿万美元，但是亏损掉 1.18 亿万美元，意味着公司每在销售挣取 1 美元，公司就要花掉将近 0.5 美元的钱。

诚然，头条收入在增长，但 HubSpot 是通过在销售和市场营销上砸了越来越多的钱才完成这项任务。根据招股说明书，在 2013 年 HubSpot 仅在销售和市场营销上就花掉了 5 300 万美元——大约是其 68% 的总收入。目前为止，销售和市场营销代表了公司利润表上最大的支出。HubSpot 在销售和市场营销的花费超过其在研发上开销的 3 倍。

根据 HubSpot 的资产负债表，仅在 2012 年年底到 2014 年年中短短 18 个月内，HubSpot 的资产下降了 20%，从 6 500 万美元跌到 5 200 万美元。而与此同时，它的负债翻了超过一翻，从 2 760 万美元激增到 5 740 万美元。

在招股说明书中还显示出 HubSpot 的借款也直逼信贷额度。公司总共借款 1 800 万美元，公司会用上市募股的资金还清这部分借款。管理层希望能在 IPO 的时候募集 1 亿美元。

招股说明书还包含着一条警示："我们之前有亏损史，或许我们未来难以实现盈利。"请注意这说的不是会过一阵子才可以实现盈利，也不是说公司会实现盈利，只是无法预见何时会发生。相反，招股说明书表示公司可能永远不会盈利。当然，这只是一种保守的说法。公司总会夸张其风险。这样，公司之后就不会因为误导投资人或者过度期许而被追责。

所以，如果你买这只股票的话你会得到什么？你不是投资，你是在投机。你是期望无论你花多少钱入股，总有一天有人愿意花更多的钱来买走你手中的股票。毫无疑问，在买 HubSpot 的股票前，会有大把的人没有阅读招股说明或者看一眼公司的利润表或是资产负债表。他们买的就是公司推销的故事。他们还是有在期待 IPO 能带来一些小"惊喜"，意味着股票在首个交易日的时候会上涨一些，可以立即给他们带来盈利。

最终，这些人都如愿以偿。随着 IPO 临近，投资人对 HubSpot 显示出强烈的兴趣，促使其股票定价的上涨，从原先的 19~21 美元，增长至 22~24 美元。10 月 8 日，即在 HubSpot 股票开始交易的前一晚，公司又将股票发行价提高至 25 美元。第二天，当股市开市时，HubSpot 在纽约证券交易所的股价一路上扬至每股超过 30 美元。

哈里根和沙阿克服了各种艰难险阻才能走到现在。2006 年，他们成立了 HubSpot，根据劳动统计局统计，超过 60 万家新公司在美国成立。根据追踪风投业的公司 CB Insights 在 2015 年发布的报告显示，只有不到 1 500 家企业成功地从天使投资人和风投公司募集到了资金。而 CB Insight 称，在这 1 500 家公司中，只有 1% 能成为"独角兽"级公司，即其市场估值达到或者超过 10 亿美元。

最令人惊奇的是，尽管公司离破产还有一线之隔，HubSpot 最终还是能够成功上市。显然这种事情发生的次数要比我想象得多。"这就是所谓的'要么上市要么破产'，而这并不少见。"前投资银行家兼风投家特雷普说道。"人们并没有意识到这些公司非常脆弱。它们要比人们所认为的还要不堪一击。成功与失败的差异远小于人们的认知。整件事情取决于公司能否在它们自爆前达到逃逸速度。"

特雷普说 IPO 的成功"就像一部团伙犯罪电影。你知道他们会把此地抢掠一空，但你不知道他们会怎么做，你也不知道他们能不能成功逃脱。理想之地就在那边，但他们能不能到达呢？"

哈里根和沙阿以及他们的投资人成功演完了这部团伙犯罪电影。HubSpot 上市，投资人挣得盆满钵满。

10 月 9 日，即 HubSpot 的首个交易日，哈里根和沙阿以及一队高管前往纽约，在纽约证券交易所敲钟宣布公司上市。他们全体都戴着很蠢的橙色太阳眼镜，就像一群小丑。而我们剩下的一群人聚集在位于康桥市的公司大会议室中，观看来自证交所一楼直播的现场报道。坐在我前面的两位女员工已经在他们的 iPhone 中装载好了雅虎金融应用，此时正试着算出她们手中的期权价值几何。

当股票开始交易时，在证交所一楼的"记者们"（实际上他们是公关人员）便开始采访 HubSpot 的高官们，问他们有没有话要对远在公司的员工们说。

最棒的评论是来自于德哈迈实。他拥有公司 7% 的股份，超过其他任何一位个人。在每股 30 美元的时候，他的 230 万股价值将近 7 000 万美元。这份意外之财要感谢当初他个人的大胆赌注，在那时看来他的决定确实有些出乎意料：在 2006 年，他从银行拿出个人的 50 万美元，一手创办了 HubSpot。他当时是唯一的种子投资人。

德哈迈实拥有首席技术官的头衔，同时他也撰写了 HubSpot 的文化准则，但他似乎并不常出现在公司。截至 2014 年 10 月，当 IPO 进行之时，他把绝大多数时间都花在了一个新项目上，一个名为 Inbound.org 的在线市场营销社区。

但如今他是公司最富有的人。我迫不及待地想听到他会跟在康桥市的员工们说些什么——那些写代码的工程师，那些在"锅炉房"卖软件的弟兄，那些在"内容工厂"生成线索的苦力，以及成天跟愤怒顾客打交道的客服代表。

这群人的绝大多数都没法从这次 IPO 中得到什么，而他们的辛苦工作却让德哈迈实变得非常富有。那他会怎么感谢他们呢？他总结了我们的文化：谦虚谨慎，卓越透明。他是 HEART 的创造者，是"悦客"的发明者，是宣布"成功就是让那些追随你的人看上去明智无比"的哲人。

这位刚刚挣了 7 000 万美元横财、而他的股票随着 HubSpot 股价的攀升在不久之后便会超过 1 亿美元的人，对着摄像机，说了一句令人惊愕不已的话："赶快回去工作。"

我永生难忘。

在我们离开的时候，我们每个人得到了一小瓶印有 HubSpot 标志的菲斯奈特葡萄酒[1]。我们的前台佩妮，一个一个查着名字按人头发放，以防有人会溜回去拿走第二瓶。

简直完美。

---

[1] 即 Freixener Brut，一款西班牙产的葡萄气泡酒。

倘若我有"心"

在 IPO 后的 1 个月，即 2014 年 11 月，我收到了来自 Gawker Media 的录用通知。Gawker Media 是纽约的一家博客出版公司，以发布一些讽刺文章和调查性稿件著称。他们想让我在名叫"硅谷摇[1]"的博客上撰写关于《硅谷》的事情。终于在我假装自己是研究 HubSpot 土著的人类学家，并在他们对我的出现日渐反感的数月之后，我将重返自己的部落。

巧合的是，在 11 月的某天，当我在等待 Gawker 的正式录用通知的时候，我也收到了来自"托洛茨基"对我的年度评估。我打算逃过会议，因为我猜他打算好好羞辱我一番。这次评估对我而言毫无意义，因为一旦我收到了 Gawker 的录用信，我就给"托洛茨基"递交我的离职通知。而另外一方面，为什么要逃？我敢肯定"托洛茨基"准备了什么特别的计划。而且，如果我真的打算做一名人类学家，我就应该坚持到底。

---

[1] 即 Valleywag，为报道硅谷新闻和八卦的博客。

"托洛茨基"把我们的会议安排在四楼的一间小会议室，这间会议室是以红袜队队员达斯汀·佩德罗亚[1]命名的。虽然我们称它是会议室，但是它的大小跟衣橱差不多。房间里有两把椅子和一张刚好能放得下两台笔记本的小桌子。这间房装有玻璃门和玻璃墙，所以外面经过的人都可以看得到里面。

当我按时走到会议室时，"托洛茨基"仍跟一名名叫凯西的女员工做最后的评估总结。他们有说有笑，感觉双方都很开心。于是，我走到长廊尽头，等着轮到我的时候。几分钟之后，凯西从会议室走了出来，看上去心情不错，感觉她的评估会议进行得很顺利！"你好啊！"她跟我打招呼道。

当我走进会议室时，"托洛茨基"打开他在桌子上的笔记本电脑，脸上露出一副痛苦的表情。显而易见这次会议不会很顺利。过去有段时间我曾坚信"托洛茨基"所说的那些乱七八糟的东西都不是认真的，他对我的羞辱只是因为"大脑门"让他把我赶出公司。之后我开始意识到事实并不是这么一回事儿。最近我怀疑"托洛茨基"其实是乐在其中。

他首先开始讲解HubSpot的评估是怎么进行的。我们是从3个方面进行打分：工作表现、HEART和VORP。其中每一项的评分是从1~5。这些数据让整个过程显得有理有据，或者按照这里人们的说法，是数据驱动。当我在其他地方工作的时候，年度评估其实就是跟老板聊天。但HubSpot喜欢数据。

在工作表现上，"我给你打3分，""托洛茨基"说道。他看了看我，又盯着他的Macbook Air，就跟屏幕上有一堆数据可以支持他给我的打分一样。

3分，我想应该代表着我的工作还算说得过去。当然不是很出色，

<1> 即Dustin Pedroia，为波士顿红袜棒球队二垒手。

甚至不能算很好，但也不差，也不到令人看不下去的境地。我想这就像在考试中拿了 60 分左右的成绩。3 分是个平均分数，没什么特别的，我表现得还凑合。

"托洛茨基"抬头看着我，期望我能有所回应。我耸了耸肩。我能说什么？我觉得我自己作为播客秘书，做得相当出色。我们已经采访了许多很不错的嘉宾，播客的网站看上去也很漂亮。我们的内容也被 iTunes 商城批准。实际上我们提前完成了任务，但我在这里并不是来跟他对质的。我来这的目的就是要看一下这个跳梁小丑要说什么。如果他给我打 3 分，那就 3 分好了。

接着就是德哈迈实在文化准则中创立的 HEART，这 5 个字母是"谦虚"、"高效"、"适应"、"卓越"以及"透明"这 5 个英文单词的首字母缩写。"托洛茨基"一本正经地跟我解释这个缩略词的意思，就跟 HEART 是两个成年人——两个正常成年人类需要很严肃对待并且深入讨论的事情。

在 HEART 这一项，"托洛茨基"给我 2 分。这有点伤人。我不是完全没有"心"——我又不是《绿野仙踪》里面的铁皮人[1]——但同时，根据"托洛茨基"所说的，我又没那么有"心"。在我身上，还是有那么一点，但实在是太少了。

"托洛茨基"没有阐述他是如何计算出这个分数的，但我希望他能讲一讲。我希望他能拆开这个缩略词，解释一下这 5 个单词所代表的项目中每一项他给我打了多少分，然后怎么把每一项的分数加起来再除以 5 后所得到最终 2 分的成绩。是不是正正好好是 2 分？会不会是两点几分？他能不能把这个分数四舍五入到 3 分？这 5 项中哪一项我最需要改

---

[1] 即 Tin Woodman，《绿野仙踪》中的虚构人物，因为被女巫偷走了心而变成了铁皮人。

进？我不是很卓越吗？或者不透明？我可能天生不是很谦虚，但我在好莱坞参与了艾美奖提名的电视剧之后，还是心甘情愿地接受了播客秘书的活。我认为我在播客项目上很有效率，但我在适应上我确实应该再进一步加强。

但是，无论怎么说，我还是只得了 2 分。我在平均分以下。跟我对待第一个分数一样，我也不会跟"托洛茨基"争论，也不会跟他讨价还价。我只是默默地听。

第三个项目是哈里根从美国职棒大联盟借鉴的 VORP 评分系统。VORP 代表了取代球员的价值。VORP 是一种残忍又无情的算法，跟 HEART 并列确实有些奇怪。这就像把戈登·盖柯的照片摆在达赖喇嘛照片的一旁。VORP 是 HEART 的对立面，是反 HEART，是没有 HEART。

我想这各项目我可能就只有 1 分，或者 0 分，如果有可能的话，也可能是负分。公司付给我许多钱，却让我做连暑期实习生都可以做的工作，这个活原本是作为兼职分配给"大脑门"的行政助理。为播客嘉宾排期，为"大脑门"和嘉宾在录音室里倒水并不是什么难事。我的工资很高，实际上比"托洛茨基"还要高，因为他很聪明，知道用低薪换取更多的期权。总而言之，我的工资跟高管一样高，而我却在做文秘的工作。我的 VORP 分数应该是公司有史以来员工中最低的。

然而"托洛茨基"还是很仁慈的。VORP 他给了我 2 分。

他关上了他的 Macbook Air，转而看着我。

"所以。"他说道，"你觉得怎么样？"

我觉得我会笑出声。谁会认真对待这种垃圾？ HEART ？真的假的？我感觉我身处于《上班一条虫》的某一幕。我俩就坐在这间可笑的橙色扫帚间，讨论着这种可笑的胡话，事情怎么会是这样？这些评分背后根本没有什么数据支撑。"托洛茨基"就是从他的屁眼里把这些数字拉出来而已。

或许他觉得我内心会很受伤。然而我刚在好莱坞跟许多电视台中最好的编剧一同工作了 4 个月，而且他们也邀请我回去参与下一季的制作。几个小时后我便会收到下一份工作的录取信，可以为全世界最好的科技博客之一来撰写文章。"托洛茨基"尽可以给我一个负千亿的分数，我也不在乎。

"好吧，"我说道，"这些评估听上去都挺合理的。"

我真的很想现在就离职，但评估仅仅是个开始。"托洛茨基"的袖口中仍藏着几个把戏没有露出来。我开始觉得我像是被警察羁押、并在没有法定代理人的前提下被列为审讯的对象。我不是应该可以向外界打一通电话吗？或者别的什么？

当"托洛茨基"准备说一些难听的话，或者当他想让我知道他要很抱歉地指出一些我性格上可怕之处的时候，"托洛茨基"会用非常严肃的声音，正如他现在告诉我表现评估还有另一个部分。针对于每份评估，他需要从员工的同事口中得到该员工的反馈。

完了，又来了。我猜他会打开他的电脑，读一些别人的引言给我听，让这些话穿过我的肋骨直击我的内心。或许这些话真的是从同事口中得来，或许他只是胡编乱造了一些。无论哪一种方式，这都糟透了。我得坚强。

"因此，我问了两个人。"他说道，"我让两位跟你一起工作的同事给我对你的评价。我给他们发了邮件，但他们没有回复。我又给他们发了邮件，问了他们几次，然而他们一次也没有回复。"

"哦，"我说道，"你有没有想过他们或许就是忘了回复你？"

他抖了一下，摇了摇头。"我可不这样认为。"他说道。

他在等我回答，我也在等他继续。我也不知道该说些什么。

"所以，我没有收到关于你的任何反馈。你觉得他们会怎么评价你？"

这听起来似乎是个反问句，但从他的表情看似乎他在等我说些什么。

"好吧。"我说道，"我猜应该不是什么好话，对吗？"我往椅子下瘫坐了一点点。好让信息慢慢渗进来。"我的意思是，如果人们什么话也没说，这要比人们说了些不好的话还要糟糕，对不对？我想说的是据说你在工作的地方遇到最可怕的事情就是你的同事都躲开你或者忽略你。所以，这件事告诉我在这儿的人都不太喜欢我，他们都不想让我在这里待着。我想说的是，竟然没有一个人替我说一句好话吗？是真的吗？"

最后一句台词是我想从他那里得到一丝同情——给他一个机会跟我说，哦，情况其实也没那么糟，他敢肯定还是有人喜欢我的。

然而，他点头同意。"嗯。""托洛茨基"这么说道。他脸上露出怜悯的表情，就跟他知道这有多伤人一样，而且他还很抱歉他是那个告诉我这一切的人。

"你问了谁？"我问道，"是哪两个人？"

"我不能说。"他回答道，"评估过程必须保密。"紧接着，他停顿了一下，说道，"好吧，其中一个人是特雷西。"

特雷西是"品牌与舆论"的副总裁，"Keytar 熊"就是在她的生日派对上演奏的。她是个身材瘦小的女人，30 多岁，有一头亮黑色的头发。她坐在离我 3 张桌子远的地方，我还挺喜欢她的。我认为她是我的朋友。我没法相信她竟然拒绝在我的评估中给出她对我的反馈。

在某种意义上，这件事戳中了我的痛点。我能应付得了低分。但这条微不足道的消息却让我浑身难受。迄今为止，我一直在暗地里偷笑这出蠢戏。我也可以不往心里去。然而，现在情况变了。我越不想让心里难受，心里却越不舒服。

我难过的原因一部分是因为"托洛茨基"对我说的话，但更多的原因是因为我一开始就把自己置于了这种境地。我接受这份工作的时候在想些什么？为什么我让自己在这里承受这么久的折磨？我是如何让自己落入跟这个纹身虐待狂同处一室的境地，还纵容他大玩心理实验？

我跟个傻瓜一样，开始喋喋不休地讲话，各种掏心掏肺。我告诉"托洛茨基"我有多么失落，告诉他我之前从没遇到过这种事情，而这种事情我指的是这里所有的事情，是发生在 HubSpot 屎一样的一年半中的所有事情。在过去的 25 年，我的事业蒸蒸日上，从一个工作跳到另一个更好的工作，还得到了升职加薪，而且我也很开心。我曾热爱我的工作，我也交到了不少朋友——很多是一生的朋友，我一直跟他们保持着联系。

"或许我不应该转行来做市场营销。"我说道，"这没什么，但我从来没在一个我没有交到朋友的地方工作过。我也从来没在一个所有人都清楚地表达他们不喜欢我或者不想我出现的地方工作过。有些工作你就是会更喜欢一些，但我从来没有在工作的时候感到这么孤独。这就是我对于这里的感受。"

我回顾了自己目前的整个人生，觉得自己是个招人喜欢的人，可以跟别人做朋友，而且还很合得来。然而在这里，我被困在了一个真心不被别人待见的世界。其中有些原因可能跟我的个性有关，还有些原因跟我的年龄有关。显然我跨过了某种看不到的界限，如今我生活在"老人国"里。这就是我备受打击的地方。这就是这项工作强迫我面对的现实：我老了，几个月之前我过了 54 岁的生日。这个年龄是 100 年前美国的平均期望寿命，换作当时，现在的我差不多都要被送到墓地里去了。

然而，我还在这里，让我倍感失落的是这一切都是我的错。如果我能把我的人生安排得好一点的话，我现在就能退休了。我会老老实实地听父母的意愿按原来的计划去当医生。我高中同学大多都当了医生。现在他们要么退休了，要么只做兼职。他们的人生一帆风顺。他们挣够了钱，他们把一切也都安排妥当了。而与此同时，我仍在拼命的工作，还需要领工资。我已经到了自己人生的一个节点，那便是不应该忍受如此的屈辱，还被像"托洛茨基"一样的小丑追着打。然而，我还在这里。

"所有事情都让人失望透顶。"我说道。

"托洛茨基"回以微笑。我已经对他开诚相见了。他说他想告诉我一些事情，关于我在工作中会一直交到朋友的说法。

"当我一开始接受这份工作的时候，"他说道，"我就知道我会跟你一同工作。所以我先接触了认识你又跟你工作的一些人。我问他们你是什么样的人。你猜他们怎么说的？他们说，"是个聪明人，但有些刻薄。""

他看着我，在等着我的回应。

"所有人都知道我刻薄，"我说道，"这就是我出名的地方啊。"

"我想我没有讲清楚，""托洛茨基"说道，"我的意思是，你说在你过去的工作中你总会交到朋友，但或许并不是你想的样子。"

"我离开时跟同事的关系都很不错。我有几个朋友是在《福布斯》的时候认识的，我们已经相识15年了，而且现在都还是好朋友。在《新闻周刊》的时候也是。"

"好吧。""托洛茨基"回应道。"我相信你喜欢他们。但我想或许你对于他们的想法跟他们对你的看法是不一样的。"

"所以你想说什么？那些地方的那些人也不喜欢我吗？这么多年以来我一直以为这些人是我的朋友，但他们在背地里都不喜欢我吗？"

他耸了耸肩笑了笑，仿佛在说：我想是吧。

"你跟谁聊的天？谁告诉你我刻薄的？"

"这我可不能告诉你。"

"好吧。行。但你知道，跟我讲这件事是你下的挺恶心的一步棋。因为我要一整天边走边琢磨这个人是谁？是谁跟你说了这些话？究竟是哪个我以为是朋友的人在我背后这么损我？你知道我什么意思么？这会一直困扰着我。"

"我知道。""托洛茨基"咧嘴一笑。"就把这个当成我送你的礼物。"

我走出大厅，感觉整个人都麻木了。我们在四楼，可以俯望到中庭。在楼下底层，20多名HubSpot的员工正坐在桌子两侧，边喝着咖啡边在开会。突然他们中间迸发出一阵笑声——有3个人大笑起来。他们的笑声直冲中庭之上，仿佛能震破天窗。

我就站在那里，感觉天旋地转。我的心脏跳得飞快，而我的脸也一定是泛着潮红。刚才"托洛茨基"跟我讲的关于人们都不喜欢我的这件事——究竟是不是真的？还是他自己瞎编的？是不是真的有《福布斯》或者《新闻周刊》的前同事背地里跟别人讲说我是个混蛋？特雷西是真的拒绝给我的评估做反馈么？对于这些我毫无头绪。

我给我在纽约的朋友打了通电话，告诉她刚刚发生的事情：HubSpot是如何用HEART给员工打分的以及我的HEART成绩远远不够。

"你是认真的么？这简直可笑之极！"她说道。

"好吧。"我说道，"这很可笑却又不可笑。"

我跟她讲了剩下的事情，没有人给我做同事间的反馈，之前工作中遇到的所有人都讨厌我——接着大楼北侧的一扇门打开了，我的好友特雷西就在那儿。这位活力四射的"品牌与舆论"的副总裁满面笑容，正大步穿过大厅。

"喂，你！"她边挥手边冲我说道，就跟她看见我超级开心一样。

"嗨！"我假笑着回应道。

她可能以为我还不知道她在我背后捅了一刀，拒绝给我的同事评估做反馈。也有可能她知道。或许她知道"托洛茨基"会把这些告诉我，所以她特地到这里来，就是因为她想看看在我发现幕后真相之后是什么样的反应。她是不是真的这么不喜欢我？她有没有可能这么下作呢？

在中庭底下，这帮年轻人还在大笑起哄。他们正在开会！还是关于市场营销！这地方简直太酷了！他们在享受他们的人生！

我匆忙跑回到我的办公桌前，抓起了我的外套。我飞快地把笔记本电脑塞到了背包里。此时，我的双手一直在发抖。来到外面的大厅里，我双眼直勾勾地盯着电梯门，焦急地等着门打开。终于门开了，我一路坐到底楼，走过保安，他慵懒地招了招手，跟我说，"晚安。"

终于我到了室外。迎着11月的寒风，我裹紧了外套，健步走到车旁。现在已是傍晚，日光渐渐在天空中退却。当我回到家，我便给Gawker的编辑主任回了电话，应下了工作。

毕业日

第二天我走到"托洛茨基"的办公桌前，告诉他我们需要私下谈一谈。我们找了一间空闲的小会议室。讽刺的是，我们之前来开两周一次的一对一会议就是在这间配有豆形沙袋椅的会议室里，在这里我们曾一起吐槽跟我们一同工作的白痴们。

我告诉"托洛茨基"有新工作找上门来，而且我也接受了这份工作。现在是 11 月 20 日星期四，我不会在一月前开始新工作，但我给了他提前 6 周的离职通知。下周就是感恩节，之后便是圣诞节前的 3 周工作。

我想在 HubSpot 待到 12 月底。这样我就有足够的时间把新的播客建立起来，并使其能够稳步运营。我会跟在我离职后接班播客的人做好交接工作。

"托洛茨基"表现得很吃惊。"你为什么要走？"他问道。

"你是认真的吗？"

"我以为事情进展得很顺利。"

"好吧，昨天的工作表现评估并没有进行得很顺利。我拿了一个很差劲的分数。"

"我不认为那个成绩有这么差。"他说道。他似乎是发自内心地这么认为。

他问我是否要再考虑一下。我告诉他不仅是因为"硅谷摇"的新工作，而且我在洛杉矶的经纪人告诉我如果《硅谷》被续订，我也有可能会再被邀请回去。所以，无论怎么样我都要离开 HubSpot。我可能在"硅谷摇"工作四五个月，之后就要回到洛杉矶了。

"托洛茨基"建议我就留在 HubSpot，不要去"硅谷摇"。播客的活儿很简单。不会占用我很多时间，我也可以很轻松地拿到工资。他又变成在背后挺我的好兄弟。他告诉我让我做播客的原因是他想帮我一把，所以给了我一份舒服又简单的活儿。

这又是"托洛茨基"的另一个新阶段。"托洛茨基"在过去 3 个月中让我生不如死，是我人生中最差的一段时间。而如今他表现得就跟他对此毫不知情一样。他以为我们还是好哥们。

我告诉他我很感谢他给我的待遇，但我去意已决。

"那就这样吧。"他说道。

他祝我一切顺利。我们互相握了手。随后，我回到自己的办公桌前，收拾好东西，走人回家。我给人力资源部发了一封邮件，告诉他们我跟"托洛茨基"讲好了我已递交辞呈，会在 2014 年 12 月 31 日生效。人力资源部的一位女员工回复了我，并同时抄送了另一位人事员工来"帮我安排一个离职面试"。

当天晚些时候，"托洛茨基"发邮件问我明天，也就是星期五能不能来公司，这样我们就可以开始办理离职的正式手续。我以为我们回聊一下交接播客的过渡计划，或者他会跟我过一遍未来几周要做的事情，比如说跟人力资源部安排一个离职面试。

但到了周五，当我到了公司的时候，我略读了一下我的 HubSpot 邮件收件箱，看到一封由"大脑门"在周四下午，也就是我给"托洛茨基"递交离职通知的几个小时之后，发给包括我在内的整个市场营销部的邮件，通知所有人——今天，即这个周五，就是我在 HubSpot 的最后一天。这对我来说倒是条新闻。"大脑门"从来没有给我打过电话告诉过我这件事。"托洛茨基"也没有。这封发给整个部门的邮件从昨天下午就躺在了我的收件箱里，但我一直没有查看我的账户，因为我一直忙于跟 Gawker 那边的人处理事情。

我呆住了。直到这一刻前，还是认为我会在 HubSpot 工作 6 个礼拜直到 12 月 31 日。我发现自己在公司最后一天的日期，竟然是在读完发给全部门的邮件后。

更糟糕的是，"大脑门"在备忘录中的措辞听起来就像是我被开除了一样。

在跟我们进行了许多次关于职业道路和对于内容小组员工期待的谈话之后，也在他对于自己事业的规划和其热情所在的方向考虑再三之后，丹决定将重返媒体行业。他的新工作是管理在 Gawker Media 旗下的"硅谷摇"网站。我们祝愿丹在他的新工作中一切顺利（希望他没有保存我们 IPO 派对的照片……哈哈）！明天是他在公司的最后一天，所以如果你想跟丹私下保持联系，可以亲自去找他。

我去找"托洛茨基"开会。他摔下厚厚的一份手续，扉页写着我已经被解聘，立即生效，签名是"人员管理"的总监。我有 90 天可以执行我目前被授予的股票期权，否则过期便会失效。我的工资在今天截止。我的健康保险这周会截止。这一切都太"可爱"太"卓越"太"HubSpot式"了，真的是用"心"对待他人啊。

"托洛茨基"说公司可以提供稍微好一点的选择。我可以保留我的保险至12月底，也甚至可以在接下来几周拿到工资，除非我签署了解聘信中的"放弃与豁免索赔"协议书。签署这份免责表格会禁止我向公司提出任何索赔申请。里面还包括了非贬低条款。

我告诉"托洛茨基"我想把这份文件带回家再看，或许让别人帮我审核一遍。

"当然，"他说道，"没问题。"

"托洛茨基"问了我一些关于播客和事情进展的问题。我需要在电脑上查一些东西，所以我打开了我的笔记本电脑，然后开始寻找这些文档——然而他却阻止了我。

"我不能让你这么做。"他说道。

他收走了我的笔记本电脑。同时他也收走了我的ID手环。我哑口无言。我真的不敢相信眼前的事情。我给了这帮家伙提前6周的离职通知，希望能有一个平稳的工作交接。结果我的好意却换来了这些，他们竟然是要开除我。

在我们结束前，"托洛茨基"说他想告诉我一些事情，"我是你朋友。"他说道，"我从始至终是你的朋友。我知道你现在并不这样认为。你以为我一直想把你赶走。但事实上是我一直是站在你这边，直到现在也是。"

他还给了我一些建议。他说他前两份工作都是跟他的经理闹掰，愤愤离职。但等到他冷静之后，这两次他都去联系他的经理，试着去弥补。其中一个老板拒绝跟他谈话，另外一个老板跟他见面喝了咖啡，"托洛茨基"认为他俩已经不计前嫌了。

"无论你现在有多生气，你都应该沉静一会儿，然后再联系一下，把事情弥补回来。"他说道，"如果这个人拒绝了你——好吧，也行，至少你努力过了。你至少是堂堂正正的。

我不太确定他认为我应该跟哪些人道歉。他说"转转女"是一个。你应该去联系她，去请她喝杯咖啡，试着修补你们之间的关系。我也明白他也在说我跟他之间的关系。他的想法似乎是我应该回家冷静一下，然后在之后某个时间去找他，朝他道歉。

这简直不可理喻。这个家伙在过去三个月里一直在骚扰和侮辱我，而如今他交给我离职文件，通知我的健康保险一个星期之后便会被取消——而他现在想让我知道他还是我的朋友？他还想让我未来要努力对他好一些？我真的不知道该怎么回应这些。

"所以我们现在要做什么？我是不是应该去找人力资源部的人去谈一谈？"我问道，"他们给我发邮件，说有人会跟我安排一个时间去做离职面试。"

"你想去找人事吗？他问道。

"这不应该是我要做的吗？"

"托洛茨基"说我们现在的谈话就算是离职面试。他说他跟人事打了招呼，让他给我做离职面试，并把我的离职文档交给我，以跟我解释所有的事情，因为我们是朋友。

"但如果你还想去跟人事谈话，我们也是可以的。"他说道。

我想了一下，随后决定，如果我没有必要去找人事，那我就离开好了。

我们各自返回自己的办公桌。我拿了自己的外衣和背包。"托洛茨基"把我的笔记本电脑放到了他的桌子上。

此时，周五的早晨才刚过了一半，我周围还有很多人没来工作。我怀疑房间可能是被刻意清空的。HubSpot 在开除人的时候喜欢搞这一套，为了给被开除的人留一些颜面。当他们在"无畏星期五"开除佩琪的时候，就是这么对待她的。

在我出去的路上，我经过了"品牌与舆论"的副总裁特雷西，就是那个据说拒绝给我工作表现做评估的人。她给了我一个大大的微笑，并祝我一切顺利。

"托洛茨基"陪我走出大厅，我们一起坐电梯向下到了一楼。我跟他握了手。"感谢你做的一切。"我说道。

我准备去男厕所，而"托洛茨基"就站在那里。

"这是什么意思？"我问道。随即我便明白了。"你需要确认我是真的离开公司了吗？你要在我上厕所的时候等着我吗？"

事实上，这或许就是他打算做的事情。他看上去很尴尬。他说不是的，我可以在没有监视的情况下去厕所。这是我最后一次见到他。

我压根也没签署非贬低条款和离职保密文件，但我也确实跟公司协商到了更好的解约协议。公司同意会继续支付我的工资直到年底，并会继续保留我的健康保险。哈里根和德哈迈实都给我发了一封措辞有礼的邮件来感谢我的服务。而"大脑门"什么也没有多说。

我从来没有去做真正的离职面试，"大脑门"也从未跟我聊天，这一切让我觉得有些敷衍又毫无意义。我实在不喜欢辞退信的措辞以及"托洛茨基"把我赶出公司的方式。"大脑门"给所有部门发的备忘录邮件，言语上像是我被辞退一样，这感觉就像在离开的时候在后面被踢了一脚。

但我猜"大脑门"只是想保护公司的招牌。是他要确保 HubSpot 每一步都站在高人一等的位置。不是我跟他们提出分手；是他们跟我提出分手，或者，我们互相跟对方提出了分手。

几周后，就在圣诞节前，晚餐时分，当我跟萨莎和孩子们在家的时候，门铃响了。门外是联邦快递[1]的工作人员抱着一个写有我地址的大纸箱。孩子们高兴坏了。这会是啥？箱子里面装有一个巨大的编织餐篮。篮子里有 Dean and DeLuca[2] 牌的美食——干果、晒干的番茄、各式芝士和熏肉。我敢肯定买这份礼物花了不少钱。

我首先猜的是我老爸给我们的圣诞礼物。当我展开贺卡，发现礼篮是来自"大脑门"——就是这个家伙，在近两年的时候从来没有跟我开过一对一的会议，他通过他的手下让我过去几个月的生活悲惨无比，也是他在我最终离开的时候，从未当面对我讲过话，也没有跟我打过电话，更没有给我发过邮件。

卡片上面说"大脑门"为我感到开心，并祝我重归媒体行业时一切顺利。

与此同时，"托洛茨基"也开始联系我，给我发邮件问我能不能跟他一起喝咖啡。我怀疑这还是他游戏的一部分。或许他享受折磨我的过程，而现在他很怀念那种感觉。他在期望我能够接着跟他玩。我们倒是可以去吃个午饭，然后一起闲逛。一开始他可能还不错，但之后他又会跟我翻脸，看我会忍多久。

有一阵子我一直忽略他的信息。1月初他又给我发了一封邮件，上面写着："你在推特上取关我，在脸书上拉黑我，现在还不回我的邮件。我知道你从洛杉矶回来后事情变得并不怎么样，但我愿意跟你谈心。"他说我们可以不计前嫌，或者如果我需要个发泄的地方，他会坐下来倾

<1> 即 FedEx，为一家国际性快递集团，提供隔夜快递、地面快递、重型货物运送、文件复印及物流服务。
<2> 为美国一家高端连锁食品杂货公司。

听我的诉苦。结果我压根不愿跟他说话。"太可惜了，但我会尊重你的想法。我一直很喜欢你，把你当作朋友。但如果……如果……如果因为我们在你回来之后没能为你找到跟你专业对口的工作，所有一切就"噗"地一下子结束的话，那这真的是太遗憾了。"

这一次我回复了他，"嗨！收到你的消息太棒了！我最近忙疯了。希望你假日过得开心，也祝你 2015 年愉快！"

几周之后，我在我的博客上发布了要写一本关于我在 HubSpot 这段时间的书。我之后再也没收到来自"托洛茨基"的任何消息。

Epilogue | 尾声

在我把这本书的初稿发给我的出版商几周后，事情出现了奇怪又黑暗的反转。在 2015 年 7 月 29 日的下午晚些时候，HubSpot 发布了一条媒体公告，宣布"僚机男"晋升为首席市场营销官。

藏在第二段的消息才是重磅炸弹："僚机男"之所以能被提拔是因为 HubSpot 开除了公司长久以来的 CMO 迈克·沃尔普 [1]，就是本书中的"大脑门"。沃尔普被开除的原因是因为他"企图获取"某份牵扯到 HubSpot 的书稿而"违反了公司商业指导和道德准则"。

另外，乔·切尔诺夫 [2]（"托洛茨基"）"在公司决定是否要因其类似违规行为解除他的职位之前"从 HubSpot 辞职。而 CEO 布莱恩·哈里根则得到"适当处罚"而并未被开除。

由于沃尔普被辞退以及切尔诺夫离开公司已经被公布于众，我决定

<1> 即 Mike Volpe。
<2> 即 Joe Chernov。

在这里使用他们的真名。然而我并未因此修改本书主体部分里他们的外号，因为坦白来说，这些假名更容易让人们记住他们。

媒体们并没有提及沃尔普和切尔诺夫做了什么。报道中只说HubSpot雇用了外面的法律事务所来就此展开调查，并且董事会在审阅了调查报告之后，投票决定开除了沃尔普。而且董事会已经"将此事通知了相关法律权威机构"。媒体公告中并未详细说明该本饱受争议的书就是我的书。报道中只是讲该书称为"涉及公司的书"。我猜这本书就是我写的书，但我不敢肯定。

这件事在波士顿掀起了一股猜测的旋风。那本书是什么？书里讲了些什么？沃尔普和切尔诺夫做了什么？为什么还有法律权威机构牵扯进来？该份媒体公告发布没有多久，来自《波士顿环球报》[1]的记者科特·伍德沃德便开始联系"转转女"，试图采访哈里根或者沙阿。"转转女"并没有回应，就在此时他出现在了HubSpot的总部大楼，并进入了公司大厅。"转转女"得知后通知了保安。伍德沃德被请出了公司。

第二天这篇报道就登上了《波士顿环球报》的头版新闻，并在当地的科技博客中激起了千层浪。许多人猜测这本书备受讨论的书就是我的书。人们推断沃尔普可能跟某些人合伙实施了某种网络侵入手段。

HubSpot对此事的处理极其糟糕。《HubSpot和危机公关：用一次教训来告诉你不应该做哪些事》是莫拉·菲茨杰拉德所起的博客标题，而她本人是波士顿公关公司"沟通版本2.0"的管理人。危机本身就让HubSpot"看起来像是一家拥有自大牛仔文化的公司，而不是一家认真严谨、始终如一的公司"。然而公司处理这次危机则是"强化了负面影响，却在品牌止损上做的少之又少。"菲茨杰拉德这么写道。

<1> 即Boston Globe，为美国波士顿主要发行的日报之一。

　　HubSpot 所犯的第一个错误就是公司的媒体公告。媒体公告的标题是关于"僚机男"被提名为 CMO，目的是想把只能被外界当成屎一样的状况翻转成积极有利的局面，这本身看上去就是一出拙劣的把戏。某人（假设就是"转转女"）肯定辩称把"好消息"放在前面能在某种程度上减小坏消息所带来的影响。然而这样却让公司看起来行事鬼祟。

　　其次就是 HubSpot 就此事跟当地媒体打交道的方式。"转转女"可能想让 HubSpot 厚着脸皮处理此事——发布媒体公告，然后就这么拖着，拒绝回答任何问题。她本应该让一位总监或者高管出面，让其准备一下接受采访。与此相反的是，她叫来了保安，把记者从公司大厅架了出去。

　　当这一招行不通时，"转转女"又犯了一个大错。之后"转转女"没有去跟报道这篇新闻的《波士顿环球报》记者伍德沃德解释，而是打给《波士顿环球报》，让他们把斯科特·基施纳送过来进行采访，而他只是一名合同专栏作家，并不是《波士顿环球报》的正式员工，而且他跟 HubSpot 关系一直很密切。身陷丑闻中的公司往往无法享受到挑记者做报道的待遇，但显然《波士顿环球报》接受了"转转女"的要求并把基施纳派了过去。

　　基施纳戴着奇怪的亮绿色眼镜，他参与到一家举办各种科技大会的公司事务中，包括许多 HubSpot 高管作为演讲人的活动。其中一位 HubSpot 员工在该公司担任顾问。他写了几篇文章，撇清他在丑闻中的利益关系。基施纳在网上标记了这些文章。

　　即使委托基施纳来报道此事，哈里根和沙阿对于发生的事情也无法给出合理的解释。哈里根说董事会披露了一些"猫腻"以及一些"非常激进的手段"。但他没有透露这些手段是什么或者牵扯到了哪些人。

　　危机公关的首要原则就是如果你有一些坏消息要披露，你需要快刀斩乱麻，还要斩得彻底。而 HubSpot 的做法却恰恰相反。闪烁其词的媒体公告、精心挑选的记者，以及拒绝透露被掩盖在臭气中的事实真相。公司对于此次危机的反应又引发了新的问题。为什么 HubSpot 如此担心这本书？里面是不是藏着什么他们不想让公众知道的黑暗秘密？

在随后的几天中，对公司的报道一直占据着报纸首页。我被来自记者的各种电话和邮件所淹没。基施纳恳求我跟他谈一谈，他这么写道："你会失去有史以来最大的曝光机会。"朋友们也纷纷来电，想知道发生了什么。问题是我什么也不知道。我所知道的就是 HubSpot 媒体公告中所说的，仅此而已。我没有回应任何一位记者。我认为我最好还是低调行事，希望真相最终能水落石出。

HubSpot 有一个"校友会"的脸书页面，奇怪的是人们都很同情沃尔普，认为他是个好人，不应该被开除，而我则是个写"爆料全部"之书的混蛋。是公司董事会开掉了沃尔普并"通知了相应法律权威机构"，然而这些人就这么简单地拒绝相信此事是真的。他们已经离开了公司，却仍被洗脑。

有人甚至在推特上创建了"跟沃尔普并肩"[1]的标签，希望能为这位不检点的高管带来一些支持，然而只有 10 多个人发布了带有该标签的推文为他站队。在这些为沃尔普表示支持的人之中就有德哈迈实·沙阿，他在推特和领英上发布消息称沃尔普本质上是好人但却做了坏事。作为《波士顿环球报》采访了哈里根和沙阿的"马屁"专栏记者基施纳，在他的文章中引用当地市场营销人士的话，称沃尔普是个好人。基施纳也引用了某几位不愿透露姓名的 HubSpot 员工讲了我许多坏话。另外，基施纳发表了一条推文，似乎是在为沃尔普的行为开脱："问你一

---

[1] 原文为 #teamvolpe。

个问题，如果一个员工已经签署了保密协议，之后却写了一本关于你公司的书，你会不会竭尽所能阻止它被出版？"

关于保密协议的事情就是一枚烟雾弹。HubSpot 要求新员工签署一份文件，该文件要求禁止透露任何交易秘密以及保密信息，但我的书根本没有包含这些。对于此事，作家们一直都有写他们的工作经历。强调保密协议是企图转移公众对真实问题的关注，即一家公开交易公司的一群高管做了一些让他们自己的董事会都认为可能会上升到犯罪行为的事情。

HubSpot 不是第一家因丑闻被抓包的公司。2006 年，惠普被发现监听记者。该丑闻导致了惠普董事会主席和首席法律顾问的辞职，并根据宪法第五修正案[1]中禁止自证其罪在国会举行听证。在了解公司所作所为后，一名惠普董事会成员因深恶痛绝其行径而辞职。

2014 年，在优步一名高管发表了对名为萨莎·兰茜的记者可进行调查的言论后，群众爆发了大规模的抗议。优步表现得跟一群小混混一样。媒体对此事的热度持续了数周，全国电视台也进行了报道。

然而此时此地，HubSpot 的高管做了一些连他们自己的董事会都觉得可能是违法的事情——人们却不以为然。没有人会因为上 10 亿美元的公司很有可能攻击了一名记者的电脑或者闯入他家而感到愤怒不已。华尔街也毫不关心。在公告宣布的日子里，公司的股票下挫了一点点，但一直维持在其高点附近。

一开始我认为整件事情可笑之极。简直就是一群跳梁小丑。我猜他

< 1 >　即 Fifth Amendment，为美国权利法案的一部分，主要目的是以法定程序来防止政府权力的滥用。

们是想侵入我的电脑却被逮了个正着。剧情的发展只是肯定了我对他们的描写。可以肯定的是,我当时非常生气,而对于切尔诺夫,我却有一些失望,毕竟我们曾是朋友。除此之外,因为回想起当时沃尔普和切尔诺夫对我这么差,我还感到了一丝幸灾乐祸。"这两个人再也不能工作了。"一位前 HubSpot 高管这么跟我讲道,"你知道的,对吗?他们的事业玩完了。"

虽然一开始我觉得整件事情很滑稽,但随后一周我开始感到害怕。萦绕在我脑海里的是哈里根在《波士顿环球报》中说的一段话:"非常激进的手段"。

HubSpot 的媒体公告原文中称沃尔普涉及到"企图获取"书籍的事件中。我试着解析文字中的含义。"企图"的意思是不是他们曾尝试谋取该书却失败了?他们是怎么尝试的?他们又是怎么被抓住的?"获取"一词可能暗指跟金钱有关的交易。他们是不是曾贿赂过出版商的员工?如果是这样,无论发生了什么都跟我毫无关系。

最可信的猜测似乎是 HubSpot 曾试着入侵我的电脑。一整个夏天我的电脑都是问题不断。我的电脑是一台用了 4 年的 Macbook Air 笔记本电脑,我一开始以为可能是硬盘失效。如今我猜可能是电脑被入侵了。

之前还发生过另外一些很奇怪的事情。6 月 21 日,我曾收到一条来自推特的警告——某人曾试图用错误的密码登录我的账号却未成功。8 月份,我还收到了一条来自谷歌的警告——某人曾试图登录我其中一个谷歌邮箱的账号:"有人拥有您的密码。"这名黑客有我的正确密码,企图登录的地址却在德国。谷歌的系统标记此次可能为非法登录。8 月份,我父亲收到了一封来自 fakestevejobs[1] 邮箱账号的奇怪邮件,这个邮箱

<1> 中文即"假史蒂夫乔布斯"。

不是我注册的，所发的邮件里却包含着一串来自于我的联系人的名字，附带着每个人的电话号码和邮箱地址，似乎是某人入侵了我的联系人名单，然后给名单中的每个人发了消息。直到 6 月底，我收到一位友人的邮件，询问我是否跟 HubSpot 的人保持着友好关系，因为"我无意中得知他们在监视你脸书的一举一动。"这位友人声称切尔诺夫透过某种方式知道我在脸书上发布了什么，虽然我已经把切尔诺夫拉黑。

这些事件很蹊跷，但却证明不了什么。我梳理了一下思路，试着弄明白这群 HubSpot 蠢蛋可能做了些什么。我回想起我在 HubSpot 的最后一天，切尔诺夫没有让我去找人事，反而是他给我做了离职面试。他还没收了我在公司的 Macbook Air 笔记本电脑。我敢肯定在上交电脑之前，我已经把我个人的谷歌邮箱从电脑中移除了。但如果我没有呢？如果我的密码仍存在电脑中呢，而切尔诺夫可以恢复我的个人谷歌账号呢？他可能窥视我的邮件长达数月之久。

如果 HubSpot 获取了我的邮件、脸书和推特账户的密码，他们就有可能知道我在报告期间有跟什么人联系过。这些人包括一些现任和前任的 HubSpot 员工。我已经跟他们保证我不会采用他们的真实姓名，但如今，他们可能身处危险之中。

另一种理论是某人闯入了我家并拿走了手稿。这应该不费吹灰之力。我家又不是地堡。我的办公室四处散落着我打印出的稿件，电脑里储存着手稿的各种版本，而且我都有在个人的移动 U 盘中备份。

然而，绝大多数人似乎相信我是被黑客入侵了。我把我的 Macbook Air 关机，并再也没有碰过它。我又买了一台新的 Macbook 笔记本电脑，又更换了我所有账户的密码。但我仍没有感到很安全。如果有人曾侵入过你的电脑，他们还能再拿走些什么？我猜有人还入侵了我的家庭网络，拿走的也不仅仅是书稿，而是所有东西。

这些资料可能跟着我的家庭照片一起藏在某个服务器内。他们或许还拿到了我的路由器的密码。他们或许至今还能连上我的路由器。他们也有可能拿到了我所有银行账户和信用卡的密码，或者在我的电脑里安装了键盘记录软件可以记录我输入的每一个字母，发现我所有账户的所有密码。他们或许还可以连上我们笔记本电脑上的摄像头，他们就这么坐在另一端，观察着我们，记录下我们的一举一动。那我们的手机呢？还有家庭座机？会不会有人就把车停在我们家附近的街道上，监视着我们，等我们一离开他们就可以闯进来？

如果 HubSpot 是雇用外人来做这些脏活呢？如果这些家伙还保留着他们所找到文件的备份？就在 HubSpot 丑闻被爆出前，我确实发现我的社会保障号码[1]被盗，有人利用它递交了假的退税文件，希望能骗过国家税务局[2]。黑客可能把我的社保号码以及我所有的财产信息一并在暗网中销售，那里是一片栖息着各种罪犯的秘密世界，只能通过安装特殊的软件来隐藏身份后才能访问。我孩子的照片，还有可能连同我们家的地址、姓名以及他们学校的地址，在各种恋童癖论坛中传播。

除非 HubSpot 有人出面或者董事会的人来打电话解释究竟发生了什么，否则我下半辈子会一直认为这些事情都曾发生过。黑客可能一开始仅是试着盗取我的书稿，但最后他们可能造成了更多的破坏，不仅仅是对于我，更是对于我的家人。

信用卡公司打电话来告诉我，我的信用卡被盗，他们会给我寄一张新卡。对于这种事情，我已经习以为常。但这次感觉不一样。这一次是

---

[1] 即 Social Security Number，是美国联邦政府发给本国公民、永久居民、临时（工作）居民的一组九位数字号码。社会保障号码主要的目的是为了追踪个人的赋税资料，但近年来已经成为实际上的身份证。

[2] 即 Internal Revenue Service，隶属于美国财政部，是美国联邦政府负责税收的机关。

有针对性地冲我个人而来。做出这些事情的人是曾经认识我的人。这跟遭受到大规模黑客攻击，成千上万张信用卡信息被盗，而你恰巧是其中之一不一样。

当我上高中的时候，有一次，我们家被洗劫了。某一个周六的晚上，我们从在我奶奶家每周一次的聚餐中回家，发现门被撬开了，房间里一团乱，首饰珠宝也不见了。有人研究过我们一家，知道我们的行程，趁着我们都外出的时候偷袭了我们家。我们怀疑是邻居的小孩所为，但是警察却什么也证实不了。

最可怕的不是东西被偷了，我们是之后才有这种感觉。最可怕的是直到事情发生前，我们一直都认为窗户和门能保护我们，危险的感觉既抽象又遥远，觉得发生在别人身上的那种事情是不会发生在新英格兰地区的这个小镇里的这片慵懒的社区中的。这次抢劫后，我想我可能再也不会感觉到安全。正如切尔诺夫所写："虽然可能会有快乐的（时光），但生活早晚会露出它的爪牙。"

HubSpot 已经向我露出了它的爪牙。这家公司不仅是充斥着会在 5 月举办玛格丽塔鸡尾酒聚会的古怪兄弟会和在男厕所呕吐不止的销售兄弟以及一群 20 多岁毫无头脑的经理们。在这里的人们不仅仅是一群吊儿郎当、狗屁不通的江湖骗子，而是更险恶的一群人。对我而言他们的企图可能一开始就不仅是偷书这么简单，而是给我传达了一条讯息：你以为你能嘲笑我们？看看我们能对你做什么吧。

在 HubSpot 宣布辞退沃尔普的第二天，一位前 HubSpot 的高管让我在波士顿外的某个小镇跟他见面。我认为他知道事情内幕并想借此透露给我。最后一刻，他取消了会议，并表示他担心我会被跟踪。我说这就有些夸张了，但他回复道："你现在是跟一个市值数十亿美元的公司对着干。这群人对待这种破事儿认真得很。"

突然间，整件事情似乎都没那么有趣了，甚至一点儿也不好玩。

更糟糕的是，事情还在继续，而我就要离开波士顿前往洛杉矶，跟那群编辑为《硅谷》第三季再一起工作几个月。我怀着极其焦虑的心情离开了波士顿，担心莎萨和孩子们可能会身处危险之中。萨莎说我是在毫无理由地担心。如果真有事情发生，周围还有朋友、邻居和亲戚。周末我便会飞回波士顿的家。尽管如此，我离开前往洛杉矶的时候，仍没有觉得我们是真正的安全。

当我开始发现事实真相的时候，接下去的就是司法流程了。在HubSpot对我做了什么的问题之上，还有另一个更有趣的问题，那就是为什么他们这么做。为什么有人会大费周章地想得到这份回忆录？尽管本书的意图就是为了娱乐大众。在我和其他人看来，HubSpot可能是担心我一不小心说漏嘴，提到一些有损公司的信息。是什么让他们这么担心？我想既然书都差不多已经完成了，我可以回头去发掘一下看看漏掉了什么。

律师朋友们告诉我，我应该会听到从执法部门来的消息，并且我需要聘请一名律师。于是，我聘请了一名来自华盛顿特区的史蒂文·A.凯实律师。

史蒂文和我试着把发生的事件根据时间轴拼凑出来。我们发现了3个关键日期。

6月22日，哈里根给我发了一封邮件询问我的书。我告诉他这是一本有趣的回忆录，讲的是作为一名中年记者的我是如何尝试融入这个有着奇怪企业文化的公司。他说他有些担心在标题中的"泡沫"一词，因为他不认为HubSpot是一个有泡沫的公司。他们的销售额增长了50%！在来回几条消息后，他便没了动静。

7月13日，我把书的手稿发给了我的编辑。

7月29日，就在我发出手稿的16天后，HubSpot宣布沃尔普被开除。

这3天似乎是以某种叙事的方式串了起来，但我们仍不知道究竟发生了什么。我们知道的就是董事会聘请了一家名为古德温·普罗克特的波士顿法律事务所来就此展开调查。董事会成员已经通读过古德温·普罗克特律师事务所得出的报告，所以他们都知道沃尔普做了什么。

或许这听起来有点天真，但我真的希望HubSpot董事会中会有人联系我并给我一个解释。然而并没有人这么做。我记得我见过他们之中的一些人。我不会称他们为朋友，但我认识他们，他们也认识我。其中一位就跟我住在一个小镇，我们曾一起喝过咖啡，我们还有共同的朋友。尽管如此，我什么消息也没听到。

还记得HubSpot的文化准则吗？还记得HEART吗？其中的T是代表"透明"？文化准则的文档里包含着一页来自路易斯·布兰迪斯[1]一段著名引言的改述，讲的是阳光是最好的消毒剂，而另一页中写道："我们所提倡的透明是贯彻到底且非比寻常的。"但等遇到了我的情况，显然这些原则都没用了。

我的律师史蒂文·凯实联系了HubSpot的法律顾问约翰·凯莱赫并询问相关信息。凯莱赫把皮球踢给了古德温·普罗克特律师事务所。而古德温·普罗克特律师事务所的律师没有提供任何信息，连通知了哪一个司法机构都没有透露给我们。

在跟律师事务结束谈话的后一天，凯实却接到了来自美国联邦地方

< 1 > 即Louis Brandeis，为著名美国律师。1916年获伍德罗·威尔逊总统提名为美国最高法院大法官，任期一直到1939年。最为人知的是他将实验室方法带入法庭。

法院助理检察官^{＜1＞}的电话，她表示她同 FBI 网络犯罪部门的调查员一起调查了这宗案件。我跟他们在 2015 年 9 月见了一次面。然而在见面之后，我还是不知道 HubSpot 做了什么。

之后我听到了许多疯狂的故事版本。其中一个是关于"翻垃圾箱"的间谍活动，意思是沃尔普或者跟他干活的某个人，跑到我家去翻我的垃圾，试图找到我的书稿。我试着想象半夜的时候，沃尔普在我家车道一旁，乱翻装着我家猫砂的垃圾桶。我不知道我是应该笑还是应该哭。

另一则故事是我从众多现任和前任 HubSpot 口中听到的，当沃尔普被开除的时候，HubSpot 举行了全体员工大会，把这则新闻解释给所有的员工，听说当时哈里根和"转转女"连说话都哽咽了。

我还听说丑闻被爆出来是因为一开始是有人向首席法律顾问或者一名董事会成员告密，把哈里根、沃尔普和切尔诺夫都抖了出去。我一直没能证实这是不是真的或者究竟谁才是那个告密者。

2015 年 10 月 9 日，美国联邦地方法院助理检察官告知我的律师，政府不打算在这起案件中起诉任何人。AUSA 并没有透露她的调查发现了什么。我不知道应该是长舒一口气还是失望而归。大家的第一印象可能是因为没人被起诉，所以他们没有对我做什么坏事。但 AUSA 告诉我，在跟我的面谈中，政府或许发现了违法行为的证据，但最后决定不在该案件上过多投入人力和财力去追究责任。

显然沃尔普确实做了些事情，否则董事会为什么把他开除？ 11 月，就在新闻被爆出来 4 个月后，也是联邦政府告诉我他们不会起诉任何人的 1 个月后，我给 HubSpot 的董事会成员拉里·诺灵顿发了一封邮件，

＜1＞ 即 Assitant U. S. Attorney，缩写为 AUSA，为辅助美国联邦地方法院检察官在地方法院起诉刑事案件的被告。

询问她能否告诉我到底发生了什么。诺灵顿是一位独立董事会成员，意味着她不在 HubSpot 工作，也不代表任何一家参投 HubSpot 的风险投资公司。她还是唯一一名引用了媒体公告的董事会成员。当我在 HubSpot 的时候，我见过她，并且，还蛮喜欢她的。在我的邮件里，我问她能否给我一个解释，我告诉她，我非常担心，因为哈里根曾提到"非常激进的手段"。我希望她能发发慈悲告诉我，他们对我做了什么，以及我应该做些什么来保护我自己和我的家人。然而我什么回复也没收到。

这 3 位身陷丑闻的人物最终毫发无损全身而退。2015 年 8 月，切尔诺夫在康桥市的一家小创业公司找到了工作，公司里的高管包括了数名前 HubSpot 的员工。切尔诺夫成为了市场营销的副总裁，哈里根仍保留 HubSpot CEO 的头衔。而且在 2015 年 9 月，仅在丑闻被曝光后的几周后，尽管那个时候他仍在董事会的制裁之下，而他仍在集客大会上面对着成千上万的崇拜粉丝做了主题演讲。

沃尔普在此后数月在社交媒体上保持沉默，但当我的律师听到 AUSA 关于不做犯罪起诉的消息时，显然沃尔普也得到了同样的消息。10 月 9 日，他突然浮出水面，在推特上发布了一张 HubSpot 高管们在纽约证券交易所拍的照片，并附上了以下消息："一年前的今天我在 @ 纽交所庆祝 HubSpot 的 IPO。想建立波士顿下一个顶梁柱的企业么？赶快联系我。"9 月，他发布了一篇博客宣布他为想跟他聊天的波士顿科技工作者们开设了"开放办公时间"，并且搭上了一个新目标：多样化。"波士顿的科技业不能变成单一性别和缺失种族多样性的产业。"他写道。

给你们提个醒：HubSpot 16 人的管理层中，包括两个印度人，其中一个印度人是联合创始人沙阿。再加两名白人女性和 12 位白人男性。由 8 个人组成的董事会中，除了沙阿之外全是白人，而且只有两名女性。

丑闻的最大受益人就是"僚机男"。在切尔诺夫被雇来担任副总裁后，他被提拔为总监已经够让人侧目了，显然"大脑门"不想让他的跟班"僚机男"的职位被新来的人比下去。在加入 HubSpot 之前，"僚机男"曾担任新媒体经理——就是负责发推文的人。如今他现在是公开交易的价值 20 亿美元公司的总裁级高管。大家的脑子都晕乎乎得不行。

至于我，过去 3 年我经历的旅程并不是我在 2012 年所设想的那样，让自己变成一名市场营销员。我并不后悔自己曾试着重启一份新事业或者去科技公司任职；即使我经历的不全都是糟心事，但我后悔自己选择的公司是 HubSpot。HubSpot 股票在 IPO 后一直在增长，直到我卖掉自己期权的时候，我一共挣了大约 6 万美元。远在 2012 年的时候我肯定猜不到我最后是为像是《硅谷》这种流行电视喜剧写剧本，并在洛杉矶度过了一段时间。我也没猜到最后我会写一本关于 50 多岁的人挣扎着跟一群千禧时代小孩一起工作的书——因为坦白来说我一开始并没有觉得这会如此艰难。我知道跟生活在有着 80 多年历史的出版公司相比，在创业公司的生活会缺少组织纪律，但我一开始以为我真的能够适应。然而最终，我发现我并没有对"无畏星期五"和被授予能参与管理层会议的泰迪熊做好充分的准备。

当然在我加入 HubSpot 的时候，我从没想过会为日后可能涉及违法活动或者游走在法律边缘的老板们工作，也没有想到自己成为了他们的目标。我也从未想象过一家"彻底透明"的公司中的董事会成员会拒绝跟我描述整件事情的来龙去脉。

董事会处理丑闻的手段引发了公众对于 HubSpot 企业管理能力的严重质疑。HubSpot 有 3 位独立董事会成员，他们不代表任何一家风险投资公司。然而，他们每一个人都持有价值数百万美元的 HubSpot 股票。他们并没有把整件事情解释清楚，反而只是透露了一小部分信息，留下许多重大问题尚未被解决。

HubSpot 决心要发展"全公司范围的商业指导和道德准则的培训计划"。这是一个不错的开始，但还远远不够。董事们应该把古德温·普罗克特律师事务所得出的报告完完整整地公布给所有股票持有人，不仅仅是我个人。董事会代表了股票持有人，并要对他们负责，而此时却拒绝分享任何消息。把钱投入 HubSpot 的投资人理应有权对公司的管理发声。他们每年都被要求做许多事情，其中包括选举董事会成员并批准付给管理层的奖金。当董事会对股票持有人有所隐瞒时，这些 HubSpot 的股票持有人怎么能投出明智的一票呢？

发生的事情非常严重，以至于董事会不得不开除一位高管。根据 HubSpot 的媒体公告，哈里根知道他们的行为，却并没有报告给董事会。股票持有人有权知道更多的细节，这样他们才能决定哈里根留任公司的 CEO 还是否合适。哈里根的职责是什么？他知道些什么，又是什么时候知道的？为什么董事会开掉了沃尔普，还考虑开除切尔诺夫，但为什么不开除哈里根？

很讽刺的是，接受 HubSpot 的这份工作，让我又重回到了我一开始的起点——我又重新成为了试着把整件事刨根究底的记者和作家。直至到了本书的截稿日期，我仍在试图寻找答案。在 2015 年 12 月我又聘请了一名律师根据《信息自由法》[1] 递交了请求，要求美国联邦地方法院检察官办公室和 FBI 公开跟此案相关的文件。我不确定这能不能行得通。我知道这需要花费很长的时间。

与此同时，我一直在思考 HubSpot 那群成千上万的顾客们，他们参加了 2015 年 9 月的集客大会，还为哈里根欢呼，即使他们已经得知了

< 1 > 即 Freedom of Information Act，为是美国关于联邦政府信息公开化的行政法规。

之前的丑闻和犯罪调查。你没法既是 HubSpot 的热情追随者，又可以无视沃尔普被辞退、哈里根被制裁以及法律权威部门被牵扯进来的事实。

但这群顾客们毫不关心。他们许多人是真心热爱 HubSpot，对公司有一种虔诚信仰的感觉。他们已经被公司那套"变得可爱和神奇"以及"让世界变得更美好"的言论深深地洗脑。HubSpot 的员工也是一个样子。2015 年 12 月，根据 Glassdoor 的员工调查，HubSpot 在前50 名全美最佳办公地点中排第 4。排名最靠前的公司中还有 Zillow，就是那家被女员工起诉的房地产网站，她声称公司有着虐待他人、年龄歧视、跟兄弟会一样的企业文化。HubSpot 的评分甚至超过了脸书和谷歌。许多员工是真的打心底里热爱公司，而且在这里很开心。我明白这是为什么。对于适合这种文化的人，这确实是家很不错的公司，有着很好地福利和有趣的文化。甚至前员工仍旧对 HubSpot 很忠诚，并一直热爱这家公司。

然而我却有不同的体验。别人所看到的是个有趣的工作场所，而我却在这里见识到这群"老人"们——那些 40 多岁的，当然还有那些 50 多岁的人——特别不受人待见，而且公司对此毫不隐瞒。我见识到了令人咋舌的统一度和群体思维，以及极大的多样化缺失——不仅仅是在年龄上，而且还在性别上——却被美其名曰为"文化匹配"。我也见识到了一群没怎么受过训练的经理们，松散的监管，以及失控的组织。

我知道 HubSpot 可以是个有趣的工作场所，他们在集客大会中大搞演出，而且至少一些顾客、也可能有许多顾客从 HubSpot 的软件中获取实在的价值。但是我担心顾客和员工把与他们共事和做生意的人想得太简单了。HubSpot 有 15 000 名顾客。这些公司把它们私人的数据托付给了 HubSpot，包括邮件、顾客名单、价格和账单。HubSpot 不仅保管着它 15 000 名顾客的数据，还包括他们顾客的数据。如果你的水管工或者泳池安装工或者本地的电器商店用 HubSpot 的软件，HubSpot 有可能在你毫不知情的前提下，保管着你的个人信息。

然而就是这家公司，据称其高管参与到侵犯前员工隐私的阴谋中，并且做了很出格的事情以至于 FBI 都来调查。尽管如此，这些市场营销员们还在集客大会为哈里根欢呼，还以为他们可以将他们的数据托付给他的公司。

而事实是，我们都在这么做。我们一直把信息分享跟各个公司。我们通过谷歌和微软发送邮件。我们把文件存储在 Dropbox。我们在亚马逊购物。我们从苹果购买手机应用和音乐。我们通过优步呼叫司机，在 Airbnb 上租公寓。公司的人事用 Workday，客服用 Zendesk，顾客跟踪用 Salesforce.com，通信用 Slack[1] 等。绝大多数公司并没有自己的数据中心。相反，他们从像是亚马逊这样的托管公司租借服务器和存储空间。我们的信息在全球分流，被打包后在各个数据中心以光速穿梭，存储在硬盘中，被备份、复刻、复制、被切片和切割，被分销和分享。即使那些理应管理我们数据的人也不知道这些数据存在哪里或者能被谁获取。

然而我们却一如既往。我们说服自己不会有坏事发生。我们告诉自己我们还没重要到让别人来监视我们，或者即使有人想来监视我们，肯定会有安保人员来阻止坏人来偷窥我们。我们还听说那些管理这些在线服务的人视他们自己为理想主义的社会改良家，想让世界变得更美好。

即使我们不相信他们，但我们知道他们所得的财务激励可以保证他们没有必要来监视我们。他们不必是好人，也不必是诚实的人，甚至不必是守法的公民。他们就是想挣钱。除非人们信任他们，否则他们也没

<1> 为一款用于团队合作的云计算工具软件。

办法挣钱。他们自身的贪婪使他们得保持诚实——至少理论上是这样子。

所以我们觉得我们是安全的，我们以为可以信任这些管理在线服务的人不会来监视我们。我曾这么认为。但我现在不再相信这些了。哈里根、沃尔普和切尔诺夫并不是某个数据中心里随便几个胡作非为的书呆子。他们是一家公开交易公司的高管们。他们应该是那些监督其他人的负责人。当我在 HubSpot 的时候，我惊讶于看到公司的管理是如此得差，让这群 20 多岁的员工逍遥自在；却在几乎没有监管的前提下被委以重任。在创业公司的世界里，如今这是常事，并不是例外。

其结果正如你所料。行程分享公司优步的员工一直在用"上帝视角"来跟踪使用过公司服务的人，包括一名 BuzzFeed 的记者。科技博客"再／编码"声称包括优步的竞争对手 Lyft 在内的许多公司都做过同样的事情，还包括图片分享应用 Swipe[1]，以及成为"健康守护"的Basis[2]，他们的软件可以追踪用户的心跳、睡眠模式和其他的个人信息。根据一位前脸书员工在书中所说，在脸书早期的时候，一位年轻的员工掌握着可以访问所有用户账户的万能钥匙。卑鄙的伎俩在这些地方变成了意料之中的事情。2011 年，脸书因为一个背地里的污点活动被逮了个正着：公司雇用公关公司散播对谷歌的负面信息——我知道这件事，是因为我就是抓到他们并把这件事在《新闻周刊》曝光的记者。脸书的整个商业模型就是建立在通过挖掘个人数据来精准投放目标广告。谷歌和其他无数的在线公司都是用的这一招。我们对谁能访问到什么一无所知。

而且我们毫无选择余地只能顺其自然，没人能在使用互联网的同

<1> 为一款图片分享交友的手机应用软件。
<2> 为一款追踪用户健康信息指数的手机应用软件。

时占到便宜。当涉及到监管问题上，我们也没办法指望这些公司做得更好。资助他们的风投公司只想着以最快的速度得到最大的收益。这意味着他们需要雇用一帮小毛孩、做事偷工减料、经营违反规则，而并非要投资大把的钱来建立安保系统和保护用户。硅谷中流传则一则格言，使用在线服务的人不是顾客，而是产品。对于硅谷的公司而言，我们的存在仅是为了被打包后卖给广告商。我们没法指望这些公司会替我们留神堤防。

2015 年 3 月，仅在公司首次公开发行股票的 5 个月后，HubSpot 为了第二轮兑现重回公开市场。

这一次绝大多数的金钱并非流入公司，而是进了一大批内部人士的腰包。公司本身仅仅卖掉了 8.5 万股，而内部人士抛售了 320 万股。当时的股价为每股 37 美元，因此公司募集了 3 100 万美元，而内部人士募集了 1.2 亿美元。

哈里根和沙阿每个人卖掉了大约价值 600 万美元的股票。公司 4 个最大的风投公司——通用催化投资[1]、矩阵投资[2]、标尺风险投资[3]和查尔斯河风险投资[4]——将总共约 8 000 万敛入囊中。

HubSpot 创造了一笔不小的财富——截至 2015 年底，公司的价值将近 20 亿美元。然而绝大部分财富却落到了极少数人的手中。在 IPO 后的 2014 年 10 月，公司 80% 的财富掌握在 5 家风投公司和 3 位内部人

<1> 即 General Catalyst Partners。

<2> 即 Matrix Partners。

<3> 即 Scale Venture Patners。

<4> 即 Charles River Ventures。

士之手——他们是哈里根、沙阿和 J. D. 舍曼[1]。根据递交给证券交易委员会的 S-1[2] 的招股说明书中，J. D. 舍曼是 HubSpot 的首席运营官。这 5 家风险投资公司总共投资了 1 亿美元，而回报则变成了 10 亿美元。

HubSpot 的股票持续攀升。截至 2015 年年底，即便哈里根在第二轮募股中卖掉了他手中的一部分股票，他当时仍拥有价值 6 300 万美元的股票，而沙阿还有价值 1.2 亿的股票。

HubSpot 公司本身至今未盈利。华尔街的分析师公司至少到 2016 年底仍会持续亏损。而大多数分析师推荐购买该公司的股票。

---

[1] 即 J. D. Sherman。

[2] 即公司向美国证券交易委员会递交的关于注册公开上市的表格，里面包含公司基本的业务及财务信息。

Thanks | 鸣谢

我感谢在我创作本书的时候，有许多硅谷的朋友跟我聊天，他们与我分享了他们的见解和观点。为了保护他们的隐私，在本书大部分章节中我都没有提及他们的姓名——但你们都知道谁是谁。另外，本书部分我所引用的报告和文章来自我起初为其他出版物所写的内容，其中包括博客"硅谷摇"。

当我被放逐到 HubSpot 的电话营销中心的黑暗时期，我的妻子萨莎给予了我巨大的情感支持，并为我加油打气。在我抓狂之时，在我接受 FBI 询问之时，在我试着搞清楚 HubSpot 对我们做了什么之时，她都保持着冷静和克制。最重要的是，当我在洛杉矶远离家庭之时，当我回到波士顿之时，当我坚持在办公室的最后那几周之时，她一直为我坚守。

我的经纪人克里斯蒂·弗莱彻和她在弗莱彻公司[1]的助理阅读了我的初稿并提出了宝贵的建议。我的编辑保罗·惠特拉奇以及阿歇特图书[2]的其他人，包括莫罗·迪普里塔、米歇尔·阿耶丽、艾丽莎·里夫林和贝斯特·赫尔斯博施提供了明智的建议。制作编辑米兰妮·高德和文本编辑洛莉·帕克斯马蒂斯在压力下表现出了极大的风度，并对手稿做出了极大的改进。

最后我想感谢布莱恩·哈里根、德哈迈实·沙阿以及 HubSpot 的所有人为我提供了如此丰富的素材，你们真的实现了"一加一等于三"。

<1> 原文为 Fletcher & Co.，即本书美国的文学管理公司。

<2> 原文为 Hachette，即 Hachette Books，为本书美国的出版社。